Lambrich | Schwichtenberg

Der kaufmännische Schriftverkehr

Der gute Brief gewinnt

DIN 5008
Stand: 2011

Winklers

113. überarbeitete Auflage, 2012
Druck 1, Herstellungsjahr 2012

Westermann Schroedel Diesterweg
Schöningh Winklers GmbH
Postfach 33 20 · 38023 Braunschweig
service@winklers.de
www.winklers.de
Umschlag und Innenlayout: mehr design
Uwe Mehr, Braunschweig
Foto: der Titelseite: okerland-archiv
Druck: westermann druck GmbH, Braunschweig
ISBN 978-3-8045-**4301**-0

Haftungshinweis zu Internetadressen in diesem Buch

Trotz sorgfältiger inhaltlicher Kontrolle wird die Haftung für die Inhalte der externen Seiten ausgeschlossen. Für den Inhalt dieser externen Seiten sind ausschließlich deren Betreiber verantwortlich. Sollten Sie bei dem angegebenen Inhalt des Anbieters dieser Seite auf kostenpflichtige, illegale oder anstößige Inhalte treffen, so bedauern wir dies ausdrücklich und bitten Sie, uns umgehend per E-Mail davon in Kenntnis zu setzen, damit beim Nachdruck der entsprechende Verweis gelöscht wird.

Vorwort

Was gehört zum guten Brief?

Liebe Leserin, lieber Leser,

die Briefe, die Sie (unter)schreiben, sollen ansprechen, korrekt sein und Wirkung erzielen. Dieses Buch will Ihnen dabei helfen.

Die Einführung sagt Ihnen, was zu beachten ist, damit Ihre Briefe gut aussehen. Sie erhalten Hinweise für Entwurf und Korrektur.

Rechtschreibung. In diesem Abschnitt finden Sie Regeln und Beispiele für die aktuellen Schreibungen.

Tipps für Ihren Briefstil. Diese kleine Stilkunde der kaufmännischen Korrespondenz zeigt Ihnen, worauf Sie bei Ihrer Wortwahl und Ihrem Satzbau besonders achten müssen.

Das Kernstück bilden die Abschnitte „Der private Schriftverkehr", „Einkauf und Verkauf von Gütern", „Werbung" und „Bewerbung".

Die Briefmuster. Zu den meisten Themen finden Sie zwei Muster: ein positives und ein negatives. Aus dem Vergleich der beiden Muster können Sie viel lernen.

Die Aufgaben stellen Sie in eine konkrete praxisnahe Situation. Beim Lösen helfen Ihnen das Positivbeispiel und die Rubrik „Möglicher Inhalt".

Standardisierte Textverarbeitung. Sieben Beispiele mit Textbausteinen und drei Beispiele für die Arbeit mit Serienbriefen zeigen Ihnen, wie Sie immer wiederkehrende Schriftstücke – auch in großen Mengen – rationell erstellen können.

Im Lösungsheft (Best-Nr. 4302) finden Sie die Lösungen zu allen Aufgaben.

Die CD „Der gute Brief gewinnt" (Best.-Nr. 1119) bietet Ihnen zahlreiche Mustervorlagen für Briefe und Lebensläufe und – korrespondierend mit diesem Lernbuch – Briefmuster sowie Negativbeispiele mit Lösungen. Ebenfalls korrespondierend sind 7 Texthandbücher mit Bausteinen, aus denen Sie Ihre Briefe zusammenstellen können und drei Beispiele für Serienbriefe. Zusätzlich zum Lernbuch finden Sie auf der CD 10 Fehlerbriefe mit Lösungen und 10 Geschäftsgänge mit Lösungen.

Auch im Schriftverkehr ist die Praxis der beste Lehrmeister. Prüfen Sie künftig alle Schriftstücke, die Sie beruflich oder privat in die Hand bekommen. Lernen Sie aus guten Beispielen und versuchen Sie, weniger gute zu verbessern.

Wir wünschen Ihnen viel Erfolg.

Hans Lambrich
Margit Lambrich
Klaus-Wilfried Schwichtenberg

Inhalt

43015

1 Einführung

1.1 Aufgaben und Arten des Schriftverkehrs

Der kaufmännische Schriftverkehr dient dem Austausch geschäftlicher Informationen

- innerhalb eines Unternehmens (zwischen einzelnen Abteilungen und Sachbearbeitern[1]) und
- mit externen Partnern (Kunden, Lieferanten, Behörden, Banken, Versicherungen usw.).

Informationsträger bzw. -medien sind Briefe, Postkarten, Vordrucke, Telefax und E-Mail. Statt Schriftverkehr kann man auch den Ausdruck *Korrespondenz* benutzen (frz. *correspondre* bzw. lat. *correspondere* = übereinstimmen). Der Schriftverkehr erfüllt dabei zwei Aufgaben:

- Er ergänzt das gesprochene Wort in persönlichen oder Telefongesprächen,
- er legt Willenserklärungen und Vereinbarungen eindeutig fest.

Um eine positive Kundenresonanz zu erreichen, soll der Schriftverkehr eine ansprechende äußere Form, eine klare, eindeutige Ausdrucksweise, einen folgerichtigen Aufbau und gründliche Sachkenntnis aufweisen.

1.1.1 Vollmitteilungen

Je nach dem Verhältnis der Briefpartner zueinander unterscheidet man private Briefe und Geschäftsbriefe.

Der private Brief enthält persönliche (keine geschäftlichen) Mitteilungen. Oft kennen sich Schreiber und Empfänger schon persönlich. Ein guter Privatbrief ist ganz auf die Person des Empfängers abgestimmt, nicht austauschbar und für den Absender typisch und unverwechselbar.

Der private Brief betrifft auch den Schriftverkehr in „offiziellen" Angelegenheiten. Dazu gehört z. B. der Schriftwechsel zwischen dem Auszubildenden und seinem Ausbilder, seinem Klassenlehrer, der Berufsschule, zwischen Mieter und Vermieter u. Ä. Auch private Schreiben haben nur dann den gewünschten Erfolg, wenn sie sich auf den Empfänger (Vorgesetzten, Behörde, Firma) einstellen, aber nicht unterwürfig abgefasst sind.

Der Geschäftsbrief beinhaltet schriftliche Mitteilungen, die im Gewerbebetrieb zwischen Kaufleuten untereinander oder mit ihren Kunden, Lieferanten, Behörden usw. sowie zwischen Angehörigen freier Berufe und ihren Kunden, Mandanten oder Patienten erforderlich sind.

1.1.2 Andere Mitteilungen

Die Kosten für individuelle Briefe sind hoch. Etwa 80 % sind Personalkosten. Es gibt viele Möglichkeiten, diesen hohen Anteil zu verringern: Telefon, Telefax und E-Mail können das Schreiben eines Briefes ersetzen. Weitere Möglichkeiten sind:

Blitzantwort. Dabei schreibt der Empfänger seine Antwort (meist handschriftlich) auf den Originalbrief, kopiert diesen für seine Unterlagen und schickt oder faxt ihn an den Absender zurück. Dieses Verfahren ist zwar rationell, eignet sich aber nur für kurze, innerbetriebliche Antworten oder in der Korrespondenz mit vertrauten Partnern. Ein Absender könnte sich gekränkt fühlen, wenn er statt eines „richtigen" Briefes sein eigenes Schreiben zurückbekommt.

[1] Aus Gründen der besseren Lesbarkeit wird auf die zusätzliche Nennung der jeweils weiblichen Form verzichtet.

Kurzmitteilung. Sie eignet sich besonders als „Anschreiben“ beim Versand von Unterlagen oder als Empfangsbestätigung. Meist im Format ⅓-A4 sind Absender, Anschriftfeld, Betreff und Bezugszeichen sowie mehrere Ankreuzfelder mit Stichwörtern vorgedruckt. Der Sachbearbeiter kreuzt nur an, was er mitteilen will. Zusätzliche Kurzinformationen können auf den vorgesehenen Linien vermerkt werden.

Die beigefügten Unterlagen erhalten Sie

❑ mit Dank zurück	❑ zum Verbleib

mit der Bitte um

❑ Anruf	❑ Entscheidung	❑ Erledigung
❑ Kenntnisnahme	❑ Prüfung	❑ Rückgabe
❑ Rücksprache	❑ Stellungnahme	❑ Zustimmung

....

....

....

Unterschrift

Auswahltext. Hier können auf der Rückseite einer Postkarte (also im Format A6) zutreffende Kurzinformationen angekreuzt werden. Auswahltexte eignen sich besonders als Antwort auf Bestellungen, die nicht oder nicht sofort ausgeführt werden können.

Das Buch .... ist

❑ nicht bei uns erschienen.
❑ erst in 3 bis 4 Wochen lieferbar. Wir haben Ihre Bestellung vorgemerkt.
❑ noch nicht erschienen. Ein Termin ist unbestimmt. Ihre Bestellung ist nicht vorgemerkt.
❑ vergriffen. Das Werk erscheint nicht mehr.
❑ vergriffen. Eine Neuauflage ist unbestimmt.

Freundliche Grüße

Vordruck. Die Lücken eines Drucktextes können je nach Bedarf hand- oder maschinenschriftlich oder mit Stempeln ausgefüllt werden. Beim Erstellen eigener Vordrucke sollten die folgenden Gestaltungsgrundsätze berücksichtigt werden:

Vollständig (alle benötigten Informationen werden abgefragt), **ablaufgerecht** (alle Informationen werden in der richtigen bzw. logischen Reihenfolge abgefragt), **schreibgerecht** (es ist ausreichend Platz für Eintragungen vorhanden, es werden einheitliche Fluchtlinien und Ankreuzkästchen verwendet), **maschinengerecht** (der Vordruck kann auch mit dem Textverarbeitungsprogramm ausgefüllt werden), **behandlungsgerecht** (der Vordruck kann weiterverarbeitet, d. h. kopiert, gefalzt und versandt) werden. Wichtig sind in diesem Zusammenhang auch Überlegungen zum Format, zur Druck- und Beschriftungsfarbe u. Ä.).

Textverarbeitungsprogramme bieten die Möglichkeit, vorgefertigte Vordrucke und Formulare zu verwenden oder individuell gestaltbare Vordrucke mithilfe von Ankreuzkästchen, Text- und Drop-down-Formularfeldern u. Ä. zu generieren.

Textbausteine. In jedem Betrieb gibt es Sachverhalte, die sich oft wiederholen. Es wäre daher unrationell, Routinepost immer wieder neu zu formulieren. Aufgrund einer Korrespondenzanalyse oder Befragungen von Sachbearbeitern werden Textbausteine (Betreff, Anrede, einzelne Absätze oder Briefteile, Grußformeln) sprachlich und grammatisch fehlerfrei formuliert und für bestimmte Sachgebiete (Anfragen, Angebote, Mahnungen u. Ä.) mit einem Textverarbeitungsprogramm zu Texthandbüchern zusammengefasst. Gut formulierte Briefe aus Textbausteinen sprechen den Empfänger ebenso individuell an wie ein konventioneller Brief. Weitere Informationen zu Textbausteinen enthält der Abschnitt 10 dieses Buches.

Serienbriefe. Serienbriefe unterschiedlichen Inhalts können für einen vollständigen oder ausgewählten (selektierten) Kundenkreis erstellt werden. Der Text wird mit einem Textverarbeitungsprogramm einmal erfasst oder aus vorhandenen Textbausteinen zusammengestellt. Nach einem bestimmten Ablauf wird das Hauptdokument (der Brieftext) mit den bereits erfassten Empfängeranschriften zusammengeführt und gedruckt. Durch das Einfügen einer individuellen Anschrift und einer persönlichen Anrede erhält der Empfänger ein scheinbar nur an ihn gerichtetes Schreiben. Weitere Informationen zu Serienbriefen enthält der Abschnitt 11 dieses Buches.

1.2 Aussehen des Briefes

1.2.1 Schriftverkehr und Normung

Für den Schriftverkehr gelten mehrere Normen. Das „Deutsche Institut für Normung e. V." (DIN) definiert seine Grundsätze und Organisation so:

„Normung ist das Ordnungsinstrument des gesamten technisch-wissenschaftlichen und persönlichen Lebens. Sie ist integrierender Bestandteil der bestehenden Wirtschafts-, Sozial- und Rechtsordnungen.

Normung ... ist die planmäßige, durch die interessierten Kreise gemeinschaftlich durchgeführte Vereinheitlichung von materiellen und immateriellen Gegenständen zum Nutzen der Allgemeinheit. Sie fördert die Rationalisierung und Qualitätssicherung in Wirtschaft, Technik, Wissenschaft und Verwaltung. Normung dient der Sicherheit von Menschen und Sachen, der Qualitätsverbesserung in allen Lebensbereichen sowie einer sinnvollen Ordnung und der Information auf dem jeweiligen Normungsgebiet. Die Normungsarbeit wird auf nationaler, regionaler und internationaler Ebene durchgeführt."

Träger der deutschen Normungsarbeit ist das DIN mit Sitz in Berlin, das als gemeinnütziger Verein deutsche Normen (DIN-Normen) erarbeitet. Die Ergebnisse der Normungsarbeit werden in Normblättern niedergelegt. Sie tragen das Kurzzeichen DIN und eine Nummer, z. B. DIN 5008. Für den kaufmännischen Schriftverkehr sind von Bedeutung:

DIN	476	Papier-Endformate
DIN	678	Briefhüllen
DIN	680	Fensterbriefhüllen; Formate und Fensterstellung
DIN	4991	Geschäftsvordrucke – Rahmenmuster für Handelspapiere – Anfrage, Angebot, Bestellung/Bestelländerung, Bestellantwort, Lieferschein und Rechnung
DIN	4998	Entwurfsblätter für Vordrucke
DIN	5007	Ordnen von Schriftzeichenfolgen (ABC-Regeln)
DIN	5008	Schreib- und Gestaltungsregeln für die Textverarbeitung
DIN	5009	Diktierregeln
DIN	16 511	Korrekturzeichen

Europäische Normen (EN) sind Dokumente, die von einer der drei europäischen Normungsorganisationen CEN, CENELEC oder ETSI ratifiziert wurden und von der NORM APNE in Brüssel getragen werden. Die weltweite Normungsarbeit obliegt der ISO (= International Organization for Standardization) mit Sitz in Genf.

1.2.2 Papierformate

Das Ausgangsformat der **Hauptreihe (A-Reihe)** ist A0 mit einer Größe von 841 x 1189 mm (= etwa 1 m^2). Durch Halbieren der jeweils längeren Seite erhält man das nächstkleinere Format. Das gebräuchlichste Format im kaufmännischen Schriftverkehr ist A4 mit einer Größe von 210 x 297 mm.

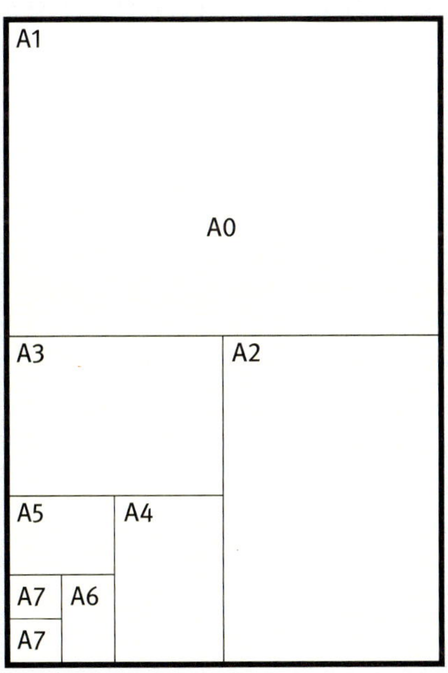

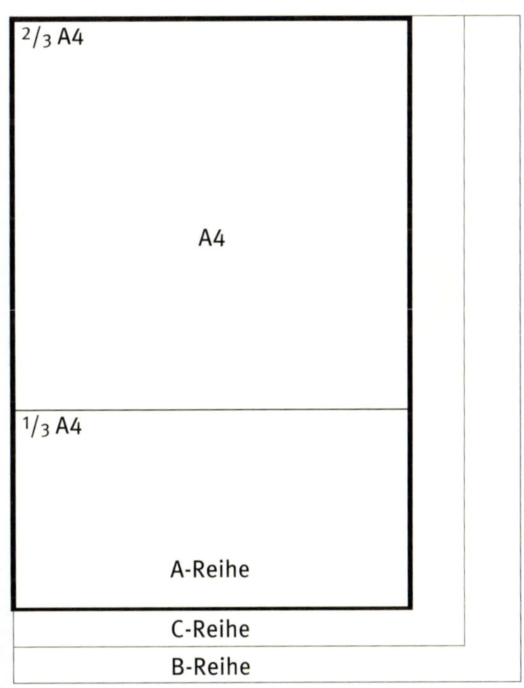

Format	Größe	Anwendungsbeispiele
A0	(841 x 1189 mm)	Landkarte
A1	(594 x 841 mm)	Fahrplan
A2	(420 x 594 mm)	Poster
A3	(297 x 420 mm)	Zeichenblock
A4	(210 x 297 mm)	Geschäftsvordruck (z. B. Rechnung), Kopierpapier, großes Schulheft
⅔ A4	(198 x 210 mm)	Geschäftsvordruck (z. B. Kurzmitteilung)
⅓ A4	(99 x 210 mm)	Geschäftsvordruck (z. B. Kurzmitteilung)
A5	(148 x 210 mm)	Geschäftsvordruck (z. B. Gesprächsnotiz), kleines Schulheft
A6	(105 x 148 mm)	Postkarte
A7	(74 x 105 mm)	Ausweis, Notiz- und Klebezettel
A8	(52 x 74 mm)	Notiz- und Klebezettel
A9	(37 x 52 mm)	Notiz- und Klebezettel

Die Formate der **Zusatzreihen (B- und C-Reihe)** werden bei Papiererzeugnissen benötigt, um Schriftstücke in Briefhüllen zu versenden oder in Schriftgutbehältern (Mappen, Aktendeckel usw.) abzulegen. *Briefhüllen* ist der Oberbegriff für *Briefumschläge* (Form U) und Taschen (Format T). Die wichtigsten Formate und Beispiele für die Anwendung sind:

Format	Größe	Anwendungsbeispiele	
B4	(250 x 353 mm)	Briefhülle mit oder ohne Sichtfenster	je nach Gewicht: Maxi- oder Großbrief
C4	(229 x 324 mm)		
B5	(176 x 250 mm)		
C5	(162 x 229 mm)		
B6	(125 x 176 mm)		je nach Gewicht: Standard- oder Kompaktbrief
C6	(114 x 162 mm)		
DL	(110 x 220 mm)		

Ist eine **Beschriftung der Briefhülle** erforderlich, soll diese automationsgerecht nach den Vorgaben der Deutschen Post AG vorgenommen werden:

Absenderzone (z. B. Stempelabdruck)	**Frankierzone** (z. B. Aufkleben von Briefmarken oder andere Freimachungsoptionen)
Lesezone (z. B. Beschriften, Bedrucken oder Etikettieren der Empfängeranschrift in der rechten Hälfte der Lesezone)	
Codierzone (1,5 cm vom unteren Rand sollen nicht beschriftet werden)	

430112

1.2.3 Briefblatt A4 mit Aufdruck (Geschäftsbrief)

Der Vordruck für das Briefblatt A4 nach DIN 5008 ist auf Seite 15 dargestellt. Maßgebend für das Briefblatt A4 war früher die DIN 676. Seit April 2011 ist die DIN 676 Bestandteil der neuen DIN 5008. Immer mehr setzt sich die moderne Form unter Verwendung eines Informationsblocks (siehe Seite 16) durch. Die **Bestandteile der Vordrucke** für den Geschäftsbrief A4 sind:

- *Briefkopf.* Er reicht über die gesamte Blattbreite (Höhe bei Form A = 27 mm, bei Form B = 45 mm).

- *Postanschrift des Absenders.* Sie ist über dem Anschriftfeld eingedruckt (empfohlene Schriftgröße: 8-Punkt-Schrift).

- *Anschriftfeld.* Es bietet mit einer Größe von 40 x 85 mm Raum für 9 Schreibzeilen, wovon die ersten drei Zeilen für postalische Zusätze und Vermerke und die restlichen Zeilen für die eigentliche Anschrift bestimmt sind. Die erste Zeile der Zusatz- und Vermerkzone beginnt 33,9 mm (Form A) bzw. 50,8 mm (Form B) von der oberen Blattkante.

- *Informationsblock.* Bezugszeichen, Kommunikationsmöglichkeiten und Datum werden rechts neben dem Anschriftfeld angeordnet. Die Leitwörter des Informationsblocks beginnen 100 mm vom linken Rand bzw. 125 mm von der linken Blattkante. Die erste Zeile des Informationsblocks wird in Höhe der ersten Zeile des Anschriftfeldes angeordnet. Für die Leitwörter darf auch eine kleinere Schriftgröße (8 p) verwendet werden.

Ihr Zeichen:
Ihre Nachricht vom:
Unser Zeichen:
Unsere Nachricht vom:

Name:
Telefon:
Mobil:
Telefax:
E-Mail:

Datum:

Die Leitwörter *Mobil* und *E-Mail* können entfallen.

- *Bezugszeichenzeile.* Alternativ zum Informationsblock können die Leitwörter auch in Form einer Bezugszeichenzeile angeordnet werden.

Ihr Zeichen, Ihre Nachricht vom	Unser Zeichen, unsere Nachricht vom	Telefon, Name	Datum
0,0/25	50/75	100/125	150/175

Angaben jeweils in mm vom linken Rand/von der linken Blattkante

- *Kommunikationszeile.* Wird die Bezugszeichenzeile verwendet, können zusätzliche Kommunikationsmöglichkeiten (Telefax, E-Mail) in einer Kommunikationszeile zusammengefasst werden. Die Leitwörter stehen dann rechts vom Anschriftfeld 100 mm vom linken Rand bzw. 125 mm von der linken Blattkante.

- *Geschäftsangaben.* Im Fußbereich des Vordrucks werden je nach Gesellschaftsform die Leitwörter *Geschäftsräume, Geschäftszeiten, Rechtsform und Sitz der Gesellschaft, Inhaber bzw. Geschäftsführer oder persönlich haftende(r) Gesellschafter, das zuständige Registergericht mit Handelsregister-Nummer, weitere Kommunikationsmöglichkeiten und Bankverbindungen,* bei Rechnungsvordrucken auch die Steuer- bzw. Umsatzsteuer-ID-Nr. aufgeführt. Bei Kapitalgesellschaften (AG = Aktiengesellschaft, KGaA = Kommanditgesellschaft auf Aktien, GmbH = Gesellschaft mit beschränkter Haftung) sind außerdem folgende Angaben erforderlich: *Name des Aufsichtsrats-*

vorsitzenden, Namen des Vorsitzenden und aller Mitglieder des Vorstandes der Gesellschaft bzw. Namen aller Geschäftsführer einer GmbH. Die Rechtsform der Gesellschaft kann auch im Briefkopf als Bestandteil der Firma angegeben werden. Die Pflichtangaben enthält das am 1. Januar 2007 in Kraft getretene „Gesetz über elektronische Handelsregister und Genossenschaftsregister sowie das Unternehmensregister (EHUG)“.

– *Heftrand.* Auf dem Heftrand (20 mm breit) sind zwei Faltmarken und die Lochmarke eingedruckt.

1.2.4 Beschriften des Briefblattes A4

Für die Beschriftung gelten die „Schreib- und Gestaltungsregeln für die Textverarbeitung“ (DIN 5008). Diese Regeln sollen dazu beitragen, die Dateneingabe zu erleichtern, Schreibarbeit einzusparen, eine Verarbeitung der Informationen zu ermöglichen und die Übertragung der Daten zwischen unterschiedlichen Geräten sicherzustellen.

Zwischenräume. Je ein Leerzeichen (einmaliges Betätigen der Leertaste) folgt nach ausgeschriebenen Wörtern und nach Abkürzungen, nach Zeichen, die ein Wort vertreten, nach ausgelassenen Textstellen, die durch Auslassungspunkte angedeutet sind, nach Zahlen und nach Satzzeichen.

Wir können ab einer Menge von 75 000 Stück zu diesem Preis produzieren.
Vordrucke, Vordrucksätze, Formulare usw. dienen der Rationalisierung des Schriftverkehrs.
Ihren Auftrag über 15.750,00 € führen wir innerhalb der nächsten 10 Tage aus.
Unsere Mitarbeiterin hat alle Kunden, Lieferanten, ... angeschrieben.

Satzzeichen. Alle Satzzeichen folgen unmittelbar nach einem Wort oder einem Schriftzeichen ohne Leerzeichen. Der Abkürzungspunkt am Satzende schließt den Satzschlusspunkt mit ein. Klammern und Anführungszeichen werden ohne Leerzeichen vor und nach den Textteilen, die von ihnen eingeschlossen sind, geschrieben. Halbe Anführungszeichen werden innerhalb einer Anführung mit dem Apostroph (nicht mit der Akzenttaste) geschrieben.

Sie erhalten heute Aufsteller, Plakate, Prospekte usw.
Bitte beachten Sie auch die beigefügte Broschüre „Verkaufsschulung – leicht gemacht“.
Ihr Kunde schreibt: „Ihr Sondermodell ‚Mailand' gefällt der Kundschaft.“
Der Firmensitz ist in Marburg (Lahn).

Zahlengliederungen. Zahlen mit mehr als drei Stellen sollten durch je ein Leerzeichen in 3er-Gruppen von rechts nach links gegliedert werden. Aus Sicherheitsgründen sollten Geldbeträge mit Punkt gegliedert werden. Jahres- und Postleitzahlen werden nicht gegliedert.

Das Unternehmen beschäftigt 2 010 Mitarbeiter.
Wir haben Ihnen 5.050 € überwiesen.
Die Firma wurde bereits 1924 gegründet.
Ihr Hauptsitz ist in 50825 Köln.

Einteilung des Briefblattes A4 mit Bezugszeichenzeile (verkleinerte Wiedergabe)

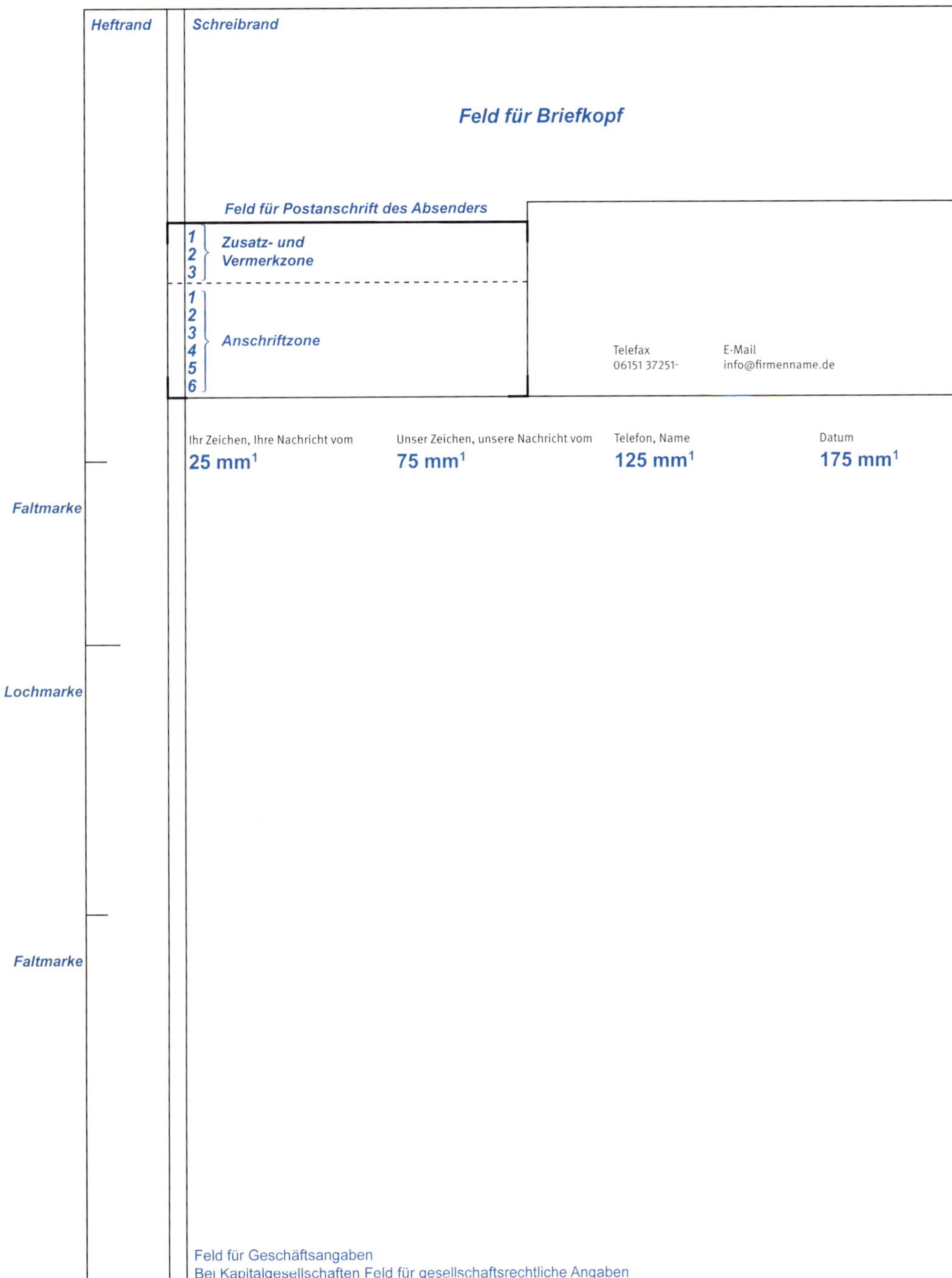

[1] Zeilenanfang für alle Schriftarten in Millimeter von der linken Blattkante

Normvordruck A4 nach Form B, DIN 5008

430115

Einteilung des Briefblattes A4 mit Informationsblock (verkleinerte Wiedergabe)

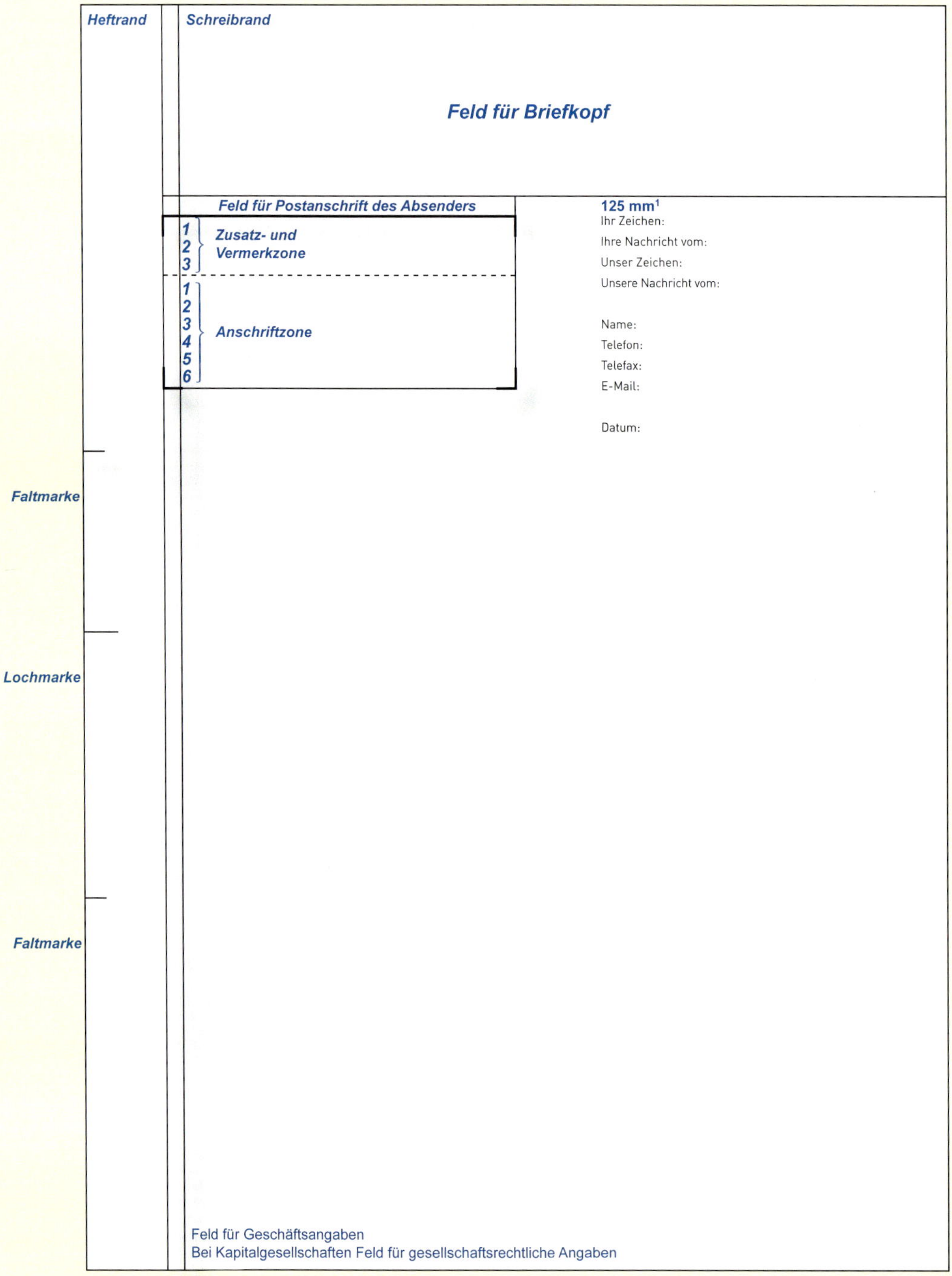

[1] Zeilenanfang für alle Schriftarten in Millimeter von der linken Blattkante

Normvordruck A4 nach Form B, DIN 5008

Besondere Zahlengliederungen

Kalenderdatum	
numerisch	20..-09-07 07.09.20..
alphanumerisch	7. September 20..
Uhrzeit	08:30 Uhr, 11:30:45 Uhr aber: 8 Uhr
Telefon- und Telefaxnummer	
Einzelanschluss ohne Durchwahl:	02231 7250
Durchwahlanlage	
– Zentrale Abfragestelle:	02231 458-0; 05122 351-1
– Durchwahlanschluss:	02231 **7250**-319
– Sondernummern:	
Wird in Sondernummern nach der Nummer des Anbieters eine Ziffer für die Gebührenzählung angegeben, bleibt davor und dahinter ein Leerzeichen. Zur besseren Lesbarkeit dürfen funktionsbezogene Teile von Telefon- und Telefaxnummern durch Fettschrift oder Farbe hervorgehoben werden.	0180 2 64801 0190 3 68304 0800 74350
International	+49 2231 7250
E-Mail-Adresse	info@name.de
Internetadresse	www.name.de
Geldbetrag	1.250 EUR, 1.250,00 €
Bankleitzahl	
national (BLZ)	BLZ 370 400 44
international (IBAN)	IBAN DE89 3704 0044 0532 0130 00
Postfachnummer	Postfach 1 23 45
Postleitzahl	35037 Marburg
sonstige Gliederung	1 250 Stück, 75 000 Einwohner, 1 250 000 Exemplare

Hervorhebungen sind möglich durch Einrücken, Unterstreichen, Zentrieren, Anführungszeichen, Wechsel der Schriftart und -größe, Fettschrift, Kursivschrift, Großbuchstaben und Farbe. Verschiedene Hervorhebungsmöglichkeiten können kombiniert werden.

- *Einrückungen* sind vom vorausgehenden und folgenden Text durch je eine Leerzeile abzusetzen. Beginnen Sie mit der Einrückung 50 mm von der linken Blattkante bzw. 25 mm vom linken Rand.

Auf der beigefügten Karte sind die Grenzen Ihres Verkaufsbezirks Nürnberg I eingezeichnet.
Zu diesem Bezirk gehören:

910.. Erlangen (mit 91083 Baiersdorf)
91413 Neustadt (mit 91438 Bad Windsheim)

Wie Sie schon wissen, wird der Verkaufsbezirk Nürnberg II von mehreren Untervertretern betreut.
Die Anschriften werden wir Ihnen so bald wie möglich mitteilen.

– *Unterstreichen.* Die Unterstreichung beginnt unter dem ersten und endet unter dem letzten Schriftzeichen der Hervorhebung. Satzzeichen am Ende einer Hervorhebung werden nicht unterstrichen.

Der Kunde hat die Sendung nicht erhalten.
Der Kunde hat die Sendung immer noch nicht erhalten.
Der Bewerber heißt nicht Peter Stein, sondern Peter Fein.

– *Fettschrift und/oder Farbe* dürfen z. B. für den Wortlaut des Betreffs und den Teilbetreff verwendet werden. – Die Wörter *Anlage(n)* und *Verteiler* dürfen Sie durch Fettschrift hervorheben.

Wir hoffen, dass Sie wieder gute Verkaufserfolge erzielen.

Werbematerial. Anfang nächster Woche senden wir Ihnen neues Dekorations- und anderes Werbematerial.

– *Kursivschrift* kann oft die Anführungszeichen ersetzen.

Die neuen Modelle *Genf* und *Zürich* gefallen vielen Kunden.

Ausrichten der Vordrucke. Richten Sie den Vordruck so aus, dass ein bei 25 mm von der linken Blattkante geschriebenes Schriftzeichen an der Fluchtlinie steht. Die Fluchtlinie ist durch den Beginn des ersten Leitwortes der Bezugszeichenzeile bestimmt.

Seitenränder. Beachten Sie die in DIN 5008 empfohlenen Seitenränder: links 25 mm, rechts 10 mm (jeweils von der Blattkante). Den Brieftext sollten Sie um 10 mm von rechts einziehen, sodass sich für diesen Teil Ihres Briefes ein rechter Seitenrand von 20 mm ergibt.

Zeilenabstand. Schreiben Sie (in der Regel) mit einfachem Zeilenabstand. Für Schriftstücke mit hoch- oder tiefgestellten Schriftzeichen nehmen Sie ggf. einen größeren Zeilenabstand. Auch Briefe besonderer Art (z. B. Glückwünsche) schreiben Sie am besten mit größerem Zeilenabstand. Entwürfe und Manuskripte sollten Sie mindestens mit Zeilenabstand 1,5 schreiben.

Bezugszeichen und Datum. Schreiben Sie diese Angaben unter die vorgedruckten Leitwörter der Bezugszeichenzeile, notfalls in zwei Zeilen. Das erste Schriftzeichen steht jeweils unter dem Anfangsbuchstaben des Leitwortes. Bei Verwendung des Informationsblocks stehen die Angaben neben den Leitwörtern. Wenn Sie Aufgaben lösen, gilt es, die Wechselwirkung der Leitwörter zu beachten.

❖ **Situation:** Als Sachbearbeiterin Paula Meier (Zeichen: me) sind Sie in einer Elektrogroßhandlung tätig und diktieren Frau Marion Klein (Zeichen: kl) am 8. Juni d. J. eine Anfrage an Ihren Lieferer (eine Lampenfabrik). Sie haben die Telefondurchwahl 412. Frau Klein schreibt die Bezugszeichenzeile und Betreffangabe wie folgt:

Ihr Zeichen, Ihre Nachricht vom	Unser Zeichen, unsere Nachricht vom	Telefon, Name 06151 37531-	Datum
	me-kl	412 Paula Meier	20..-06-08

Anfrage nach Pendelleuchten

❖ **Situation:** Die Lampenfabrik schickt Ihnen 2 Tage später ihr Angebot. Sachbearbeiter ist Kurt Peters (Zeichen: pt), Schreiberin Frau Melissa Hof (Zeichen: ho). Telefondurchwahl der Verkaufsabteilung 1214. Frau Hof schreibt die Bezugszeichenzeile und Betreffangabe wie folgt:

Ihr Zeichen, Ihre Nachricht vom	Unser Zeichen, unsere Nachricht vom	Telefon, Name 0621 48311-	Datum
me-kl 20..-06-08	pt-ho	1214 Kurt Peters	20..-06-10

Anfrage nach Pendelleuchten

❖ **Situation:** Sie bestellen 3 Tage später bei der Lampenfabrik. Da die Briefreihe nicht unterbrochen wurde (jeder hat geantwortet), genügt es, unter dem Leitwort „Unser Zeichen, unsere Nachricht vom“ nur die Diktatzeichen anzugeben:

Ihr Zeichen, Ihre Nachricht vom	Unser Zeichen, unsere Nachricht vom	Telefon, Name 06151 37531-	Datum
pt-ho 20..-06-10	me-kl	412 Paula Meier	20..-06-13

Bestellung über Pendelleuchten

❖ **Situation:** Sie schicken einem Elektrofachgeschäft auf dessen Anfrage vom 12. Juli d. J. am 14. Juli d. J. ein Angebot (hier alternativ unter Verwendung des Informationsblocks dargestellt):

Ihr Zeichen: af-bu
Ihre Nachricht vom: 20..-07-12
Unser Zeichen: me-kl
Unsere Nachricht vom:

Name: ...
Telefon: 06151 37531-412
Telefax: 06151 37531-420

Datum: 20..-07-14

❖ **Situation:** Ihr Kunde hat nicht reagiert; deshalb fassen Sie 10 Tage später nach:

Ihr Zeichen: af-bu
Ihre Nachricht vom: 20..-07-12
Unser Zeichen: me-kl
Unsere Nachricht vom: 20..-07-14

Name: ...
Telefon: 06151 37531-412
Telefax: 06151 37531-420

Datum: 20..-07-24

430119

Vertriebsunion Albert Schäfer GmbH

Vertriebsunion A. Schäfer · Postfach 23 12 04 · 90402 Nürnberg

Briefblatt A4 nach Form A (verkleinert)

Einschreiben Einwurf
Herrn
Jens Kunstmann
Theodor-Heuss-Straße 15 // W 307
91126 Schwabach

Postalische Vermerke stehen in der 3. Zeile des Anschriftfeldes.

Telefax
0911 182044-
6433

Ihr Zeichen, Ihre Nachricht vom	Unser Zeichen, unsere Nachricht vom	Telefon, Name 0911 182044-	Datum
	bo-lo	288 Ralf Bode	20..-02-20

Übernahme unserer Vertretung

Sehr geehrter Herr Kunstmann,

Sie erhalten heute Ihren Vertretervertrag in dreifacher Ausfertigung. Bitte unterschreiben Sie alle Exemplare; senden Sie das Original und eine Durchschrift recht bald zurück.

Auf der beigefügten Karte sind die Grenzen Ihres Verkaufsbezirks Nürnberg I eingezeichnet. Zu diesem Bezirk gehören:

910.. Erlangen (mit 91083 Baiersdorf)
91413 Neustadt (mit 91438 Bad Windsheim)

Die Einrückung beginnt bei 50 mm von der linken Blattkante bzw. 25 mm vom linken Rand.

Wie Sie schon wissen, wird der Verkaufsbezirk Nürnberg II von folgenden Untervertretern betreut:

91126 Schwabach, Frau Eva-Marie Schneider
91301 Forchheim, Herr Wolfgang Weißhaupt

Den Stadtbezirk 90... Nürnberg und die Bezirke 907.. (Fürth), 91207 (Lauf) und 91257 (Pegnitz) betreuen wir direkt.

Wir begrüßen Sie als neuen Mitarbeiter und hoffen auf eine gute Zusammenarbeit. Viel Erfolg für Ihre Tätigkeit.

Freundliche Grüße

Vertriebsunion
Albert Schäfer GmbH

ppa.

Jürgen Schmengler

Anlagen
3 Vertragsexemplare
1 Karte

Der Anlagenvermerk beginnt an der Fluchtlinie. Er soll vom Gruß (bzw. von der Firmenbezeichnung) drei Leerzeilen Abstand halten – von der maschinenschriftlichen Angabe der Unterzeichner mindestens eine Leerzeile.

Der Anlagenvermerk darf auch 125 mm von der linken Blattkante bzw. 100 mm vom linken Rand beginnen. Er ist dann mit einer Leerzeile vom Text abzusetzen. Das Wort „Anlage(n)" darf durch Fettschrift hervorgehoben werden.

Geschäftsräume: Schillerstraße 48 – 50, 90409 Nürnberg
Sitz der Gesellschaft: Nürnberg
Registergericht: Nürnberg HRB 9876
Geschäftsführer: Albert Schäfer, Gisela Schäfer
Kommunikation: E-Mail: info@vertrieb-schaefer-wvd.de, Internet: www.vertrieb-schaefer-wvd.de
Bankverbindung: Norisbank Nürnberg (Konto-Nr. 785001027 – BLZ 760 204 00), Postbank Nürnberg (Konto-Nr. 31561854 – BLZ 760 100 85)

Betreff und Teilbetreff sind stichwortartige Inhaltsangaben; Teilbetreffe bezeichnen besondere Abschnitte des Briefes; sie schließen mit einem Punkt, der Text wird unmittelbar angefügt. Lassen Sie nach der Datumsangabe 2 Leerzeilen. Die Betreffangabe beginnt an der Fluchtlinie und wird bei längerem Text sinngemäß auf mehrere Zeilen verteilt. Hinter der Betreffangabe steht kein Schlusspunkt (dagegen dürfen etwaige Frage- und Ausrufezeichen nicht fehlen). Die Betreffangabe darf durch Fettschrift und/oder Farbe hervorgehoben werden, ebenso der Teilbetreff.

Die Anrede schreiben Sie zwei Leerzeilen unter die Betreffangabe. Vom folgenden Text wird sie durch eine Leerzeile abgesetzt.

Den Text gliedern Sie durch je eine Leerzeile in Absätze. Jeder neue Gedanke erfordert einen neuen Absatz.

Der Gruß. Schalten Sie nach dem Brieftext zweimal. Verwenden Sie veraltete Grußformeln (*Hochachtungsvoll, Mit vorzüglicher Hochachtung* u. Ä.) nur in begründeten Ausnahmefällen.

Briefabschluss. Die Bezeichnung der Firma, Behörde usw. wird mit einer Leerzeile vom Gruß abgesetzt. Die maschinenschriftliche Angabe des Unterzeichners kann innerbetrieblich geregelt werden. Die Zahl der Leerzeilen vor dieser Angabe richtet sich nach Notwendigkeit und Möglichkeit; sie wird (in der Regel) durch drei Leerzeilen und von den Zusätzen *ppa. (= per procura), i. V. (= in Vertretung, in Vollmacht)* oder *i. A. (= im Auftrag)* durch eine Leerzeile abgesetzt. Zusätze dürfen auch vor der Namenswiedergabe in derselben Zeile stehen.

Anlagen- und Verteilvermerke beginnen an der Fluchtlinie oder bei 125 mm von der linken Blattkante bzw. bei 100 mm vom linken Rand. Sie werden vom vorausgehenden Text mit einer Leerzeile abgesetzt; die Wörter „Anlage(n)“ und „Verteiler“ dürfen durch Fettschrift hervorgehoben werden. In diesem Buch werden beide Möglichkeiten gezeigt.

Seitennummerierung. Umfangreiche Briefe erfordern Fortsetzungsblätter. Dann ist es ratsam, am Fuß der beschrifteten Seite am rechten Rand durch drei Punkte auf eine Folgeseite hinzuweisen. Die Seitennummerierung (z. B. – 2 –) beginnt mit dem Mittestrich in der 5. Zeile 100 mm von der linken Blattkante bzw. 75 mm vom linken Rand. Die Seitennummerierung kann auch zentriert werden. Bei Textverarbeitungssystemen ist es zulässig, die Seiten mit „Seite ... von ...“ zu kennzeichnen (beginnend bei Seite 1) und diese Kennzeichnung bevorzugt am rechten Rand enden zu lassen. Dann entfällt der Hinweis auf Folgeseiten.

1.2.5 Empfängeranschrift

Anschriften werden im Anschriftfeld aller Schriftstücke und auf Briefhüllen in gleicher Anordnung geschrieben. Innerhalb einer Anschriftzeile stehen Satzzeichen, am Zeilenende fallen sie weg. Ortsnamen werden nicht gesperrt geschrieben.

Das 9-zeilige Anschriftfeld wird aufgeteilt in eine Zusatz- und Vermerkzone (Zeilen 1–3) und eine Anschriftzone (Zeilen 4–9). Die Zusatz- und Vermerkzone nimmt bei der PC–Frankierung den 2-D-Barcode auf; sie steht ferner für Ordnungsmerkmale und postalische Vermerke zur Verfügung.

Postalische Vermerke (z. B. *Einschreiben Einwurf*) stehen in der 3. Zeile. Die Empfängerbezeichnung beginnt in der 4. Zeile. Es folgen Postfach mit Nummer (Abholangabe) bzw. Straße mit Hausnummer (Zustellangabe) sowie Postleitzahl und Bestimmungsort.

430121

Muster für Inlandsanschriften (1)

Die Punkte an der Fluchtlinie (Zeilenanfang von der linken Blattkante = 25 mm) markieren die Leerzeilen. Das Zeilenende für Empfängeranschriften ist 100 mm von der linken Blattkante bzw. 75 mm vom linken Rand.

1

.
.
.
Herrn
Kurt Schwarz
Birkenweg 24 b
09114 Chemnitz
.
.

2

.
.
.
Frau
Eva Heimbach
bei Familie Becher
Leo-Tolstoi-Straße 5
18106 Rostock
.

3

.
.
.
Frau Petra Müller
Herrn Richard Müller
Husumer Straße 12 // W 407
28219 Bremen
.
.

4

.
.
.
Frau Rita Christ
Herrn Alex Schäfer
Ronsdorf
Anemonenstraße 5 // 3. Stock
42369 Wuppertal
.

5

.
.
.
Herrn Bürgermeister
Alfred Roth
Weberstraße 39
39112 Magdeburg
.
.

6

.
.
.
Frau Notarin
Dr. Luise Schneider
Am Alten Schulgarten 3
55131 Mainz
.
.

7

.
.
Einschreiben
Frau
Beate Vogt
Straßburger Straße 48
66115 Saarbrücken
.
.

8

.
.
Einschreiben Einwurf
Frau Direktorin
Dipl.-Hdl. Petra Fröhlich
Danziger Straße 12 D
48161 Münster
.
.

9

.
.
.
Motorenwerke
Kühn & Pfeifer AG
Frau Ilse Fuchs
Postfach 70 02 93
81302 München
.

10

.
.
.
Herrn
Klaus Seifert
May & Stark KG
Postfach 12 04
86992 Landsberg
.

Erläuterungen zu den Mustern für Inlandsanschriften (1)

1 Die Empfängerbezeichnung (hier *Herrn*) steht im Akkusativ (4. Fall) und in der 4. Zeile des Anschriftfeldes. – Zwischen der Hausnummer und dem Unterscheidungsbuchstaben steht ein Leerzeichen. Der Unterscheidungsbuchstabe darf auch großgeschrieben werden (siehe Anschrift 8).

2 Bei Untermietern muss der Name des Wohnungsinhabers unter den Namen des Empfängers geschrieben werden.

3 In Anschriften an Eheleute empfiehlt es sich aus Höflichkeit, zuerst den Namen der Frau und dann (in der nächsten Zeile) den des Mannes zu nennen. Die Bezeichnung *Eheleute* ist zwar ebenfalls korrekt, doch sollte sie nur von behördlichen Stellen (z. B. vom Amtsgericht) verwendet werden. – Bei der Zustellangabe darf zusätzlich die Wohnungsnummer, abgetrennt durch zwei Schrägstriche, angegeben werden.

4 Auch in Anschriften an Lebenspartner wird zuerst der Name der Frau angegeben. – Orts- oder Stadtteilnamen (hier *Ronsdorf*) dürfen in einer besonderen Zeile oberhalb der Zustell- oder Abholangabe ohne Postleitzahl vermerkt werden, nicht aber als Zusatz zum Bestimmungsort. – Die Angabe des Stockwerks (hier *3. Stock*) wird nach zwei Schrägstrichen geschrieben.

5 Berufs- und Amtsbezeichnungen (hier *Bürgermeister*) werden neben *Frau* oder *Herrn* geschrieben.

6 Akademische Grade (hier Dr.) stehen unmittelbar vor dem Namen. Andere akademische Grade sind: Dipl. (Diplom), Prof. (Professor), B. Sc. (Bachelor of Science = Bachelor der Naturwissenschaften), M. Sc. (= Master of Science: Master der Naturwissenschaften).

7 Postalische Vermerke (Einschreiben, Einschreiben Einwurf, Päckchen, Blindensendung usw.) stehen in der 3. Zeile des Anschriftfeldes. Sollte der Platz nicht ausreichen, darf auch die 2. Zeile genutzt werden. Das Einschreiben wird nur gegen Quittung ausgehändigt.

8 Beim Versand unter *Einschreiben Einwurf* wird der Einwurf der Sendung (Briefe, Postkarten, Blindensendung) in den Briefkasten oder das Postfach des Empfängers von der Deutschen Post AG dokumentiert.

9 Der Brief wird in der Posteingangsabteilung geöffnet, dann aber direkt an Frau Fuchs weitergeleitet (*z. H., z. Hd. = zu Händen* gilt als veraltet). – Postfachnummern werden – von rechts beginnend – in Zweiergruppen gegliedert.

10 Der Brief wird Herrn Seifert ungeöffnet ausgehändigt. Die Abkürzungen *i. H.* (= *im Hause*) und *i. Fa.* (= *in Firma*) sind veraltet. Im Ausland wird oft auch *c/o* (care of = wohnhaft bei) verwendet.

Muster für Inlandsanschriften (2)

11
.
.
.
Zeitschriftenvertrieb
Horst Maier e. K.
Postfach 14 66
79014 Freiburg
.
.

12
.
.
.
Tapetengroßhandel
Luise Frey e. Kffr.
Stormstraße 4 – 6
25336 Elmshorn
.

13
.
.
7 305012/da/st 23/4414 gG
Frau
Elke Hofmeister
Sturzstraße 22 b
64285 Darmstadt
.
.

14
.
.
.
Bundesagentur für Arbeit
90910 Nürnberg
.
.
.
.

Muster für Auslandsanschriften

15
.
.
.
Frau
Dr. Anita Klein
c/o Büromaschinen GesmbH
Wiener Straße 7/1/3
3100 ST. PÖLTEN
ÖSTERREICH

16
.
.
.
Monsieur François Duvernoy
45 rue Foch
34430 MONTPELLIER
FRANKREICH
.
.

17
.
.
.
Prof. Alberto Rossi
Casella Postale 4561
16121 GENOVA GE
ITALIEN
.
.

18
.
.
.
Delegación Provinciale de
I.C.O.N.A.
25071 LERIDA
SPANIEN
.
.

19
.
.
.
Ms E Taylor
c/o Imperial Hotel
24 Cambridge Road
CARLISLE
CA5 1MP
GROSSBRITANNIEN

20
.
.
.
DR F P DANA
ST LOUIS HOSP
2500 CLARK ST
ST LOUIS MO 63121-1247
USA
.

430124

Erläuterungen zu den Mustern für Inlandsanschriften (2)

11 Von Männern geführte Einzelunternehmen erhalten den Zusatz *e. K.* oder *e. Kfm.* (eingetragener Kaufmann).

12 Von Frauen geführte Einzelunternehmen erhalten ebenfalls den Zusatz *e. K.* oder *e. Kffr.* (eingetragene Kauffrau).

13 In das Anschriftfeld dürfen auch Ordnungsbezeichnungen des Absenders aufgenommen werden; sie dienen der innerbetrieblichen Organisation. Diese Bezeichnungen stehen in der Zusatz- und Vermerkzone.

14 Großempfänger (hier *Bundesagentur für Arbeit*) haben eine eigene Postleitzahl. Dann werden weder Postfach noch Straße und Hausnummer angegeben.

Erläuterungen zu den Mustern für Auslandsanschriften

Allgemeines: Auslandsanschriften müssen in lateinischer Schrift und arabischen Ziffern, Bestimmungsort und Bestimmungsland in Großbuchstaben geschrieben werden. Der Bestimmungsort ist (nach Möglichkeit) in der Sprache des Bestimmungslandes anzugeben, das Bestimmungsland jedoch in deutscher Sprache. – Die Anordnung der Bestandteile der Anschrift und deren Schreibung sind (wenn möglich) der Absenderangabe des Partners zu entnehmen.

Postalische Vermerke sollten in Auslandsanschriften nicht geschrieben, sondern durch Aufklebezettel markiert werden, z. B. *Mit Luftpost – PAR AVION*. Aufklebezettel erhalten Sie in jeder Postfiliale.

15 Die Angabe *c/o* (*care of = wohnhaft bei ..., per Adresse*) ist in Österreich noch üblich – im Gegensatz zu deutschen Inlandsanschriften (siehe Hinweis zu Muster 10). *Gesellschaft mit beschränkter Haftung* wird in Österreich *GesmbH* abgekürzt (in Deutschland: *GmbH*). – Die Wohnungsangabe *Wiener Straße 7/1/3* bedeutet *Haus Nummer 7, Stiege 1, 3. Stock* (jeweils durch Schrägstrich gegliedert).

16 In Frankreich (und in vielen anderen Ländern) schreibt man die Hausnummer vor den Straßennamen, und zwar ohne Komma.

17 Berufs- und Amtsbezeichnungen stehen in Italien (und in manchen anderen Ländern) vor dem Vor- und Zunamen in derselben Zeile. *Casella Postale* (Postfach) darf auch abgekürzt werden: *C.P.* (ohne Leerzeichen nach dem Abkürzungspunkt). – Hinter dem Bestimmungsort ist die italienische Provinz abgekürzt anzugeben = 2 Großbuchstaben (hier *GE = Genova* für Genua).

18 Hinter Abkürzungspunkten steht in Spanien (und in den meisten anderen Ländern) kein Leerzeichen.

19 Die meisten britischen Anschriften enthalten nach dem Ortsnamen eine Zeile mit näherer geografischer Eingrenzung des Bestimmungsortes (hier *CA5 1MP*).

20 Die US-Postverwaltung empfiehlt, in der Empfängeranschrift nur Großbuchstaben ohne Abkürzungspunkte zu verwenden. Hinter dem Bestimmungsort steht abgekürzt der Bundesstaat (hier *MO = Missouri*). Es folgt die mehrstellige Postleitzahl.

1.2.6 Briefblatt A4 (Privatbrief)

Vorlagen für Privatbriefe werden mehr und mehr mit Textverarbeitungssystemen selbst gestaltet.

Die Absenderangabe steht in einer Kopfzeile, die 50,8 mm hoch ist. Zur Absenderangabe gehören der Name, die Straße oder das Postfach, PLZ und Ort (im internationalen Schriftverkehr auch das Land) sowie Telefonnummer (ggf. auch Telefaxnummer und E-Mail-Adresse). Diese Angaben werden nicht durch Leerzeilen getrennt.

5,08 cm

Petra Schreiber
Essener Straße 23
45899 Gelsenkirchen
Telefon: 0209 467189
E-Mail: petra.schreiber.wvd@gmx.de

Petra Schreiber · Essener Straße 23 · 45899 Gelsenkirchen
.
.
Einschreiben Einwurf
Vereinigte Metallwerke
Steinbeck & Hafner
Postfach 10 03 44
46003 Oberhausen
.
.
.
.
.
.

Rhetorikseminar in Ihrem Hause
.
.
Sehr geehrte Damen und Herren,
.
für Ihre Anfrage danken wir Ihnen. Gern bin ich dazu bereit, in ...

Die 13. Zeile (50,8 mm von der oberen Blattkante) entspricht der 1. Zeile des 9-zeiligen Anschriftfeldes. Die 16. Zeile (63,5 mm von der oberen Blattkante) entspricht der 4. Zeile des 9-zeiligen Anschriftfeldes. Postalische Vermerke sthen in der 15. Zeile. Wer so beschriftet, kann Fensterbriefhüllen verwenden.

20..-07-04

Das Datum steht in der 24. Zeile (97,3 mm vor der oberen Blattkante) und 150 mm vom linken Rand.

Die Betreffangabe steht in der 27. Zeile des Briefblattes. Sie darf durch Fettschrift und/oder Farbe hervorgehoben werden.

Die Absenderangabe darf auch zentriert oder rechtsbündig und in verschiedenen Schriftgrößen und/ oder Schriftarten geschrieben werden.

430126

Informationsblock. Sollen außer Telefon und Telefax noch andere Kommunikationsmöglichkeiten angegeben werden, fasst man diese Angaben in einem Informationsblock zusammen. Beachten Sie die Leerzeilen innerhalb des Informationsblocks. Nach dem Briefdatum folgen bis zur Betreffangabe zwei Leerzeilen.

(16,9 mm von der oberen Blattkante)

Petra Schreiber
Essener Straße 23
45899 Gelsenkirchen

(50,8 mm von der oberen Blattkante)

Petra Schreiber · Essener Straße 23 · 45899 Gelsenkirchen
.
.
Einschreiben Einwurf
Vereinigte Metallwerke
Steinbeck & Hafner AG
Postfach 10 03 44
46003 Oberhausen
.
.

Ihr Zeichen: gr-ba
Ihre Nachricht vom: 20..-03-30
.
Telefon: 0209 467189
Telefax: 0209 34221
E-Mail: info@p-schreiber-wvd.de
Internet: www.p-schreiber-wvd.de
.
Datum: 20..-07-04
.
.
Rhetorikseminar in Ihrem Hause
.
.
Sehr geehrte Damen und Herren,
.
für Ihre Anfrage danke ich Ihnen. Gern bin ich dazu bereit, in ...

Leitwörter in kleinerer Schriftgröße. Für Leitwörter im Informationsblock darf auch eine kleinere Schriftgröße gewählt werden, mindestens aber 8 Punkt. Die Bezugszeichen dürfen auch in einer Fluchtlinie untereinander stehen.

(16,9 mm von der oberen Blattkante)

Petra Schreiber
Essener Straße 23
45899 Gelsenkirchen

(50,8 mm von der oberen Blattkante)

Petra Schreiber · Essener Str. 23 · 45899 Gelsenkirchen
.
.
Berufsbildungswerk
des Landkreises Elmshorn
Frau Dipl.-Päd. Heick-Frenssen
Peter-Meyn-Straße 11/13
25337 Elmshorn
.

Ihr Zeichen: hf-dg
Ihre Nachricht vom: 20..-09-05
.
Telefon: 0209 467189
Telefax: 0209 34221
E-Mail: info@p-schreiber-wvd.de
Internet: www.p-schreiber-wvd.de
.
Datum: 20..-09-06
.
.
Rhetorikseminar in Ihrem Hause
.
.
Guten Tag, Frau Heick-Frenssen,
.
für Ihren gestrigen Anruf danke ich Ihnen. Gern bin ich dazu bereit, ...

430127

1.3 Tipps für Ihren Briefentwurf

1.3.1 Briefaufbau

Mit Ihrem Brief wollen Sie dem Empfänger etwas mitteilen, z. B. Namen und Anschriften von Vertragshändlern und Außendienstmitarbeitern. Oder Sie erkundigen sich bei einem Hersteller, was eine Ware kostet und wann sie geliefert werden kann. Ob Sie dem Empfänger etwas mitteilen oder Fragen stellen, immer haben Sie es mit einem Sachverhalt zu tun, den Sie vor der Niederschrift *(oder vor dem Diktat)* durchdenken müssen. Üben Sie die Kunst, sich in die Situation Ihres Briefpartners zu versetzen, empfangen Sie sozusagen Ihren eigenen Brief. Dann fällt es Ihnen leichter, die richtigen Worte in der entsprechenden Reihenfolge zu finden.

❖ **Situation:** Sie sind Angestellter der Großhandlung Ackermann & Stein GmbH und bearbeiten dort Reklamationen. Ein Stammkunde hat sich soeben bitter darüber beschwert, dass er von Ihrer Buchhaltung gemahnt wurde, obwohl er den fälligen Rechnungsbetrag längst überwiesen hat. Der Kunde ist so verärgert, dass er die Geschäftsverbindung abbrechen will.

Der Briefanfang. Beginnen Sie nach Möglichkeit mit dem Gedankengang oder Argument Ihres Briefpartners. Sagen Sie ihm etwas Positives, vermeiden Sie einen negativen Briefanfang.

Für Ihren Brief danken wir Ihnen. Wir sind froh darüber, dass Sie uns so offen und deutlich Ihre Meinung gesagt haben.

Der Briefkern. Wie der Hauptteil eines Aufsatzes, so soll auch Ihr Brief gut gegliedert sein. Kennzeichen für jeden Hauptgedanken ist ein Absatz. Erläutern Sie den Sachverhalt, indem Sie das Wesentliche klar und kurz, aber lückenlos mitteilen.

Ihre Zuschrift ermöglicht es uns, dem Fehler nachzugehen.

Es ist schade, dass Sie trotz unserer langen und guten Geschäftsbeziehung keine Waren mehr von uns beziehen wollen.

Unsere Buchhaltung hat Sie nur irrtümlich aufgefordert, angebliche Rückstände zu begleichen. Auch die beste Organisation schließt nicht aus, dass Fehler vorkommen. Wie Sie wissen, können sich selbst beim Einsatz ausgereifter EDV-Anlagen Fehler einschleichen.

Wenn Sie unseren Irrtum in Ruhe betrachten, werden Sie ihn sicherlich entschuldigen können. Der Fehler ist übrigens auch bei anderen Stammkunden gemacht worden.

Inzwischen haben wir unser Programm korrigiert, und wir hoffen zuversichtlich, dass ein solches Versehen nicht mehr vorkommt.

Der Briefschluss enthält meist eine Aufforderung an den Briefpartner, etwas zu tun, z. B. schnell zu antworten, etwas zu erklären oder zu entschuldigen, Unterlagen zu senden. Schließen Sie mit einer Grußformel, die Ihrem Verhältnis zum Briefpartner und dem Sachverhalt entspricht.

Heute bitten wir Sie in aller Form, unseren Fehler zu entschuldigen und uns Ihr Vertrauen wieder zu schenken.

Freundliche Grüße

1.3.2 Briefentwurf

Nur geübte Briefschreiber schaffen es, individuelle Briefe gleich ins Reine zu schreiben. Denn es ist nicht einfach, einen Sachverhalt zu durchdenken, ihn treffend zu formulieren und dabei auch noch auf Orthografie, Interpunktion und normgerechte Form zu achten. Um einen Entwurf kommt man also in vielen Fällen nicht herum. Sie können Ihre Briefe handschriftlich entwerfen oder maschinell eingeben und am Bildschirm redigieren.

Kritisch prüfen. Prüfen Sie Ihren Entwurf nach der ersten Niederschrift sorgfältig auf sachliche Richtigkeit. Dann feilen Sie stilistisch: Straffen Sie Ihre Ausführungen, ersetzen Sie schwache Ausdrücke durch treffendere. Lesen Sie Ihre Niederschrift laut, streichen Sie unschöne Wort- und Klangwiederholungen. Achten Sie auch auf ein rhythmisches Gleichmaß Ihrer Sätze.

Einheitliche Korrekturzeichen verwenden. Damit die Niederschrift auch nach umfangreicher Korrektur noch übersichtlich bleibt, empfiehlt es sich, nicht wild zu korrigieren, sondern für die sog. Autorenkorrektur nur die genormten Korrekturzeichen zu verwenden. Sie finden sie im Duden-Band 1: Rechtschreibung im Kapitel „Korrekturvorschriften" oder in der Norm DIN 16 511 „Korrekturzeichen".

Die Hauptregeln der Norm DIN 16 511. Wiederholen Sie jedes im Text eingezeichnete Korrekturzeichen auf dem rechten Rand (in der Korrekturspalte, etwa $^1/_3$ des A4-Blattes). Vermerken Sie neben dem Korrekturzeichen auch die erforderliche Änderung (falls das Zeichen nicht für sich selbst spricht). Ergeben sich in einer Zeile mehrere Korrekturen gleicher Art, sind unterschiedliche Korrekturzeichen anzuwenden. Bitte vergleichen Sie hierzu das Muster auf Seite 30.

1.3.3 Zehn goldene Regeln für Ihre Briefe

1. Schreiben Sie so freundlich wie möglich, aber hüten Sie sich vor falscher Höflichkeit. *(Wir erlauben uns die höfliche Bitte ...)*
2. Formulieren Sie verständlich und informativ, aber knapp und prägnant.
3. Sagen Sie öfter *Sie* und *Ihre,* weniger oft *wir* und *unsere.*
4. Vergessen Sie nicht *bitte* und *danke.*
5. Versuchen Sie nicht, Ihren Briefpartner zu überreden, sondern überzeugen Sie ihn.
6. Behandeln Sie Ihren Briefpartner fair und tolerant. Entschuldigen Sie sich für Ihre Versehen und Versäumnisse.
7. Versprechen Sie nur, was Sie halten können. Halten Sie, was Sie versprochen haben.
8. Bevorzugen Sie die positive Formulierung Ihrer Gedanken, Vorschläge und Entscheidungen.
9. Bleiben Sie ruhig und sachlich, auch wenn der Briefpartner ausfallend geworden ist.
10. Beantworten Sie die Eingangspost rasch oder geben Sie – falls dies nicht möglich ist – einen Zwischenbescheid.

1.4 Postbearbeitung und Schriftgutverwaltung

Trotz des seit langem angekündigten papierlosen Büros wächst das Postaufkommen in Unternehmen und Behörden ständig. Rationalisierung ist daher oberstes Gebot. Die Bearbeitung der Eingangspost sowie der unterschriftsreifen Ausgangspost, deren Ordnung, Aufbewahrung und Verwaltung sind zentrale Themen der Bürowirtschaft, Sekretariatstechnik und Organisationslehre. Wir verweisen auf die einschlägigen Lehrwerke des Bildungshauses Schulbuchverlage.

30

Korrekturzeichen für die Autorenkorrektur

Falsche Buchstaben *werden senkrecht durchgestrichen und auf dem Rand durch die richtigen ersetzt. Sind in der Zeile mehrere Buchstaben zu korrigieren, erhalten die senkrechten Striche noch Querstriche.*

Grundtegel: Jedes Kirrekturzeichen auf den Rand wiederjolen; Onderung rechts daneben schreiven. — r o m h Ä b

Falsche Wörter *werden mit dem großen H durchgestrichen und auf dem Rand durch die richtigen ersetzt:* Die ~~Größe~~ des H-Querbalkens richtet sich dabei nach der Länge des ~~betreffenden~~ Wortes. — Länge / jeweiligen

Überflüssige Buchstaben, Satzzeichen und Wörter *werden durchgestrichen und auf dem Rand durch das Tilgungszeichen angezeichnet:*
Das Tiilgungszeichen ist ein verschnörkeltes „d" und steht für „deleatur" (lat.) = „es werde getilgt".

Fehlende Buchstaben und Satzzeichen *werden angezeichnet, indem der vorangehende oder folgende Buchstabe durchgestrichen und zusammen mit dem fehlenden wiederholt wird. Es kann auch das ganze Wort oder die Silbe durchgestrichen und auf dem Rand berichtigt werden.*

Die Korekturzeichen sind gan einfach. Doch es ist sehr wichtig sich damit zu beschäftigen. — rr nz g,

Verstellte Buchstaben *werden durchgestrichen und am Rand richtig angegeben:*
Schrieben Sie immer gleichmäßig und ruhig. — ei

Verstellte Zahlen *sind immer ganz zu durchstreichen und in der richtigen Reihenfolge an den Rand zu schreiben:*
Erst seit ~~1794~~ gibt es Mikroprozessoren. — 1971

Zwischenräume: *Fehlender Wortzwischenraum wird durch ein spiegelbildliches Absatzzeichen gekennzeichnet. Der Doppelbogen gibt an, dass der Zwischenraum wegfallen soll. Zu enger Zwischenraum wird durch einen senkrechten Strich mit Halbbogen, zu weiter Zwischenraum durch einen Pfeil nach oben angezeichnet.*

Ruhiges Schreiben istfür Sie sehr wichtig. Diese 1.Regel werden Sie be stimmt kennen lernen.

Fehlende Wörter *werden in der Lücke durch Winkelzeichen kenntlich gemacht und auf dem Rand angegeben.*
Dieses Zeichen eigentlich für sich selbst. — spricht

Verstellte Wörter *werden durch das Umstellzeichen gekennzeichnet. Bei größeren Umstellungen werden die Wörter beziffert.*
Bei Umstellungen kleinen nur Umstellzeichen. Anfang[2] aller[1] schwer[4] ist[3]. Das gilt auch hier. — A 1–4

Ein Absatz *wird durch das Absatzzeichen im Text und am Rand gekennzeichnet. Das Anhängen eines Absatzes wird durch eine verbindende Schleife gekennzeichnet.*
… mit guter Übersicht. Absätze sind durch eine Leerzeile zu trennen.

Man muss dann also zweimal schalten.

Hervorhebungen. *Fehlende Einrückung wird durch das Absatzzeichen und den Zusatz „und einrücken" gekennzeichnet.*

Hervorzuhebende Textstellen *werden unterstrichen; am Rand wird die Hervorhebungsart vermerkt.*

Wenn Sie die Korrekturzeichen richtig verwenden, arbeiten Sie bei der Autorenkorrektur rationell. — und einrücken

Korrekturzeichen sind wichtig. Man muss sie aber beherrschen. Bitte beachten Sie diesen Rat. — unterstreichen / kursiv

2 Rechtschreibung

Wer Briefe zu entwerfen, zu diktieren oder zu schreiben hat, muss neben dem Inhalt und der äußeren Form auch viele orthografische Erfordernisse beachten. Dieses Buch zeigt Ihnen vor allem Schreibungen, die bei der Rechtschreibreform geändert wurden.

Schreibvarianten. Für manche Wörter gibt es zwei zulässige Schreibungen. Bei diesen Varianten können Sie also selbst entscheiden. Doch sollten Sie die gewählte Schreibung innerhalb eines Textes beibehalten. Am einfachsten ist es, wenn Sie die Empfehlungen der Dudenredaktion übernehmen. In diesem Buch sind die Dudenempfehlungen stets zuerst genannt.

Grammatische Fachausdrücke. Die Rechtschreibregeln enthalten viele grammatische Fachausdrücke; sie werden in diesem Buch lateinisch bezeichnet. Die deutschen Bezeichnungen dafür finden Sie auf den letzten Seiten.

2.1 Laut-Buchstaben-Zuordnungen

Die gleiche Schreibung eines Wortes wird nach Möglichkeit in allen Wörtern einer Wortfamilie beibehalten.

a) **Umlautschreibung.** Band, Bändel; blau, verbläuen; Gams, Gämse; Hand, behände (flink, gewandt); Lamm, belämmert (eingeschüchtert, betreten); Quantum, Quäntchen; Schnauze, großschnäuzig; Stange, Stängel; Überschwang, überschwänglich

b) **Schreibungen nach kurzem, betontem Vokal.** Karamelle, Karamell; moppen, Mopp (Staubbesen mit langen Fransen; aber: mobben, Mobbing (Arbeitskollegen/-innen schikanieren); Nummer, nummerieren; aber: numerisch; Platz, platzieren; Stuck, Stuckateur; toll, Tollpatsch

c) **Erhalt der Stammschreibung in Zusammensetzungen.** Schiff + Fahrt = Schifffahrt; Schnell + Läufer = Schnellläufer; Schwimm + Meister = Schwimmmeister; Kenn + Nummer = Kennnummer; Geschirr + Reiniger = Geschirrreiniger; Schluss + Satz = Schlusssatz

✖ **Bitte beachten Sie:** Nicht als Zusammensetzung empfunden werden *dennoch, Drittel, Mittag.*

d) **Stamm-h vor -heit – selbstständig/selbständig.** roh, Rohheit; zäh, Zähheit; selbst, selbstständig/selbständig

e) **Einzelfälle.** rau, rauer, raues (wie: grau, schlau usw.); Känguru (wie: Gnu, Kakadu usw.); Differenz, Differenzial/Differential; Essenz, essenziell/essentiell; Potenz, Potenzial/Potential; Substanz, substanziell/substantiell

2.2 ss oder ß?

a) **Grundregel.** Nach kurzem, betontem Vokal wird *ss* geschrieben, nach langem Vokal *ß*. Diese Regel sichert die gleiche Schreibung der Wortstämme im Singular und Plural:

<u>Kurzer Vokal:</u> Fluss, Flüsse; Kuss, Küsse. <u>Langer Vokal:</u> Fuß, Füße; Gruß, Grüße

430131

b) **Wechsel innerhalb der Wortfamilie.** Die Grundregel gilt auch, wenn sich dadurch die Schreibung innerhalb der Wortfamilie ändert:

Kurzer Vokal: Biss, ein bisschen; Genuss, Genüsse, genossen; lassen, lässt; Riss, gerissen; Schloss, geschlossen, Schluss. Langer Vokal: beißen; genießen; ließen; reißen; schließen

c) **Fremdwörter mit *ss* nach kurzem Vokal.** Die Regel, dass nach kurzem, betontem Vokal *ss* zu schreiben ist, gilt auch für alle Fremdwörter:

Adressbuch, Express, Regress, Kongress, Stress; Boss

d) **das : dass.** *Das* steht für: den sächlichen Artikel (1); das Relativpronomen *welches* (2); das Demonstrativpronomen *dies(es)* (3):

(1) Wer führt das Geschäft? (2) Er leitet ein Unternehmen, das bekannt ist. (3) Wir begrüßen das sehr.

Dass ist eine Konjunktion; sie lässt sich nicht durch *welches* oder *dies(es)* ersetzen:

Wir hoffen, dass Ihnen der Prospekt gefällt. Dass Ihnen der Prospekt gefällt, freut uns. Wir hoffen, dass Ihnen das Angebot zusagt, das wir Ihnen heute vorlegen.

e) **sodass/so dass – ohne dass.** Die Konjunktion *sodass* kann zusammen- oder getrennt geschrieben werden (1). Die Konjunktion *ohne dass* wird als Einheit empfunden; deshalb steht dazwischen kein Komma (2):

(1) Die Ware ist verdorben, sodass/so dass wir sie nicht verkaufen können. (2) Ihr Vertreter hat uns besucht, ohne dass wir darum gebeten hatten.

2.3 Fremdwörter

Für zahlreiche Fremdwörter ist die fremdsprachliche oder die integrierte (eingedeutschte) Schreibung zulässig. Der Duden empfiehlt meist die fremdsprachliche Schreibung, jedoch u. a. nicht bei vielen Fremdwörtern mit ph (dafür: f, z. B. Fotograf).

Laute	fremdsprachliche Schreibung	integrierte Schreibung
ai	Necessaire	Nessessär
	Portemonnaie	Portmonee
c	Facette	Fassette
ch	Ketchup	Ketschup
é	Exposé	Exposee
gh	Joghurt	Jogurt
ph	quadrophon	empfohlen: quadrofon
qu	Kommuniqué	Kommunikee
rh	Katarrh	Katarr
th	Panther	Panter
	Thunfisch	Tunfisch

2.4 Getrennt- und Zusammenschreibung

Die Getrennt- und Zusammenschreibung gehört auch nach der Reform zu den schwierigsten Kapiteln der deutschen Rechtschreibung. Dies liegt vor allem daran, dass Sie zwischen Wortgruppen und Zusammensetzungen unterscheiden müssen.

Wortgruppe. Eine *Wortgruppe* besteht aus zwei oder mehr grammatisch selbstständigen Wortformen: *Auto fahren, in Betracht ziehen.*

Zusammensetzung. Eine Zusammensetzung bildet als Ganzes eine einzige Wortform: *brandmarken, fernsehen.*

Regel. Wortgruppen schreiben Sie getrennt, Zusammensetzungen schreiben Sie zusammen.

Hinweis: Einige Regeln für die Getrennt- und Zusammenschreibung betreffen naturgemäß auch die Groß- und Kleinschreibung. Bitte beachten Sie deshalb auch den Abschnitt 2.6.

2.4.1 Verbindungen mit einem Verb als zweitem Bestandteil

a) **Verbindungen von Verb und Verb sowie Verb und Partizip**
Haben bei der Verbindung von zwei Verben beide noch ihre eigene Bedeutung, schreiben Sie getrennt. Dies gilt auch für die Verbindung von Verb und Partizip:

Es sollen auch Spezialisten arbeiten kommen. Sie werden unsere Infos noch schätzen lernen. Bisher haben einige Kunden unsere Infos noch nicht schätzen gelernt.

b) **Verbindungen von Verben mit *bleiben* oder *lassen***
In wörtlicher Bedeutung wird das Verb vom folgenden *bleiben* oder *lassen* getrennt. Dies gilt auch für die Verbindung von Verb und Partizip:

Auf diesem bequemen Sessel möchte jeder sitzen bleiben. Während der Abstimmung sind alle sitzen geblieben.

Bei übertragener Bedeutung kann getrennt oder zusammengeschrieben werden. Es ist also auch bei übertragener Bedeutung nicht falsch, getrennt zu schreiben:

Sein unbegabter Sohn wird wiederum sitzenbleiben (nicht versetzt werden)/sitzen bleiben. Dann ist er zum zweiten Mal sitzengeblieben/sitzen geblieben. Der Redner ist mitten im Satz steckengeblieben/stecken geblieben. Trotz sorgfältiger Korrektur sind doch noch zwei Fehler stehengeblieben/stehen geblieben. Üble Anschuldigungen wurden diesmal aber bleibengelassen/bleiben gelassen.

Getrenntschreibung empfohlen:

Wir haben Dr. Berger auf einer Ausstellung kennen gelernt/kennengelernt. Die Konkurrenz, die uns nicht ernst nimmt, wird uns noch kennen lernen/kennenlernen (als Drohung).

c) **Verbindungen mit dem Verb *sein***
Verbindungen mit dem Verb *sein* müssen Sie immer getrennt schreiben; hierzu gehört auch *gewesen* (eine Ableitung von *sein*):

Die Besprechung war erst abends aus gewesen (beendet). Wir möchten zur Messeeröffnung pünktlich da sein (eintreffen). Dr. Becker ist auch dabei gewesen (war auch anwesend). Später wollen wir im Restaurant noch gemütlich zusammen sein (beieinandersitzen).

✖ **Bitte beachten Sie:** Bei substantiviertem Gebrauch ist selbstverständlich zusammen- und großzuschreiben. – Doch ist in *die Dabeigewesenen* auch Worttrennung möglich:

Er führt ein bescheidenes Dasein. Wichtig ist das Dabeisein. – Alle Dabeigewesenen/dabei Gewesenen waren zufrieden.

d) **Verbindungen von Partizip und Verb**

Bei Verbindungen von Partizip und Verb können Sie zwischen konkreter und übertragener Bedeutung unterscheiden:

Dürfen wir Sie mit Herrn Frey bekannt machen/bekanntmachen? Das Gesetz wird im Bundesanzeiger bekannt gemacht/bekanntgemacht. Der Wortlaut ist inzwischen bekannt geworden/bekanntgeworden. Er wurde im Ausland gefangen genommen/gefangengenommen und dort mehrere Monate gefangen gehalten/gefangengehalten. Inzwischen ist viel Vertrauen verloren gegangen/verlorengegangen.

e) **Verbindungen von Adjektiv und Verb**

Unterscheidungen. Schreiben Sie zusammen, wenn Adjektiv und Verb eine neue Bedeutung bilden. Bei wörtlicher Bedeutung schreiben Sie getrennt:

Die Richterin hat den Angeklagten freigesprochen. Es ist wichtig, dass Sie frei sprechen können. Kundendienst wurde in unserem Unternehmen schon immer großgeschrieben (wichtig genommen). Die Lehrerin hat sich daran gewöhnt, an der Tafel groß zu schreiben (in großer Schrift). Die Antwort ist uns nicht leichtgefallen. Einige Aktienkurse sind leicht gefallen. Wir hoffen, dass wir bald einer Lösung näherkommen. Die beiden Schiffe sind sich immer näher gekommen. Es ist wichtig, dass wir die falsche Behauptung richtigstellen. Achten Sie darauf, die Möbel im Arbeitszimmer richtig zu stellen.

✖ **Bitte beachten Sie:** In Verbindung mit einem adjektivisch gebrauchten Partizip kann bei nicht übertragener Bedeutung getrennt oder zusammengeschrieben werden:

Der Dieb ist durch das offen gebliebene/offengebliebene Fenster eingestiegen. Der Wagen konnte durch das offen stehende/offenstehende Tor einfahren.

Nur Zusammenschreibung möglich. Die Zusammensetzungen *sich bereitfinden, heimlichtun, krankschreiben* werden stets zusammengeschrieben:

Die meisten Einzelhändler haben sich dazu bereitgefunden. Warum muss sie immer so heimlichtun (geheimnisvoll)? Der Arzt hat ihn sofort krankgeschrieben.

Getrennt- oder Zusammenschreibung nach Wahl. Sie können getrennt oder zusammenschreiben, wenn das Adjektiv das Ergebnis eines Geschehens bezeichnet *(leer essen/leeressen)*. – Getrennt- oder Zusammenschreibung ist immer möglich, wenn sich nicht klar entscheiden lässt, ob ein neuer Begriff vorliegt:

Leider konnten wir uns noch nicht dazu bereit erklären/bereiterklären. Das Gerät war schon nach kurzem Gebrauch kaputt gegangen/kaputtgegangen. Das Kind hat seinen Teller wieder nicht leer gegessen/leergegessen. Mit dem neuen Mopp lässt sich der Boden leicht trocken wischen/trockenwischen. Man sollte seine Mitmenschen nicht gleich schuldig sprechen/schuldigsprechen. Was wird uns anderes übrig bleiben/übrigbleiben? Sie haben uns nichts anderes übrig gelassen/übriggelassen.

Zusammenschreibung empfohlen:

Unsere Gäste sollen sich im Hotel wohlfühlen/wohl fühlen. Jeder Verkäufer möchte seine Kunden zufriedenstellen/zufrieden stellen. Wir hoffen, diesen anspruchsvollen Kunden zufriedengestellt/zufrieden gestellt zu haben. Auch in der vergangenen Saison haben wir wieder zufriedenstellende/zufrieden stellende Umsätze erzielt.

f) **Verbindungen mit Adverb und Verb**

Ist das Adverb eine Präposition und ein Substantiv (*bei + Seite = beiseite*) oder ein aus einer Präposition und einem Adjektiv (*zu + gut = zugute*) zusammengesetzt, schreiben Sie Adverb und Verb zusammen:

Es ist Ihnen anheimgestellt, Beschwerde einzulegen. Wir sollten die schwierige Arbeit nicht einfach beiseitelegen. Es ist kein Geheimnis, dass die Reklamationen überhandgenommen haben. Die Umsatzsteigerung konnte nur allmählich vonstattengehen. Wollen Sie wirklich mit einer anderen Lösung vorliebnehmen?

Unterscheidungen. Hat das Adverb noch seine ursprüngliche Bedeutung (selbstständiges Adverb), schreiben Sie vom Verb getrennt. Entsteht durch die Verbindung ein neuer Begriff, schreiben Sie zusammen. (Bei der Zusammensetzung liegt die Betonung auf dem Adverb):

Es erfordert viel Kraft, wenn man den steilen Pfad aufwärts geht. Wir sind überzeugt, dass es mit dem Export weiter aufwärtsgeht. Im Konferenzraum sollten wir uns nicht zu weit auseinander setzen. Wir müssen uns mit den Kriterien auseinandersetzen. Die deutsche Elf hat auch diesmal wieder gewonnen. Zum Glück hatte sie ihr Selbstvertrauen wiedergewonnen. Die Möbelpacker mussten die schwere Kiste zusammen tragen (gemeinsam tragen). Briefe und Prospekte müssen beim Postausgang zusammengetragen werden (vereinigt werden).

Getrennt- oder Zusammenschreibung nach Wahl. Wenn unklar ist, ob das Adjektiv noch seine Selbstständigkeit hat, dürfen Sie getrennt oder zusammenschreiben:

Es war nicht leicht, die andersdenkenden/anders denkenden Teilnehmer zu überzeugen. Für die anderslautende/anders lautende Information sind wir nicht verantwortlich. Sollen wir unsere Entscheidung publikmachen/publik machen? Wir zweifeln, ob die beiden je zueinanderfinden/zu einander finden werden.

g) **Verbindungen von Adverb und adjektivisch gebrauchtem Partizip**

In Verbindungen mit einem adjektivisch gebrauchten Partizip kann getrennt oder zusammengeschrieben werden:

Der oben erwähnte/obenerwähnte Bewerber war zwei Jahre bei uns tätig. Die unten stehende/untenstehende Aufstellung ist nur für Sie bestimmt. Die viel befahrene/vielbefahrene Straße muss ausgebessert werden.

Zusammenschreibung empfohlen:

Den Antrag hat eine alleinerziehende/allein erziehende Mutter gestellt.

Getrenntschreibung empfohlen:

Den meisten Gästen hat der selbst gebackene/selbstgebackene Kuchen am besten geschmeckt.

h) **Verbindungen von Substantiv und Verb**
In festen Gefügen schreiben Sie das Substantiv vom Verb getrennt:

Auf ärztliche Anordnung muss er wieder Diät leben. Seit Monaten hatte er nicht mehr Diät gelebt. Im Februar wird Prinz Karneval wieder Hof halten. Im Vorjahr hatte Paul Müller als Prinz Hof gehalten. Auch für Frauen ist es ein beliebter Sport, Kegel zu schieben. Viele Frauen haben bereits erfolgreich Kegel geschoben. Kleinkinder sollten besonders vorsichtig Rad fahren. Nach polizeilichem Training sind alle korrekt Rad gefahren. Können Sie rationell Maschine schreiben? Haben Sie heute schon Maschine geschrieben?

Hat das Substantiv seine Selbstständigkeit weitgehend verloren, schreiben Sie es mit dem Verb zusammen. Bei getrennter Stellung ist auch der nichtverbale Teil kleinzuschreiben:

In der neuen Sporthalle kann man gut eislaufen. Es macht Freude, dort eiszulaufen. Auch meine Freundinnen sind dort schon eisgelaufen. Heike läuft jetzt mit einem neuen Partner eis.

Beim nächsten Turnier werden die Fans wieder kopfstehen. Sie haben die Neigung, bei jedem Sieg kopfzustehen. Nach dem Sieg unseres Teams hat sogar die ganze Stadt kopfgestanden. Vor Begeisterung standen alle kopf.

Das wird Ihnen bestimmt leidtun. Das hat schon manchem leidgetan. Dieser Vorfall braucht Ihnen nicht leidzutun. Es tut mir wirklich sehr leid.

Der Politiker begründete, warum Reformen nottun. Um Schulden abzubauen, tun rigorose Einsparungen not.

Getrennt- oder Zusammenschreibung nach Wahl. Einige Verbindungen von Substantiv und Verb kann man als Wortgruppe oder als Zusammensetzung auffassen. Bei solchen Verbindungen ist daher Getrennt- oder Zusammenschreibung möglich:

Jeder Kaufmann muss achtgeben/Acht geben, dass er richtig wirbt. Auf wirksame Werbung haben wir stets achtgegeben/Acht gegeben. Es lohnt sich, darauf achtzugeben/Acht zu geben. Er gibt acht/Acht.

Künftig wird unser Kundendienstwagen dienstags und freitags in Mainz haltmachen/Halt machen. Bisher hat er dort nur mittwochs haltgemacht/Halt gemacht. Mittwochs macht er in Mainz nicht mehr halt/Halt.

Wein kann gesund sein, wenn man maßhält/Maß hält. Genießer haben schon immer maßgehalten/Maß gehalten. Auch für Biertrinker ist es selbstverständlich, maßzuhalten/Maß zu halten. Wer vernünftig ist, hält maß/Maß.

2.4.2 Verbindungen mit Adjektiven oder adjektivisch gebrauchten Partizipien

a) **Verbindungen mit einem ungebeugten Adjektiv**
Verbindungen mit einem ungebeugten Adjektiv können Sie getrennt oder zusammenschreiben:

Zusammenschreibung empfohlen:

eine allgemeingültige/allgemein gültige Richtlinie, ein weitverbreiteter/weit verbreiteter Irrtum

Getrenntschreibung empfohlen:

ein blau gestreiftes/blaugestreiftes Kleid, mehrere eng bedruckte/engbedruckte Seiten, ein neu eröffnetes/neueröffnetes Geschäft

✖ **Bitte beachten Sie:** Ist der erste Bestandteil erweitert oder gesteigert, schreiben Sie getrennt:

eine besonders schwer verständliche Formulierung, eine noch schwerer verständliche Formulierung

b) **Verbindungen mit „nicht(s)"**
Bei Verbindungen mit *nicht* wird Getrenntschreibung empfohlen:

eine nicht amtliche/nichtamtliche Meldung, jede nicht berufstätige/nichtberufstätige Frau, eine nicht öffentliche/nichtöffentliche Sitzung, garantiert nicht rostender/nichtrostender Stahl, die nicht selbstständigen/nichtselbstständigen Handwerker

Zusammenschreibung empfohlen:

eine nichtssagende/nichts sagende Erklärung

Getrenntschreibung empfohlen:

ein nichts ahnender/nichtsahnender Käufer

c) **Verbindungen mit einem adjektivisch gebrauchten Partizip**
In Verbindung mit einem adjektivisch gebrauchten Partizip können Sie *oben*, *unten* und *viel* getrennt oder zusammenschreiben:

der oben erwähnte/obenerwähnte Bewerber, die unten stehende/untenstehende Anschrift, die viel befahrene/vielbefahrene Straße

2.4.3 Verbindungen mit Substantiv und adjektivisch gebrauchtem Partizip

Ist in der Verbindung ein Artikel oder eine Präposition erforderlich, schreiben Sie zusammen.

Nur Zusammenschreibung, weil ein Artikel oder eine Präposition erforderlich ist:

ein atemraubender Film (ein Film, der den Atem raubt), eine freudestrahlende Gewinnerin (eine Gewinnerin, die vor Freude strahlt.)

Getrennt- oder Zusammenschreibung, weil kein Artikel oder keine Präposition erforderlich.

Getrenntschreibung empfohlen:

die Daten verarbeitende/datenverarbeitende Abteilung, die Erdöl exportierenden/erdölexportierenden Staaten, ein Gefahr bringender/gefahrbringender Engpass, Wasser abstoßende/wasserabstoßende Materialien

Zusammenschreibung empfohlen:

ein aufsehenerregender/Aufsehen erregender Erfolg, der aufsichtführende/Aufsicht führende Lehrer, krebserregende/Krebs erregende Stoffe

2.4.4 Andere Wortarten

a) **dessen ungeachtet. Dieses Adverb ist stets getrennt zu schreiben:**

Wir haben dessen ungeachtet doch noch einen Ausweg gefunden.

b) **ebenso gut, ebenso sehr; genauso gut.** Schreiben Sie *ebenso* und *genauso* vom folgenden Adjektiv oder Adverb immer getrennt:

Den Auftrag könnten wir ebenso gut ausführen. Die Lieferzeit für Artikel Nr. 400 dauert ebenso lange. Wir haben uns ebenso oft darum bemüht. Im Mai konnten wir ebenso viel umsetzen. Die Konkurrenz war ebenso wenig dazu in der Lage. Unsere Werkstatt arbeitet genauso gut.

c) **Alle Verbindungen mit *irgend-* werden zusammengeschrieben:**

Hatten Sie an unserer Sendung irgendetwas auszusetzen? Vielleicht hat Ihnen irgendjemand einen Tipp gegeben.

d) **Verbindungen mit *Mal*:**
Wenn *Mal* durch die Beugung des davorstehenden Wortes als Substantiv erkennbar ist, schreiben Sie getrennt und groß. Wenn *Mal* adjektivisch gebraucht wird, schreiben Sie zusammen:

Darüber wurde schon manches Mal : manchmal diskutiert. Den Markennamen „Prinz" haben wir zum ersten Mal vor zwei Jahren verwendet. Die Serie „Rom" wird in dieser Saison zum letzten Mal produziert.

e) **Verbindungen mit *viel* und *wenig*.** Schreiben Sie die Adverbien *wie viel, so viel, zu viel, wie wenig, zu wenig* getrennt:

Wie viel Mitarbeiter werden beschäftigt? Er hat sich so viel Mühe gegeben. Es wäre zu viel Aufwand erforderlich. Leider wird viel zu viel Material verschwendet. Besser zu viel als zu wenig werben. Es war erstaunlich, wie wenig der Prüfling wusste.

✖ **Unterscheiden Sie** die Adverbien *so viel, so wenig* von den Konjunktionen *soviel, sowenig.*

Adverbien (Getrenntschreibung):

So viel für heute. Leider verfügen wir über so wenig Lagerraum, dass wir nur kleine Mengen bestellen können.

Konjunktionen (Zusammenschreibung):

Soviel uns bekannt ist, hat die Konkurrenz noch längere Lieferzeiten. Sowenig wir auch damit rechneten, der Hersteller will keinen Ersatz liefern.

2.5 Bindestrich

a) **Bei Verbindungen aus Ziffern, Zahlen oder Einzelbuchstaben** setzen Sie einen Bindestrich, wenn eine Stammsilbe folgt (1). In Zusammensetzungen mit Einzelbuchstaben setzen Sie immer einen Bindestrich (2). Wenn Ziffern und Zahlen mit einem Suffix verbunden sind, setzen Sie keinen Bindestrich (3).

(1) 3-teilig, 12-seitig, 6-Zylinder, keine 100-prozentige Lösung, 20-jährig, der 20-Jährige; (2) x-mal da gewesen, x-beliebige Leute, der x-te Tag; (3) ein 5%iger Aufschlag, nur ein 10tel Millimeter

b) **In Jahreszahlen in Ziffern auf -er** können Sie einen Bindestrich setzen (1). Den Wortteil *-fach* können Sie ohne oder mit Bindestrich an die Ziffer oder Zahl anhängen (2):

(1) in den 90er-Jahren/90er Jahren; in Buchstaben: in den Neunzigerjahren/neunziger Jahren; (2) eine 5-fache/5fache Bereifung, das 5-Fache/5fache berechnen

c) **In substantivisch gebrauchten Zusammensetzungen (Aneinanderreihungen)** setzen Sie einen Bindestrich und schreiben nur das erste Wort und die Substantive groß (1). In übersichtlichen Zusammensetzungen mit Infinitiv wird kein Bindestrich gesetzt (2):

(1) Hier gibt es nur ein Entweder-oder. Es wurde lang und breit das Sowohl-als-auch diskutiert. Mit einem Teils-teils können wir nichts anfangen. Das Von-der-Hand-in-den-Mund-Leben ist nicht unser Ziel. Mancher liebt das In-den-Tag-Hineinträumen. Das An-den-Haaren-Herbeiziehen störte; (2) das Autofahren, beim Fußballspielen, das Inkrafttreten, beim Tangotanzen

d) **Zur Hervorhebung und Verdeutlichung** kann ein Bindestrich gesetzt werden, nämlich zur Hervorhebung einzelner Bestandteile (1); in unübersichtlichen Zusammensetzungen (2); in mehrgliedrigen Wörtern aus dem Englischen (3); um Missverständnisse zu vermeiden (4):

(1) Aha-Erlebnis/Ahaerlebnis, zu viele dass-Sätze/Dasssätze; (2) Leichtathletik-Länderkampf/Leichtathletikländerkampf, Lotto-Annahmestelle/Lottoannahmestelle; aber (weil übersichtlich): Umsatzsteuertabellen/Umsatzsteuer-Tabellen; (3) Shoppingcenter/Shopping-Center; (4) Druck-Erzeugnis (Erzeugnis einer Druckerei) : Drucker-Zeugnis (Zeugnis eines Druckers)

e) **Beim Zusammentreffen von drei gleichen Buchstaben** in Zusammensetzungen kann ein Bindestrich gesetzt werden. Dies empfiehlt sich bei drei gleichen Vokalen (1); bei drei gleichen Konsonanten rät der Duden zur Zusammenschreibung (2):

(1) Kaffee-Ersatz/Kaffeeersatz, Hawaii-Insel/Hawaiiinsel, Zoo-Orchester/Zooorchester; (2) grifffest/griff-fest, Rollladen/Roll-Laden, Kammmacher/Kamm-Macher, Gewinnnummer/Gewinn-Nummer, Krepppapier/Krepp-Papier, Sperrriegel/Sperr-Riegel, Flusssand/Fluss-Sand, Wettturnen/Wett-Turnen

2.6 Groß- und Kleinschreibung

Die meisten Rechtschreibprobleme ergeben sich dadurch, dass auch andere Wortarten als Substantive gebraucht werden können und manche Substantive in festen Gefügen verblasst sind.

2.6.1 Substantive in festen Gefügen

Ist das Substantiv verblasst, können Sie sowohl klein- (und zusammen) als auch groß- (und getrennt) schreiben. Gefüge dieser Art enthalten stets eine Präposition.

Zusammenschreibung empfohlen:

aufgrund/auf Grund der Aussagen, sich außerstande/außer Stande sehen, nicht infrage/in Frage kommen, mithilfe/mit Hilfe neuer Verfahren, zugunsten/zu Gunsten des Einzelhandels, sich eine Erfahrung zunutze/zu Nutze machen.

Getrenntschreibung empfohlen:

nach Hause/nachhause gebracht, zu Hause/zuhause geblieben

Hinweis: Vergleichen Sie hierzu auch die Abschnitte 2.4.1 f) *beiseitelegen* usw. und 2.4.1 h) *achtgeben/Acht geben* usw.

2.6.2 „Elendswörter" in festen Gefügen

Die sog. „Elendswörter" *Angst, Bange, Gram, Pleite, Schuld* schreiben Sie in Verbindung mit den Verben *sein* und *werden* klein (1), in Verbindung mit anderen Verben dagegen groß (2). Dies gilt nicht nur für die Infinitive, sondern auch für alle anderen Formen dieser Wörter (*sein: bin, bist, ist, sind, seid, war, warst, wäre, gewesen; werden: wirst, wird, wurde, würde, geworden*):

(1) Deswegen muss Ihnen nicht angst und bange sein. Oder wurde Ihnen doch angst und bange? Er ist uns lange gram gewesen. Ist diese Firma tatsächlich pleite? Wer könnte schuld daran sein? Vielleicht ist der Kunde schuld gewesen. (2) Bestimmt lassen Sie sich nicht so leicht Angst und Bange machen. Wann hat die Firma Pleite gemacht? (Aber: Wann ist sie pleitegegangen?) Wem muss man die Schuld geben?

2.6.3 „Recht" und „Unrecht" – „Bitte" und „Danke" in Verbindung mit Verben

Klein- oder großschreiben können *Sie recht/Recht, unrecht/Unrecht* in Verbindung mit Verben wie *behalten, bekommen, geben, haben, tun* (1). Klein- oder Großschreibung gilt auch für *bitte/Bitte, danke/Danke* in Verbindung mit *sagen* (2):

(1) In diesem Fall müssen wir Ihnen recht/Recht geben. Sie haben wieder einmal recht/Recht behalten. Jeder soll recht/Recht bekommen. Diesmal hatte der Kunde unrecht/Unrecht. Der Mitarbeiter hat unrecht/Unrecht bekommen. Man tut ihm damit aber unrecht/Unrecht. (2) Vergessen Sie nicht, bitte/Bitte und danke/Danke zu sagen.

2.6.4 Tageszeiten

Nach den Adverbien *vorgestern, gestern, heute, morgen, übermorgen* schreiben Sie die Bezeichnung von Tageszeiten groß (1). Groß- und Kleinschreibung ist möglich in *morgen früh/morgen Früh* (2). Verbindungen von Wochentag und Tageszeit, die Adverbien sind, schreiben Sie klein (3). Sie können aber auch getrennt schreiben, dann erhält auch der Wochentag die Endung *-s* (4):

(1) vorgestern Abend, gestern Mittag, heute Morgen, morgen Nachmittag; (2) bis morgen früh/morgen Früh liefern; (3) morgens, mittags, abends; (3) montagabends, dienstagmorgens, dienstagnachmittags, dienstagnachts; (4) montags abends, dienstags morgens, dienstags nachmittags, dienstags nachts

2.6.5 Substantivisch gebrauchte Adjektive und Partizipien

Wenn Adjektive und Partizipien als Substantive gebraucht werden, sind sie oft durch einen „Begleiter" angekündigt. Solche Begleiter sind entweder Artikel (1) oder Präpositionen (2). Nach einem Begleiter schreiben Sie Adjektive und Partizipien groß:

(1) vor dem Ärgsten bewahren, nur das Beste wollen, nicht das Geringste versäumen, den Kürzeren gezogen, des Längeren und Breiteren dargelegt, der Nächste, bitte!, des Näher(e)n erläutern; (2) im Allgemeinen bestätigen, um ein Beträchtliches erhöht, vorerst im Dunkeln tappen, bis ins Einzelne gehen, nicht im Entferntesten daran gedacht, von Folgendem ausgehend, im Großen und Ganzen zufrieden, sich darüber im Klaren sein, bis ins Kleinste durchdacht, auf dem Laufenden bleiben, sein Schäfchen ins Trockene bringen, im Trüben fischen, im Wesentlichen übereinstimmen

✖ **Bitte beachten Sie:** In Verbindungen aus Präposition und dekliniertem Adjektiv ohne vorangehenden Artikel können Sie das Adjektiv groß- oder kleinschreiben:

vor Kurzem/kurzem erschienen, von Neuem/neuem versuchen, bei Weitem/weitem nicht erreicht, von Weitem/weitem beobachtet, bis auf Weiteres/weiteres zurückgestellt

Verbindungen ohne Begleiter. *Folgendes* und *Ähnliches* schreiben Sie groß, obwohl sie keine Begleiter haben:

Für uns ist Folgendes wichtig: ... Beachten Sie bitte noch Folgendes: ... Wir sollten Folgendes herausstellen: ...
Wir liefern Ihnen aktuelle Kalender, Notizbücher oder Ähnliches (Abk.: o. Ä.).

2.6.6 Adverbiale Wendungen mit Superlativen „aufs"/„auf das"

Bei Superlativen mit *aufs (auf das)* können Sie das Adjektiv groß- oder kleinschreiben:

bis aufs (auf das) Äußerste/äußerste gespannt, aufs (auf das) Beste/beste geregelt, aufs (auf das) Dringendste/dringendste empfohlen, aufs (auf das) Eindringlichste/eindringlichste gewarnt, aufs (auf das) Eingehendste/eingehendste untersucht, aufs (auf das) Genaueste/genaueste prüfen, aufs (auf das) Schärfste/schärfste zurückweisen

2.6.7 Adjektive in Paarformeln

Schreiben Sie Adjektive in Paarformeln immer groß, wenn sie Personen bezeichnen:

für Jung und Alt bestimmt, bei Arm und Reich beliebt, Gleich und Gleich gesellt sich gern, für Groß und Klein geeignet. – Aber: Die Oldtimer kamen von nah und fern.

2.6.8 Adjektive in Eigennamen und festen Gefügen

Adjektive, die Teil eines geografischen Begriffs sind, schreiben Sie groß (1). Bei festen Gefügen aus Adjektiv und Substantiv, die aber keine Eigennamen sind, schreiben Sie das Adjektiv klein (2). Ergibt die Verbindung von Adjektiv und Substantiv eine neue Gesamtbedeutung oder eine begriffliche Einheit, können Sie das Adjektiv auch großschreiben (3):

(1) der Blaue Planet (die Erde), das Schwarze Meer; (2) die goldene Hochzeit; (3) der Blaue/blaue Brief (Mahnschreiben der Schule), die Erste/erste Hilfe, der Goldene/goldene Schnitt (Mathematik), die Große/große, die Kleine/kleine Anfrage (im Parlament), der Letzte/letzte Wille (Testament), der Weiße/weiße Sport (Tennis, Skisport)

✖ **Bitte beachten Sie:** In einigen festen Gefügen gilt aber nur Großschreibung:

das Hohe Haus (Parlament) : auf hoher See; die Hohe Messe in h-Moll (von J. S. Bach)

2.6.9 Bezeichnungen für Sprachen

Schreiben Sie Sprachbezeichnungen in Verbindung mit Präpositionen groß:

Der Kunde hat seine Meinung auf gut Deutsch gesagt. Das Handbuch ist in Deutsch und Englisch geschrieben. Wissen Sie, was „Ankunft" auf Italienisch heißt? Der Prospekt liegt jetzt auch in Französisch und Spanisch vor. In Englisch (Unterrichtsfach) hat sie eine Zwei. Könnten Sie den Text auch auf Schwedisch wiedergeben?

✖ **Bitte beachten Sie:** Groß- und Kleinschreibung ist möglich, wenn Sie mit WAS? (= Großschreibung) oder mit WIE? (= Kleinschreibung) fragen können:

Jetzt spricht er zwar (wie?) französisch, aber seine Muttersprache ist (was?) Deutsch.

2.6.10 Substantivisch gebrauchte Zahlwörter

a) **Großschreibung.** Substantivisch gebrauchte Zahlwörter schreiben Sie groß:

Wer war der Dritte im Weitsprung? Über diese Entscheidung hat sich fast jeder Dritte beschwert. Zum Dritten muss noch Folgendes gesagt werden: ...

b) **Wahlweise Groß- oder Kleinschreibung.** Wenn Sie hervorheben wollen, dass ein Zahladjektiv nicht als unbestimmtes Zahlwort zu verstehen ist, können Sie es auch großschreiben. Dies gilt auch für das Possessivpronomen in Wendungen wie *jedem das Seine:*

Die Zustimmung der vielen/Vielen (der breiten Masse) war zu erwarten. Diesmal wollten wir eigentlich etwas ganz anderes/Anderes. Die meisten/Meisten waren unserer Meinung. – „Jedem das Seine/seine" geht auf den römischen Staatsmann Cicero zurück.

c) **Kardinalzahlen unter einer Million** schreiben Sie klein (1). Bei Substantivierung gilt selbstverständlich Großschreibung (2). Wenn mit *Hundert, Tausend* oder *Dutzend* unbestimmte (nicht in Ziffern schreibbare) Mengen angegeben werden, können Sie groß- oder kleinschreiben (3):

(1) Der Seniorchef ist schon über siebzig. Die Post trifft meist gegen elf hier ein. (2) Ich tippe diesmal die Dreizehn. (3) Es wurden ein paar Hundert/hundert Bewohner obdachlos. Viele Hunderte/hunderte mussten evakuiert werden. An der Demonstration beteiligten sich Tausende/tausende. Zum Vorstellungsgespräch wurden mehrere Dutzend/dutzend Bewerber eingeladen.

d) **Verbindungen mit „viertel".** Steht *viertel* unmittelbar vor einer Ziffer oder Zahl, schreiben Sie *viertel* in Uhrzeitangaben klein (1). In Verbindung mit Substantiven können Sie *viertel* groß- oder kleinschreiben (2):

(1) Das Referat soll um viertel acht beginnen: Einlass ist schon um Viertel nach sieben. (2) Die Abstimmung dauerte eine Viertelstunde/viertel Stunde. Die Bedienung servierte ein(en) Viertelliter/viertel Liter Wein.

2.6.11 Substantivisch gebrauchte Adverbien – Anredepronomen „du" und „ihr"

a) **Substantivisch gebrauchte Adverbien.** Schreiben Sie auch die substantivierten Adverbien *im Voraus, im Nachhinein, des Öfter(e)n* groß:

Für Ihre Zusage danken wir Ihnen im Voraus. Es ist einfach, im Nachhinein alles besser gewusst zu haben. Dieses Thema wurde schon des Öfter(e)n erörtert.

Hinweis: Vergleichen Sie zur Schreibung von substantivisch gebrauchten Zusammensetzungen (Aneinanderreihungen) – z. B. *Entweder-oder* – Abschnitt 2.5 c).

b) **Anredepronomen „du" und „ihr".** In Briefen können Sie die Anredepronomen der 2. Person Singular und Plural mit den entsprechenden Possessivpronomen auch großschreiben:

Liebe Doris, du/Du hast mir aus Berlin geschrieben. Wir wünschen dir/Dir einen schönen Urlaub. – Mein Mann und ich hoffen, dass ihr/Ihr euch/Euch in München gut eingelebt habt. Wie lange bleibt euere/Euere Tochter noch in Amerika?

2.7 Worttrennung am Zeilenende

2.7.1 Deutsche Wörter

a) **Mehrere Konsonantenbuchstaben.** Von mehreren Konsonantenbuchstaben schreiben Sie nur den letzten auf die neue Zeile (1); *ck* wird (wie *ch*) nicht getrennt (2); dagegen wird *st* getrennt (3):

(1) den-ken, Has-pel, emp- fiehlt Strümp- fe; (2) ba- cken, Ste- cker, Bü-cher; (3) Las- ten, Leis- tung, Lis- ten, Kos- ten, Schus- ter

b) **Einzelne Vokalbuchstaben** am Wortanfang (1) oder Wortende (2) dürfen Sie nicht abtrennen; dies gilt selbstverständlich auch für Fremdwörter (3):

(1) aber, äsen, eben, Ofen, Öfen, Ufer, Übel; (2) graue, freie, Reue; aber: (Diphthonge) Au- to, äu- ßern, Ei- sen, Eu- len; (3) akut, Elan, Ozon; Boa, Deo, Radio

c) **Unübersichtliche Zusammensetzungen.** In einigen zusammengesetzten Adverbien wird die Zusammensetzung nicht mehr erkannt oder empfunden. Dann dürfen Sie entweder nach Sprech- oder nach Sprachsilben trennen:

da- ran/dar- an, da- rauf/dar- auf, da- raus/dar- aus; he- rauf/her- auf, he- rein/her- ein; hi- nab/hin- ab, hinüber/hin- über; vo- raus/vor- aus, vo- rüber/vor- über; wo- ran/wor- an, wo-rüber/wor- über

d) **Leseablauf nicht stören.** Vermeiden Sie Worttrennungen, die den Leseablauf stören (1). Trennen Sie zusammengesetzte Wörter nach Möglichkeit an der Wortfuge (2):

(1) bein- halten, beste- hend, Gehörner- ven, Spargel- der, Urin- stinkt;
(2) be- inhalten, be- stehend, Gehör- nerven, Spar- gelder, Ur- instinkt

2.7.2 Fremdwörter

a) **Fremdwörter, deren Einzelteile klar zu erkennen sind,** trennen Sie (wie deutsche Wörter) nach Sprachsilben:

Des- infektion, Dis- ziplin, Kon- trolle, non- verbal, Prä- dikat

b) **Konsonantengruppen mit *l, n, r*** können Sie in Fremdwörtern trennen oder ungetrennt lassen:

Dip- lom/Di- plom, Sig- nal/Si- gnal, Hyd- rant/Hy- drant

c) **Undurchsichtige Zusammensetzungen.** Fremdwörter, deren Einzelteile Sie nicht klar erkennen können, dürfen Sie entweder wie deutsche Wörter oder nach ihren Bestandteilen trennen:

Chi- rurg/Chir- urg, He- li- kop- ter/He- li- ko- pter, In- te- res- se/In- ter- es- se, Mik- ros -kop/Mi- kro- skop, Pä- da- go- ge/Päd- ago- ge, pa- ral- lel/par- al- lel, Pul- lo- ver/Pull- over, Vi- ta- min/Vit- amin

2.8 Abkürzungen

a) **Abkürzungen mit Punkt.** Einen Punkt schreibt man nach Abkürzungen, die gewöhnlich im vollen Wortlaut gesprochen werden (1). Der Punkt steht aber auch nach einigen wenigen Abkürzungen, die nicht mehr im vollen Wortlaut gesprochen werden (2):

(1) bzw. (beziehungsweise), e. Kffr. (eingetragene Kauffrau), e. Kfm. (eingetragener Kaufmann), s. u. (siehe unten), sog. (sogenannt/so genannt), u. Ä. (und Ähnliches), usf. (und so fort), usw. (und so weiter), z. T. (zum Teil), zz./zzt. (zurzeit), z. Z./z. Zt. (zur Zeit, z. B. Karls d. Gr.)

(2) a. D. (außer Dienst), i. V. (in Vertretung, in Vollmacht), pp./ppa. (per procura)

b) **Abkürzungen ohne Punkt.** Kein Punkt steht bei Abkürzungen von Maßeinheiten in Naturwissenschaft und Technik (1), für Himmelsrichtungen und für einige Währungseinheiten (2). Wenn nur Buchstaben zu sprechen sind, wird im Allgemeinen kein Punkt geschrieben (3):

(1) 100 m (Meter), 10 g (Gramm), 1 t (Tonne), s (Sekunde), W (Watt), MHz (Megahertz);

(2) NW (Nordwest), SO (Südost), CAD (Kanadischer Dollar), EUR/€ (Euro), sfr (Schweizer Franken)

(3) AG (Aktiengesellschaft), BLZ (Bankleitzahl), Co. (Compagnie/Kompanie; seltener ohne Punkt: Co), GmbH (Gesellschaft mit beschränkter Haftung), HGB (Handelsgesetzbuch), Lkw/LKW (Lastkraftwagen), MdL (Mitglied des Landtages), StPO (Strafprozessordnung)

c) **Fachsprachliche Abkürzungen.** Das Benennen von Institutionen, Gesetzen und Verordnungen führt meist zu langen mehrgliedrigen Zusammensetzungen, wobei oft Groß- und Kleinbuchstaben wechseln:

AllgDTranspVersBed (Allgemeine Deutsche Binnentransportversicherungsbedingungen), JArbSchG/JASchG (Jugendarbeitsschutzgesetz), VGebO (Verwaltungsgebührenordnung)

2.9 Straßennamen

a) **Zusammenschreibung.** Man schreibt zusammen, wenn zum Grundwort (*-straße, -platz, -allee, -weg* usw.) ein Substantiv (1), ein Name (2) oder ein ungebeugtes Adjektiv (3) tritt:

(1) Poststraße, Marktplatz, Birkenallee, Finkenweg; (2) Ludwigstraße, Goetheplatz, Beethovenallee; (3) Langgasse, Neustraße, Südring

b) **Getrenntschreibung.** Man schreibt getrennt, wenn zum Grundwort ein gebeugtes Adjektiv (1) oder eine Ableitung von Orts- und Ländernamen auf *-er* tritt (2):

(1) Alter Markt, Breite Straße, Kleine Braugasse; (2) Darmstädter Straße, Bad Homburger Allee; Französischer Wall

c) **Schreibung mit Bindestrich.** Man schreibt mit Bindestrichen, wenn zum Grundwort zwei Namen (1) oder Titel/Berufsbezeichnung und Name treten (2):

(1) Paul-Ehrlich-Weg; (2) Heinrich-von-Kleist-Straße/Heinrich-v.-Kleist-Straße, Von-Gahlen-Platz, Sankt-Augustiner-Straße, Dr.-Jacoby-Straße, Graf-Zeppelin-Straße, Pfarrer-Kneipp-Allee, Bürgermeister-Müller-Steg

d) **Großschreibung.** Adjektive werden in Straßennamen großgeschrieben (1). Am Anfang von Straßennamen werden auch Präpositionen großgeschrieben (2). Dagegen werden Artikel kleingeschrieben (3):

(1) Große Bleiche, Neue Kölner Straße; (2) Am Tiergarten, Am Unteren Tor, Im Schwarzen Grund; (3) An der Alten Brücke, In den Erlen, Hinter der Aue, Unter den Linden, Vor dem Holstentor

e) **Zusammenfassung mehrerer Straßennamen.** Man setzt einen Ergänzungsstrich, wenn ein Teil einer Zusammensetzung erspart wird:

Ecke (der) Burg- und Weberstraße, Ecke (der) Post- und Frankfurter Straße, Ecke (der) Hof- und Paul-Klee-Straße, Kreuzung (der) Dr.-Stein- und Uhlandstraße, Kreuzung (der) Mainzer und Bahnhofstraße

2.10 Das Komma

Das Komma hat die Aufgabe, den Satz grammatisch zu gliedern, Aufzählungen von Wörtern, Wortgruppen und aneinandergereihten Sätzen zu unterteilen, Einschübe und Zusätze kenntlich zu machen, Haupt- und Nebensatz zu trennen. In diesem Buch werden nur neue Regeln aufgeführt und erläutert, soweit sie für den Schriftverkehr wichtig sind. Von den unverändert gebliebenen Regeln sind diejenigen aufgenommen, gegen die oft verstoßen wird.

2.10.1 Sätze ohne Komma

Sätze, in denen die gewöhnlichen Satzglieder nur einmal und ohne nachgestellte Zusätze auftreten, erhalten kein Komma:

Im Gegensatz zum Vorjahr hat uns die Firma Frank & Wagner bisher noch keinen größeren Auftrag erteilt.

2.10.2 Vergleichende Konjunktionen „als“ und „wie“

Vor den vergleichenden Konjunktionen *als* und *wie* steht kein Komma, wenn sie nur Satzteile verbinden (1). Ist der Vergleich in Satzform formuliert, muss ein Komma gesetzt werden, weil die Konjunktion einen Nebensatz einleitet (2). Leiten *als* und *wie* eine Infinitivgruppe ein, wird sie durch ein Komma abgetrennt (3). Ein Vergleich in Satzform liegt auch vor, wenn der Vergleichssatz nur durch sein Prädikat mit nachgestellter Personalform erkennbar ist (4):

(1) Mein Freund würde lieber in der freien Wirtschaft als bei einer Behörde arbeiten. Unsere Umsätze sind jetzt wieder so hoch wie im August v. J.

(2) Wir haben die Produktion dieses Artikels eingestellt, als die Nachfrage stark zurückging. Die Bestellungen waren nicht so umfangreich, wie wir erhofft hatten.

(3) Wir konnten nichts Besseres tun, als dem Kunden entgegenzukommen. Nichts ist für uns so wichtig, wie Stammkunden zu gewinnen.

(4) Wir hatten viel mehr Waren bestellt, als benötigt wurden. Ihre Zeitschrift ist ebenso aktuell, wie sie nützlich ist.

2.10.3 Aufgezählte Adjektive (Attribute)

Wenn von zwei (oder mehr) aufgezählten Adjektiven das letzte mit dem zugehörigen Substantiv einen Gesamtbegriff bildet, steht kein Komma (1). Aufgezählte gleichrangige Adjektive werden durch Komma getrennt (2). Sind die gleichrangigen Adjektive durch *und* bzw. *sowie* (ebenso durch *oder, bzw., sowohl – als auch, weder – noch, entweder – oder*) verbunden, steht kein Komma (3). Manchmal können Sie entscheiden, ob Sie die beiden Attribute als gleichwertig kennzeichnen möchten oder nicht (4):

(1) Inzwischen haben wir auch kostspielige wissenschaftliche Versuche erfolgreich abgeschlossen.

(2) Seit Mai v. J. wurden kostspielige, umfangreiche Versuche durchgeführt.

(3) Wir haben aufwendige und kostspielige sowie umfangreiche Versuche durchgeführt.

(4) In der Gaststube stehen wuchtige, eichene Möbel. (Aufzählung zweier gleichwertiger Eigenschaften: Die Möbel sind wuchtig und bestehen aus Eichenholz). – In der Gaststube stehen wuchtige eichene Möbel (Gesamtbegriff: Die Eichenmöbel sind wuchtig.)

2.10.4 Mehrteilige Orts- und Wohnungsangaben – Aufzählungen von Stellenangaben in Büchern u. dgl.

Die einzelnen Bezeichnungen werden durch Komma getrennt (1). Sind die Glieder einer mehrteiligen Orts- und Wohnungsangabe mit einer Präposition angeschlossen, dann steht vor der Präposition kein Komma (2). Geht der Satz weiter, ist das Komma nach dem letzten Bestandteil freigestellt (3). Bei Aufzählungen von Stellenangaben in Büchern oder Zeitschriften werden die einzelnen Bezeichnungen durch Komma getrennt (4). Bei mehrteiligen Hinweisen auf Gesetze oder Verordnungen steht kein Komma (5):

(1) Die Bewerberin ist Frau Ute Höfer, Bonn, Hohenzollernplatz 15.

(2) Frau Ute Höfer wohnt in Bonn am Hohenzollernplatz 15.

(3) Ihre Eltern besitzen in Troisdorf, Hermann-Löns-Weg 2(,) ein schönes Ferienhaus. Frau Höfer wird am Sonntag, dem 3. August, gegen 12 Uhr(,) nach Troisdorf fahren.

(4) Der Referent zitierte einen Artikel aus der Zeitschrift „Der Hundefreund", 20. Jahrgang, Heft 6, S. 42.

(5) Artikel 3 Absatz 2 des Grundgesetzes lautet: ...

2.10.5 Infinitivgruppen

Das Komma muss gesetzt werden

Mit Komma werden Infinitivgruppen abgetrennt: Infinitivgruppen, die mit *als, (an)statt, ohne* oder *um* eingeleitet werden (1). Ist die Infinitivgruppe eingeschoben, wird ein paariges Komma gesetzt (2). Das Komma steht auch in Infinitivgruppen, die von einem Substantiv abhängen (3), oder durch ein hinweisendes Wort (z. B. *daran, darum, darauf; es, das, dies*) angekündigt werden (4).

(1) Uns blieb nichts anderes übrig, als die Reklamation des Hamburger Kunden anzuerkennen. Herr Bayer hat die Möbelgeschäfte in Wiesbaden besucht, anstatt zuerst nach Mainz zu fahren.

(2) Wir haben den neuen Kunden, ohne eine Auskunft einzuholen, sofort beliefert. Besser hätten wir, um ganz sicherzugehen, zuerst eine Auskunft eingeholt.

(3) Wir haben die Absicht, ihm einen 15%igen Nachlass zu gewähren.

(4) Wir freuen uns schon darauf, bald wieder einen Auftrag zu erhalten. Haben Sie schon daran gedacht, neue Prospekte anzufordern? Wir bitten darum, recht bald Ersatz zu liefern. Es ist vielleicht besser, die Anzeige im „Kurier" aufzugeben. Eine Anzeige im „Kurier" aufzugeben, das ist vielleicht besser. Unsere Kunden zuverlässig zu beraten, dies gehört zu unseren wichtigsten Aufgaben.

Das Komma ist freigestellt

Wird die Infinitivgruppe weder mit *als, (an)stelle, ohne, um* eingeleitet oder hängt sie nicht von einem Substantiv ab oder wird sie nicht durch ein hinweisendes Wort eingeleitet, so ist das Komma freigestellt.

✖ **Tipp:** Es ist jedoch ratsam, auch dieses freigestellte Komma zu setzen, weil dadurch die Gliederung des Satzes deutlich wird.

Wir können Ihnen nur empfehlen(,) so bald wie möglich zu bestellen. Der Großhändler hat sich bereit erklärt(,) die Behälter zurückzunehmen. Wir bitten Sie(,) unseren Auftrag zu bestätigen.

Das Komma ist auch freigestellt, wenn die Infinitivgruppe in Spitzenstellung das Subjekt vertritt (1). Verpflichtend ist das Komma aber, wenn ein hinweisendes Wort auf den Infinitiv zurückweist (2). Wenn man sich für das Setzen des freigestellten Kommas entscheidet, dann muss man auf die eingeschobene Wortgruppe achten, also entweder zwei Kommas oder gar keine (3):

(1) Die Kunden zuverlässig zu beraten(,) gehört zu unseren wichtigsten Aufgaben.

(2) Die Kunden zuverlässig zu beraten, das gehört zu unseren wichtigsten Aufgaben.

(3) Wir hoffen, Ihnen diesmal geholfen zu haben, und wünschen Ihnen guten Erfolg. Oder: Wir hoffen Ihnen diesmal geholfen zu haben und wünschen Ihnen guten Erfolg.

Das Komma darf nicht gesetzt werden

Das Komma darf nicht gesetzt werden, wenn der Infinitiv zwischen den Bestandteilen eines mehrteiligen Prädikats steht (1); wenn die Infinitivgruppe einen Hauptsatz umschließt (2); wenn sie mit dem Begleitsatz verschränkt ist (3); wenn sie von einem Hilfsverb abhängt (4) oder von Verben, die nur in bestimmter Bedeutung als Hilfsverben gebraucht werden (5):

(1) Wir wollen den Fall zu klären versuchen (wollen – versuchen).

(2) Diese Möglichkeit beschloss die Geschäftsleitung sofort wahrzunehmen. Diese Verluste sollten wir zu begrenzen versuchen. Wir sollten diese Verluste zu begrenzen versuchen.

(3) Diesen Fall zu erklären (*Infinitiv* mit *zu*) wollen wir versuchen (Hauptsatz).

(4) Auch wir haben uns an diese Vorschrift zu halten. Das Leergut ist unverzüglich zurückzusenden. Der Mitarbeiter war nicht aus der Fassung zu bringen.

(5) Der Kunde brauchte nur die Karte zu unterschreiben und zurückzusenden. Aber er pflegt kritisch zu sein und zu reklamieren. Er scheint sich mit unserer Entscheidung nicht abzufinden. Hier gibt es kaum Lösungen zu finden.

2.10.6 Partizipgruppen

Werden Partizipien mit einer näheren Bestimmung verbunden, bilden sie eine Partizipgruppe. Wird eine Partizipgruppe direkt dem Bezugssatz nachgetragen (1) oder steht sie am Ende des Satzes (2), muss man durch Komma abtrennen. Ist die Partizipgruppe dem Bezugswort nicht direkt nachgestellt, kann man ein Komma setzen (3). Es ist ratsam, bei formelhaften Partizipien kein Komma zu setzen (4):

(1) Der junge Mann, schüchtern lächelnd, entschuldigte sich.

(2) Der junge Mann entschuldigte sich, schüchtern lächelnd.

(3) Wir haben ihn(,) Ihrer Anregung entsprechend(,) nicht zur Rede gestellt.

(4) Ihr Mitarbeiter war im Grunde genommen nicht im Recht. So gesehen hat uns Ihre Aufforderung überrascht.

2.10.7 Das Komma zwischen gleichrangigen Teilsätzen

Zwischen Hauptsätzen steht ein Komma (1). Eingeschobene Hauptsätze (Schaltsätze) werden in Kommas eingeschlossen (2). Das Komma steht zwischen gleichrangigen Nebensätzen, wie sie bei der indirekten Rede häufig vorkommen (3). Sind die gleichrangigen Teilsätze durch die mehrteiligen Konjunktionen *entweder – oder, sowohl – als auch, weder – noch* verbunden, setzt man kein Komma (4):

(1) Wir wollten den Drucker austauschen, der Kunde war jedoch dagegen.

(2) Er benutzt, das wissen wir genau, ein sehr altes Modell.

(3) Der Chef erkundigte sich, was es Neues gebe, ob Buchhalterin Berger wieder gesund sei.

(4) Am Messestand wird Sie entweder Frau Winter betreuen oder Herr Stein in technischen Fragen beraten. Die Bewerberin soll sowohl die Termine führen als auch die Besucher empfangen. Ihr Außendienstmitarbeiter hat uns weder neue Muster vorgelegt noch attraktives Werbematerial angeboten.

2.10.8 Das Komma bei Nebensätzen

Nebensätze grenzt man mit Komma ab. Der Nebensatz kann am Satzanfang stehen (1) oder am Satzende (2) oder eingeschoben sein (3):

(1) Wie Sie wissen, beraten wir Sie auch bei der Gestaltung Ihrer Schaufenster. Dass wir auch das geeignete Dekomaterial liefern, ist selbstverständlich. Obwohl uns zurzeit viele Anforderungen vorliegen, werden Sie das gewünschte Material recht bald erhalten.

(2) Wir wissen noch nicht, wie der Kunde reagieren wird. Wir empfehlen Ihnen den neuen Kopierer, der sofort lieferbar ist. Wir hätten nicht gedacht, dass wir so viele Nachbestellungen erhalten.

(3) Die Kopierer, die wir Ihnen angeboten haben, sind sehr erfolgreich. Die Annahme, dass es zu Lieferschwierigkeiten käme, erfüllte sich nicht. Die Frage ist nur, ob sich das, was Sie vorschlagen, auch realisieren lässt.

2.10.9 Das Komma vor den Konjunktionen „und“, „oder“, „sowie“

Geht eine Apposition voraus, steht vor diesen Konjunktionen ein Komma (1). Geht ein untergeordneter Schaltsatz (2) oder eine wörtliche Wiedergabe (3) voraus, dann werden diese Konjunktionen mit einem Komma angeschlossen. Geht eine Infinitivgruppe voraus, die man in Kommas einschließen muss oder bei der man sich für ein freigestelltes Komma entschieden hat, steht vor der Konjunktion ein Komma (4).

(1) Frau Reif, unsere Verkaufsleiterin, und Herr Baum werden den Messestand betreuen. Frau Reif, unsere Verkaufsleiterin, oder ihr Stellvertreter wird den Messestand betreuen. Am Messestand werden alle Neuheiten gezeigt, die verbesserten Gartenbaugeräte, sowie praktisches Zubehör.

(2) Wir wissen, was die jungen Leute wünschen, und bemühen uns um ihre Gunst. Wir mussten den Kopierer reparieren, weil die Papierführung defekt war, und die Reklamation anerkennen. Wiederholen wir die Anzeigen, die im Januar erschienen sind, oder wollen wir ein größeres Inserat aufgeben?

(3) Herr Neumann sagte uns: „Ich eröffne morgen eine Buchhandlung“, und wir wünschten ihm viel Erfolg.

(4) Wir hoffen, Ihnen geholfen zu haben, und wünschen Ihnen viel Erfolg. Der Großhändler denkt nicht daran, die Reklamation anzuerkennen, und der Fabrikant auch nicht.

Wenn *und* eine nachgestellte Erläuterung oder einen Schaltsatz einleitet, steht vor der Konjunktion ein Komma (5). Sind gleichrangige Wortgruppen durch die Konjunktionen *und/oder* verbunden, wird <u>kein</u> Komma gesetzt (6). Vor *und* steht <u>kein</u> Komma, wenn es Hauptsätze miteinander verbindet, die ein Satzglied gemeinsam haben, das nur einmal genannt wird (7). Wenn *und/oder* gleichrangige Teilsätze verbinden, <u>kann</u> man ein Komma setzen, um die Gliederung des Ganzsatzes deutlich zu machen (8):

(5) Unser Kundendienst kommt wöchentlich zweimal, und zwar montags und donnerstags. Die Buchhandlung, und das ist kaum bekannt, wurde schon 1960 gegründet. Erst im vorigen Jahr, und dies verwundert, wurden die Geschäftsräume modernisiert. Der Besitzer, und der Pächter erst recht, freute sich darüber. Die Kunden, und vor allem deren Kinder, sind zu einer Ausstellung für Jugendliche eingeladen.

430149

(6) Das Textprogramm ist leistungsfähig und dabei doch leicht zu handhaben. Die meisten Fachgeschäfte haben auf unsere Werbung reagiert und größere Mengen bestellt.

(7) Der Geschäftsführer wohnt in Bonn und sein Stellvertreter in Siegburg.

(8) Bis zum Jahreswechsel sind es nur noch wenige Wochen(,) und Sie überlegen, was Sie Ihren treuen Kunden schenken sollen. Wollen Sie wieder Wandkalender verschenken(,) oder denken Sie auch an Notizbücher, die sicherlich gern angenommen werden?

2.10.10 Das Komma bei „d. h." und „z. B."

Vor *d. h.* steht immer ein Komma (1). Folgt nur ein erläuternder Satzteil, dann steht nach *d. h.* kein Komma (2). Folgt jedoch ein Neben- oder Hauptsatz, muss auch nach *d. h.* ein Komma stehen (3):

(1) Wir liefern recht bald, d. h. spätestens am nächsten Dienstag.

(2) Im Februar und März, d. h. nach der Saison, geht die Nachfrage stark zurück.

(3) Wir werden den Vorfall nicht weitermelden, d. h., wir haben kein Interesse an einer Strafanzeige.

Die nachgestellte Erläuterung *z. B.* wird durch Komma abgetrennt (1) bzw. in Kommas eingeschlossen, wenn der Satz weitergeht (2). Am Satzanfang werden Abkürzungen nicht verwendet (3):

(1) Wir mussten große Verluste hinnehmen, z. B. in den Niederlanden und Belgien.

(2) Unsere Verluste, z. B. in den Niederlanden und Belgien, waren beträchtlich.

(3) Zum Beispiel in den Niederlanden und in Belgien mussten wir große Verluste hinnehmen.

2.10.11 Das Komma in Verbindung mit Anführungszeichen und Einschüben

Folgt nach der Anführung ein Begleitsatz (oder ein Teil von ihm), so setzt man nach dem schließenden Anführungszeichen ein Komma (1). Ist der Begleitsatz in die Anführung eingeschoben, so schließt man ihn mit paarigem Komma ein (2). Das Komma steht auch, wenn die Wiedergabe mit einem Frage- oder Ausrufezeichen endet (3):

(1) „Der Prospekt gefällt mir", sagte Frau Becker.

(2) „Der Prospekt", sagte Frau Becker, „gefällt mir."

(3) „Wie gefällt Ihnen der Prospekt?", fragte der Werbeleiter. „Der neue Katalog wird ein Hit!", meinte Frau Fischer.

Einschübe. Im Begleitsatz müssen die Satzzeichen genau so stehen, wie wenn der Einschub nicht vorhanden wäre:

Ihre Mitarbeiterin betonte – wir wissen es noch genau –, dass Sie für den Erfolg garantieren. Das Unternehmen, mit dem wir zusammenarbeiten – übrigens eine bekannte italienische Firma –, hat im vergangenen Jahr mehr als 100 neue Artikel auf den Markt gebracht.

3 Tipps für Ihren Briefstil

Wer einen guten Brief schreiben will, muss über den Sachverhalt nachdenken. Erst dann wird ihm klar, WAS er sagen muss und WIE er es am besten formuliert.

- Versetzen Sie sich in die Lage des Empfängers, stellen Sie sich ganz auf ihn ein.
- Beginnen Sie mit den Fragen und Argumenten Ihres Briefpartners, nicht mit Ihren eigenen Problemen.
- Üben Sie die Kunst, auch das Unangenehme möglichst angenehm zu sagen.
- Schreiben Sie kein Papierdeutsch, sondern lebendige Menschensprache, doch nicht – wie im saloppen Gespräch – ungenau und weitschweifig, sondern sorgfältig und knapp (aber nicht kurz angebunden).
- Lesen Sie Ihren Briefentwurf laut, prüfen Sie ihn auf Klang und Wirkung.

Die folgenden Hinweise können keine Stilkunde ersetzen. Aber sie zeigen Stilfehler, die beim Formulieren von Geschäftsbriefen häufig auftreten.

3.1 Wortwahl

Aus dem großen Wortschatz unserer Sprache gilt es, das jeweils richtige Wort zu wählen. Das richtige Wort ist immer auch das treffende Wort: angemessen, dem Empfänger und der Sache; in der Aussage klar und deutlich; so anschaulich und lebendig wie möglich. Dabei hat jede Wortart ihre besondere Aufgabe. Der Briefschreiber muss also wissen, was eine Wortart leisten kann, und wie er sie richtig verwendet.

3.1.1 Das Substantiv

Substantive benennen Personen und Sachen, Gegenständliches (Konkretes) ebenso wie Gedachtes (Abstraktes).

Bevorzugen Sie einfache Substantive. Im sogenannten „Kaufmannsdeutsch" – das ist keine Fachsprache, sondern nur schlechtes Deutsch – und in der Amtssprache finden sich viele aufgeblähte Substantive und Substantivverbindungen. Hier eine kleine Auswahl:

statt so:	besser so:
Einflussnahme	Einfluss
Sorgfältigkeit	Sorgfalt
Zahlungsleistung	Zahlung
im Bedarfsfall	bei Bedarf
zur Kenntnisnahme	zur Kenntnis

Besonders beliebt sind überflüssige Grundwörter mit *-gründe, -verhältnisse* und *-zwecke*:

statt so:	besser so:
aus Ersparnisgründen	zur Ersparnis
Einkommensverhältnisse	Einkommen
für Werbezwecke	für die (Ihre) Werbung

Auch altmodische, verstaubte und ungewöhnliche Substantive halten sich hartnäckig:

statt so:	besser so:
Anerbieten	Angebot
Einvernahme	Vernehmung
Weiterungen	Schwierigkeiten, unangenehme Folgen
Zuwiderhandlung gegen	Verstoß gegen; Verletzung von

Schränken Sie den Nominalstil ein. Ein Hindernis auf dem Weg zum lebendigen Brief ist der Nominalstil – die Vorliebe für Substantive, auch „Hauptwörterei“ genannt. Der Nominalstil arbeitet oft mit Streckverben, z. B. *bringen, geben, machen, erlangen, nehmen, finden, durchführen, herbeiführen:*

statt so:	besser so:
zur Kenntnis bringen	mitteilen, informieren
Kenntnis geben von	mitteilen, informieren
Mitteilung machen	mitteilen, informieren
Kenntnis erlangt haben	erfahren haben, wissen
in Angriff nehmen	einleiten, angehen, beginnen
Anwendung finden	gelten, angewendet werden
eine Beratung durchführen	beraten
eine Klärung herbeiführen	(etwas) klären

Der Nominalstil betrifft nicht nur die Wortwahl, sondern beeinflusst auch den Satzbau. Wenn Sie Streckverben vermeiden, werden Ihre Sätze kürzer und anschaulicher:

statt so:	besser so:
Eine Übereinstimmung der an beiden Maschinen festgestellten Beschädigungen ist nicht gegeben.	Die an beiden Maschinen festgestellten Schäden stimmen nicht überein.

statt so:	besser so:
Wir konnten Ihre Adresse durch einen Kölner Geschäftsfreund in Erfahrung bringen.	Wir haben Ihre Anschrift von einem Kölner Geschäftsfreund erfahren.

3.1.2 Das Verb

Das Verb sagt, was geschieht oder was ist. Das Prädikat wird mit Verben gebildet. Darum sind sie in ihrer Form veränderbar, sie werden konjugiert. Das Verb ist das Rückgrat des Satzes. Es macht Ihre Briefe anschaulich, lebendig und frisch. Darum sollten Sie ganz besonders darauf achten, dass Sie in Ihren Briefen immer die jeweils treffendsten Verben wählen.

Bevorzugen Sie das Aktiv. Anschaulich ist nur das Aktiv. Blass und kraftlos hingegen wirkt das Passiv.

statt so:	besser so:
Es wird gebeten, die Zeugniskopien an unsere Zentrale zu senden.	Bitte senden Sie die Zeugniskopien an unsere Zentrale.
Die neuen Muster sind uns von Frau Schneider vorgelegt worden.	Frau Schneider hat uns Ihre neuen Muster vorgelegt.

Richtig ist das Passiv, wenn der Täter unwichtig ist:

Unser Lager wird freitags um 14 Uhr geschlossen.

Manchmal wählt man das Passiv auch, wenn der Name des Handelnden (aus Höflichkeit oder aus anderen Gründen) nicht erwähnt werden soll:

Eine Einladung zu der gestrigen Besprechung ist uns nicht zugegangen.

Das klingt weniger vorwurfsvoll als:

Sie haben uns zu der gestrigen Besprechung keine Einladung geschickt.
Oder: Sie haben uns zu der gestrigen Besprechung nicht eingeladen.

✖ **Bitte beachten Sie:** Der anschauliche Brief lebt vom Aktiv. Zu viele Passivformen machen ihn schwerfällig und schleppend.

Bilden Sie den Konjunktiv richtig. Der Indikativ sagt, was wirklich ist. Der Konjunktiv drückt aus, was geschehen könnte, oder er bezeichnet Irreales (nur Vorgestelltes). Typisch ist der Konjunktiv in der indirekten Rede (vor allem im Protokoll):

Herr Müller führte aus, er habe sich schon immer für diese Lösung eingesetzt, sei aber deshalb oft angegriffen worden. Nun müsse die Diskussion über dieses Thema endlich abgeschlossen und wirksame Beschlüsse müssten gefasst werden, sonst würden die Anhänger dieser Idee nie ihr Ziel erreichen und blieben unzufrieden.

Viele Briefschreiber missachten den Konjunktiv, vor allem in Konditionalsätzen, insbesondere nach *wenn,* indem sie mit *würde* + Infinitiv umschreiben.

statt so:	besser so:
Ein noch höherer Preisnachlass würde einem Verlust gleichkommen.	Ein noch höherer Preisnachlass käme einem Verlust gleich.
Dann würde uns keine andere Wahl bleiben, als auf den Auftrag zu verzichten.	Dann bliebe uns keine andere Wahl, als auf den Auftrag zu verzichten.
Eine solche Lösung würde auch für Sie unbefriedigend sein.	Eine solche Lösung wäre auch für Sie nicht befriedigend.
Wir würden uns freuen, wenn Sie unserer Anregung folgen würden.	Wir würden uns freuen, wenn Sie unserer Anregung folgten.

✖ **Bitte beachten Sie:** Nach *wenn . . .* kein *würde*.

Wichtige Konjunktivformen

	sein	haben	werden	gehen[1]
Konjunktiv I				
ich/er/sie/es	sei	habe	werde	gehe
sie (Mehrzahl)	seien	haben	werden	gehen
Konjunktiv II				
ich/er/sie/es	wäre	hätte	würde	ginge
sie (Mehrzahl)	wären	hätten	würden	gingen

	legen[2]	folgen[3]	dürfen	können
Konjunktiv I				
ich/er/sie/es	lege	folge	dürfe	könne
sie (Mehrzahl)	legen	folgen	dürfen	können
Konjunktiv II				
ich/er/sie/es	läge	folgte	dürfte	könnte
sie (Mehrzahl)	lägen	folgten	dürften	könnten

	mögen	müssen	sollen	wollen
Konjunktiv I				
ich/er/sie/es	möge	müsse	solle	wolle
sie (Mehrzahl)	mögen	müssen	sollen	wollen
Konjunktiv II				
ich/er/sie/es	möchte	müsste	sollte	wollte
sie (Mehrzahl)	möchten	müssten	sollten	wollten

Streichen Sie unnötige Präfixe. Achten Sie bei Verben auf überflüssige Präfixe. Dies betrifft vor allem *ab-, an-, be-, ein-, nach-, ver-:*

statt so:	besser so:
die Angelegenheit abklären	die Sache (Angelegenheit) klären
den Plan abändern	den Plan ändern
Verkaufsräume anmieten	Verkaufsräume mieten
Büros beheizen	Büros heizen
Kosten einsparen	Kosten sparen
Vorschläge nachprüfen	Vorschläge prüfen (es sei denn, es wurde vorgeprüft)
Erfolge vermelden	Erfolge melden

Vermeiden Sie aufgeblähte und verstaubte Verben. Es ist nicht schwer, sie durch einfache, verständliche Verben zu ersetzen.

statt so:	besser so:
den Vertrag unterfertigen	den Vertrag unterschreiben
Es handelt sich bei ihm um ...	Er ist ...
Wir befinden uns nicht ...	Wir sind (können) nicht ...
Wir können nicht bewerkstelligen ...	Wir können nicht bewirken (erreichen) ...

[1] Starkes Verb – Konjunktiv II ohne Umlaut; 2 Starkes Verb – Konjunktiv II mit Umlaut; 3 Schwaches Verb – Konjunktiv II gleich Indikativ Präteritum

Spalten Sie das Verb nicht auf in ein Gefüge aus Adverb und Verb.

statt so:	besser so:
ein Haus käuflich erwerben	ein Haus kaufen
Räume mietweise überlassen	Räume vermieten
Geräte leihweise überlassen	Geräte verleihen
Interessenten namhaft machen	Interessenten nennen
vorstellig werden	sich vorstellen, einfinden

3.1.3 Das Adjektiv

Das Adjektiv benennt Eigenschaften und Merkmale. Mit dem Adjektiv drückt der Briefschreiber aus, wie jemand oder etwas ist, wie etwas vor sich geht oder geschieht. Es gilt, das richtige Maß zu finden: Manchmal ist ein Adjektiv erforderlich, oft aber überflüssig oder gar unerträglich, besonders wenn es vor einem Substantiv gehäuft auftritt.

Vermeiden Sie unschöne Suffixe. Im „Kaufmannsdeutsch" halten sich hartnäckig unschöne Adjektive mit den Suffixen *-ig, -isch, -lich, -mäßig* und *-weise*. Man kann sie vermeiden: durch zusammengesetzte Substantive, einfachere Formen oder Umschreibungen.

statt so:	besser so:
nach dem derzeitigen Stand der Forschung	nach dem heutigen Stand der Forschung
unsere erstmalige Mahnung	unsere erste Mahnung
arbeitgeberische Interessen	Interessen des (der) Arbeitgeber(s)
eine zwischenzeitliche Lösung	eine Zwischenlösung
für werbliche Zwecke	für Werbezwecke (für die Werbung)
gezielte werbemäßige Aktionen	gezielte Werbeaktionen (Werbung)
eine teilweise Lieferung	eine Teillieferung

Hüten Sie sich vor übertreibenden Superlativen. Der Missbrauch des Superlativs zählt zu den häufigsten Stilfehlern. Vermeiden Sie doppelte Superlative (*höchstmöglichste*) und steigern Sie nicht das Wort *einzig* (*einzig – einziger – am einzigsten?*).

statt so:	besser so:
größtmöglichste Wirkung erzielen	größte Wirkung erzielen
optimalste Startbedingungen	optimale Startbedingungen
die einzigste Möglichkeit	die einzige Möglichkeit

Achten Sie auf die richtige Vergleichsform. Nach dem Komparativ steht immer *als* (nicht *wie*). Auch nach *anders, niemand, keiner, nichts, umgekehrt, entgegengesetzt* steht *als*.

statt so:	besser so:
Der Konkurrenzdruck ist stärker, wie wir erwartet hatten.	Der Konkurrenzdruck ist stärker, als wir erwartet hatten.
Unsere Werbeaktion läuft diesmal anders wie im Frühjahr.	Unsere Werbeaktion läuft diesmal anders als im Frühjahr.

Dagegen gelten folgende Verbindungen als korrekt: *so bald wie möglich* oder *so bald als möglich, so wenig wie möglich* oder *so wenig als möglich, doppelt so hoch wie* oder *doppelt so hoch als im vorigen Monat*.

3.1.4 Das Partizip

Partizipien können wie Adjektive gebraucht werden. Es gibt zwei Arten: Das Partizip Präsens wird mit der Endung *-end* gebildet (*freibleibendes Angebot*), bei Verben mit der Endung *-eln* und *-ern* mit *-nd* (*regelnde Bestimmungen, sichernde Maßnahmen*). Das Partizip Perfekt der regelmäßigen Verben wird mit *-t* oder *-et* gebildet (*festgelegte Termine, gespendete Sachpreise*), das der unregelmäßigen Verben mit *-en* (*entworfene Briefe*).

Streichen Sie überflüssige Partizipien. Wenn sich ein Partizip in Ihren Text einschleichen will, prüfen Sie jedes Mal, ob es nötig ist. Streichen Sie alle überflüssigen Partizipien.

statt so:	besser so:
in der gestern stattgefundenen Sitzung	in der gestrigen Sitzung
nach der gemachten Erfahrung	nach der Erfahrung
wegen der getroffenen Feststellungen	wegen der Feststellungen
die durchgeführte Prüfung ergab	die Prüfung ergab

Achten Sie auf Beziehungsfehler. Beziehungsfehler entstehen, wenn Sie Partizipien „satzwertig" verwenden: *Beiliegend übersende ich Ihnen* ... (indem Sie selbst beiliegen?!).

statt so:	besser so:
beiliegend übersende ich Ihnen ...	hiermit (anbei, mit diesem Brief) (über)sende ich Ihnen ...
beigefügt (beigeschlossen) erhalten Sie ...	mit diesem Brief (hiermit, anbei) erhalten Sie ...
selbstredend werden wir versuchen ...	selbstverständlich werden wir versuchen ...
Wir bitten Sie, uns postwendend mitzuteilen ...	Wir bitten Sie, uns bis zum ... mitzuteilen ...

Verzichten Sie auf umständliche und ungewöhnliche Partizipien. Bevorzugen Sie, wo immer dies möglich ist, einfache Wörter und Wortgruppen.

statt so:	besser so:
der besagte Engpass	der erwähnte Engpass (oft genügt sogar <u>dieser</u> Engpass)
eine dahin gehende Überlegung	eine solche Überlegung
ein nicht einfach gelagerter Fall	ein schwieriger Fall
in einem lang andauernden Test	in einem langen Test
die nachstehenden Vorschläge	folgende Vorschläge
die umstehenden Bedingungen	die Bedingungen auf der Rückseite
der vorgenannte (vorstehende, oben stehende) Betrag	der oben bezeichnete (genannte, aufgeführte) Betrag

430156

3.1.5 Das Adverb

Die Adverbien sind nach ihrer Form unveränderlich. Sie legen die besonderen Umstände fest, von denen das Verb etwas Allgemeines aussagt. Es gibt vier Gruppen: lokale Adverbien für den Raum (*dort*), temporale für die Zeit (*bald*), modale für die Art und Weise (*sehr*) und kausale für Begründungen (*deshalb*).

Wählen Sie die Adverbien sorgfältig. Das Adverb bezeichnet den Vorgang oder Zustand, um den es gerade geht – genauer, als es Verb und Substantiv allein vermögen. Darum hat das Adverb oft etwas Individuelles. Es zeigt, wie der Sprecher oder Schreiber die Dinge sieht und beurteilt. Vermeiden Sie veraltete Adverbien (*ansonsten*) ebenso wie umständliche (*zwischenzeitlich*) und vermeidbare Präpositionalgefüge: Verbindungen mit Verhältniswörtern (*in Bälde, zur Gänze*).

statt so:	besser so:
sich anderweitig erkundigen	sich woanders erkundigen
ansonsten Abstand nehmen	sonst davon absehen
diesbezüglich Stellung nehmen	hierzu Stellung nehmen; sich hierzu äußern
letztendlich, letzten Endes dazu bereit sein	schließlich (letztlich) dazu bereit sein
zwischenzeitlich, in der Zwischenzeit erfahren haben	inzwischen, mittlerweile erfahren haben
zur Gänze, gänzlich davon überzeugt sein	ganz und gar (voll und ganz) davon überzeugt sein
aller Voraussicht nach	voraussichtlich
aller Wahrscheinlichkeit nach	wahrscheinlich, vermutlich
auf schriftlichem Wege	schriftlich

Achtung, modische Sprachunsitten! Immer wieder hört und liest man aufgeblähte Adverbien, die gerade in Mode gekommen sind und nun von vielen ständig gebraucht werden, weil sie dies für „schick" halten.

statt so:	besser so:
Im Nachhinein sieht manches anders aus.	Hinterher (danach, später) sieht manches anders aus.
Gleich im Anschluss an Ihren Anruf haben wir die Ware zum Versand gebracht.	Gleich nach Ihrem Anruf haben wir die Ware abgeschickt.

3.1.6 Die Präposition

Präpositionen klären, in welchem Verhältnis eine Person oder ein Ding zu anderen Personen oder Dingen steht. In der Regel sind Präpositionen mit einem Substantiv oder Personalpronomen eng verbunden (*auf* der Bank, *in* der Firma, *über* Ihre Anfrage, *wegen* einer Reklamation; *mit* Ihnen, *für* Sie). Präpositionen kennzeichnen Raum und Ort (*an, auf, nach, zu*), die Zeit (*bis, seit, während*), die Art und Weise u. Ä. (*außer, gegenüber*) und die Begründung (*wegen, durch, trotz*).

✖ **Beachten Sie den Fall, den die Präposition „regiert".** Die meisten Präpositionen regieren immer denselben Kasus. Präpositionen mit dem Genitiv (2. Fall): *wegen Ihrer Reklamation;* Dativ (3. Fall): *nach unserer Erfahrung;* Akkusativ (4. Fall): *bis Ende Dezember.*
Die Präpositionen *an, auf, hinter, in, neben, über, unter, vor, zwischen* können den Dativ oder Akkusativ regieren. Der Dativ wird gebraucht, wenn die Dinge ruhen („statisch" sind). Der Akkusativ wird gebraucht, wenn die Dinge in Bewegung („dynamisch") sind.

Lage (wo?) – Dativ:	Richtung (wohin?) – Akkusativ:
Das Bild hängt an der Wand.	Wir hängen das Bild an die Wand.
Der Kalender liegt auf dem Tisch.	Legen Sie den Kalender auf den Tisch.
Der Wagen parkt neben dem Eingang.	Parke den Wagen neben den Eingang.
Das Schild stand hinter der Einfahrt.	Wir stellten das Schild hinter die Einfahrt.

Umgehen Sie umständliche und veraltete Präpositionen. Manche Schreiber „schmücken“ ihre Briefe mit umständlichen und veralteten Präpositionen oder Präpositionalgefügen. Wer so schreibt, möchte sich gewählt ausdrücken. Entscheiden Sie sich für den einfachen und damit besseren Stil.

statt so:	besser so:
neue Aufgaben im Verwaltungsbereich	neue Aufgaben der Verwaltung
Dies betrifft auch unsere Anzeigen im Zeitungs- und Zeitschriftenbereich.	Die betrifft auch unsere Anzeigen in Zeitungen und Zeitschriften.
Keinerlei Verluste sind diesmal im Bereich des Buchhandels zu verzeichnen.	Keine Verluste hatte diesmal der Buchhandel.
anlässlich Ihres Besuches in unserem Hause	bei Ihrem Besuch in unserem Hause
seitens der Hauptverwaltung	von der Hauptverwaltung
ungeachtet Ihrer Bedenken	trotz Ihrer Bedenken
zwecks Erledigung	zur Erledigung
im Hinblick auf die Konkurrenz	wegen der Konkurrenz
unter Zuhilfenahme eines Programms	mit einem Programm
unter Weglassung (Verzicht) von Spezial-verpackung	ohne Spezialverpackung

Häufen Sie keine Präpositionen. Unschön – oft auch schwer verständlich – sind aufeinanderfolgende Präpositionen. Manchmal erleichtert schon der Artikel nach der ersten Präposition das Verständnis. Sonst hilft nur ein anderer Satzbau, meist ein Relativsatz.

statt so:	besser so:
für in letzter Zeit entstandene Verluste	für die in letzter Zeit entstandenen Verluste
in mit neuen Geräten ausgestatteten Büros	in Büros, die mit neuen Geräten ausgestattet sind
infolge von durch einen Kunden vorgebrachten Bedenken	infolge (besser: wegen) der Bedenken, die ein Kunde vorgebracht hat (noch besser: wegen der Bedenken eines Kunden)

3.1.7 Die Konjunktion

Konjunktionen verbinden Wörter, Wortgruppen und Sätze. Sie ermöglichen dem Sprecher und Schreiber, seine Aussagen aneinanderzureihen (*und*) oder zueinander in Gegensatz zu stellen (*aber*), sie voneinander abzuleiten (*daher*) oder ineinander übergehen zu lassen (*um – zu*). Deshalb sind die Konjunktionen für den Satzbau besonders wichtig, und sie beeinflussen ihn stark.

Leiten Sie Nebensätze nicht umständlich ein.

statt so:	besser so:
In den Fällen, in denen die Ware zurückgeschickt wird ...	Wenn (falls) die Ware zurückgeschickt wird ...
Dadurch, dass der Kunde nicht zufrieden war, mussten wir ...	Weil der Kunde nicht zufrieden war, mussten wir ...
Nachdem dieser Artikel sich gut verkauft, werden wir ...	Weil sich dieser Artikel gut verkauft, werden wir ...

Verzichten Sie auf unechte nebenordnende Konjunktionen.

statt so:	besser so:
Dessen ungeachtet behalten wir die Ware.	Dennoch (trotzdem, gleichwohl) behalten wir die Ware.
Des Weiteren ist zu sagen, dass ...	Ferner ist zu sagen, dass ...
Darum müssen wir einerseits versuchen, den Einzelhändlern zu helfen und andererseits neue Großhändler zu gewinnen.	Darum müssen wir sowohl den Einzelhändlern helfen, als auch neue Großhändler gewinnen.

Achten Sie bei „und" und „oder" auf Kongruenz.

statt so:	besser so:
Der Prospekt und der Katalog gefällt den Kunden.	Der Prospekt und der Katalog gefallen den Kunden.
Der Prospekt oder der Katalog stellen Ihnen den neuen Artikel ausführlich vor.	Der Prospekt oder der Katalog stellt Ihnen den neuen Artikel ausführlich vor.

Vermeiden Sie den unnötigen Ersatz von „und" durch „sowie". Wenn nur zwei Glieder zu verbinden sind, genügt *und*. Nur wenn *und* im Satz schon vorkommt, ist *sowie* berechtigt.

statt so:	besser so:
Wir werden die Prospekte sowie den Katalog neu bearbeiten.	Wie werden die Prospekte und den Katalog neu bearbeiten.

Aber: Wir werden die Prospekte und den Katalog sowie alle Gebrauchsanleitungen neu bearbeiten.

Häufen Sie keine Konjunktionen. Wenn ein Zwischensatz in einen Nebensatz mit Konjunktion eingeschaltet wird, dann sollte er nicht unmittelbar nach der Konjunktion stehen, sondern nach dem Satzglied, das der Konjunktion des Nebensatzes folgt.

statt so:	besser so:
Wir vermuten aber auch, dass, wenn dieser Fehler wieder auftritt, noch mehr Kunden abspringen.	Wir vermuten aber auch, dass noch mehr Kunden abspringen, wenn dieser Fehler wieder auftritt.

3.1.8 Das Pronomen

Pronomen können das Substantiv begleiten oder vertreten: *dieses Produkt, unser Auftrag; wir haben ihn* (den Auftrag) *sofort ausgeführt.*

Vermeiden Sie umständliche Pronomen.

statt so:	besser so:
Im Rundschreiben der Hauptverwaltung betont diese, dass …	Die Hauptverwaltung betont in ihrem Rundschreiben, dass …
Ihre Mängelrüge haben wir sorgfältig gelesen. Aus dieser (derselben) geht hervor …	Ihre Mängelrüge haben wir sorgfältig gelesen. Daraus geht hervor …
Der Kunde reklamierte sofort beim Händler, welch letzterem dies sehr peinlich war.	Der Kunde reklamierte sofort beim Händler. Diesem war das sehr peinlich.
Derjenige, welcher nicht sofort bestellt, erhält einen Nachfassbrief.	Wer nicht sofort bestellt, erhält einen Nachfassbrief.
Kunden, welche nicht zufrieden sind, …	Kunden, die nicht zufrieden sind, …
Jeder Vertreter, welcher Großhändler besucht, sollte …	Jeder Vertreter, der Großhändler besucht, sollte …

✖ **Bitte beachten Sie:** Manche Stilisten empfehlen *welcher, welche, welches,* wenn dadurch das Aufeinandertreffen von *der, die, das* vermieden wird:

Jeder Vertreter, welcher der Kundschaft … Alle Mitarbeiterinnen, welche die Prüfung … Ein Buch, welches das Thema …

3.1.9 Andere Tipps zur Wortwahl

Unentbehrliches nicht weglassen. Das Bestreben, Überflüssiges zu vermeiden, darf nicht dazu führen, auch Unentbehrliches wegzulassen.

statt so:	besser so:
Die Beanstandung wird anerkannt und die Ersatzteile geliefert.	Die Beanstandung wird anerkannt, und die Ersatzteile werden geliefert.
Mit Lieferung der Ersatzteile können Sie schon Anfang nächster Woche rechnen.	Mit der Lieferung der Ersatzteile können Sie schon Anfang nächster Woche rechnen.
Bitte besuchen Sie uns am nächsten Mittwoch und bringen die Unterlagen mit.	Bitte besuchen Sie uns am nächsten Mittwoch und bringen Sie die Unterlagen mit.
Bin mit Ihren Bedingungen einverstanden.	Ich bin mit Ihren Bedingungen einverstanden.

Vorsicht, weiße Schimmel! Auch geübten Briefschreibern unterläuft hin und wieder ein Pleonasmus. Darunter versteht man den inhaltlich überflüssigen Zusatz zu einem Wort oder einer Wendung. Streichen Sie die „weißen Schimmel" aus Ihrem Briefentwurf.

statt so:	besser so:
Wir haben unsere Kölner Verkaufsstelle neu renoviert.	Wir haben unsere Kölner Verkaufsstelle renoviert.
Wir sahen uns genötigt, diesen Kunden mehrmals mahnen zu müssen.	Wir sahen uns genötigt, diesen Kunden mehrmals zu mahnen. *Oder:* Wir mussten diesen Kunden mehrmals mahnen.

statt so:	besser so:
Diese Angaben sind aus der Fachzeitschrift „Der Markt“ entnommen.	Diese Angaben sind der Fachzeitschrift „Der Markt“ entnommen.
Der Kunde hat bereits schon früher häufig reklamiert.	Der Kunde hat schon (oder: bereits) früher häufig reklamiert.
Zu unserem Bedauern haben Sie die Kopierer leider immer noch nicht geliefert.	Leider (oder: zu unserem Bedauern) haben Sie die Kopierer immer noch nicht geliefert.

Leicht verwechselbare Wörter unterscheiden. Die Zahl der leicht verwechselbaren Wörter ist groß. Dargestellt und in Gruppen behandelt sind sie u. a. im Duden-Taschenbuch 17 „Leicht verwechselbare Wörter“. Hier einige Wortpaare, auf die Sie besonders achten sollten.

aufrecht halten/aufrechterhalten

statt so:	besser so:
Wir halten unsere Behauptung trotz Ihres Widerspruchs aufrecht. (aufrecht halten = aufgerichtet, gerade halten)	Wir erhalten unsere Behauptung trotz Ihres Widerspruchs aufrecht. (aufrechterhalten = beibehalten)

derselbe/der gleiche

statt so:	besser so:
Derselbe Wagen wird auch von Herrn Klein gefahren. (derselbe sein = identisch sein)	Der gleiche Wagen wird auch von Herrn Klein gefahren. (der Gleiche sein = einem anderen gleichen, ähneln)
die deutschsprachliche Bevölkerung der Schweiz (deutschsprachig = die deutsche Sprache sprechend: deutschsprachlicher Unterricht = Unterricht über die deutsche Sprache)	die deutschsprachige Bevölkerung der Schweiz (deutschsprachlich = die deutsche Sprache betreffend: deutschsprachiger Unterricht = Unterricht in deutscher Sprache)

scheinbar/anscheinend

statt so:	besser so:
Sie haben scheinbar unser Rundschreiben vom 12. Mai d. J. nicht gelesen. (scheinbar = es scheint nur so, in Wirklichkeit ist es anders)	Sie haben anscheinend unser Rundschreiben vom 12. Mai d. J. nicht gelesen. (anscheinend = wahrscheinlich, möglicherweise, offenbar)

✖ **Bitte beachten Sie:** In Briefen muss es (fast) immer *anscheinend* heißen; Sachverhalte mit *scheinbar* sind selten.

verbieten/verbitten

statt so:	besser so:
Der Kunde verbietet sich zu Recht diese Aufdringlichkeit.	Der Kunde verbittet sich zu Recht diese Aufdringlichkeit.

statt so:	besser so:
Der Kunde verbot sich ein solches Verhalten. (verbieten, verbot, verboten = untersagen)	Der Kunde verbat sich ein solches Verhalten. (sich verbitten, verbat, verbeten = zurückweisen, tadeln, gegen etwas protestieren)

vierzehntägig/vierzehntäglich

statt so:	besser so:
Die neue Kulturzeitschrift erscheint vierzehntägig.	Die neue Kulturzeitschrift erscheint vierzehntäglich. (alle 14 Tage)
Frau Reichert ist auf einer vierzehntäglichen Besuchsreise.	Frau Reichert ist auf einer vierzehntägigen Besuchsreise. (Die Besuchsreise dauert 14 Tage).

Worte/Wörter

statt so:	besser so:
Beachten Sie diese mahnenden Wörter. (Wörter = etwas Geschriebenes)	Beachten Sie diese mahnenden Worte. (Worte = etwas Gesprochenes)
In diesem Prospekt haben wir alle Fremdworte erläutert.	In diesem Prospekt haben wir alle Fremdwörter erläutert.

3.2 Satzbau

Mit Sätzen drücken Sie aus, wie Sie über Personen oder Sachen denken, wofür Sie sich entscheiden, was Sie erwarten usw. An den Sätzen Ihrer Briefe erkennt der Leser Ihre Sach- und Sprachkompetenz. Die deutsche Sprache bietet Ihnen viele Möglichkeiten, Sätze zu bauen. Doch gerade diese Vielfalt führt leicht zu unschönen Sätzen und Satzbaufehlern.

3.2.1 Wortstellung

Im deutschen Satz kann man Vorfeld, Mitte und Nachfeld unterscheiden. Mit der Stellung in diesen Feldern geben Sie den Wörtern unterschiedliches Gewicht. Die größte Aufmerksamkeit findet das Vorfeld. Aber auch das Nachfeld hat Gewicht. Weniger Gewicht hat die Satzmitte: Im einfachen Satz ruht darin das Geschehen, das Verb.

Stellen Sie das jeweilige Sinnwort ins Vorfeld. Dabei kommt es darauf an, worauf Sie gerade den Nachdruck legen.

Frau Schneider besucht heute vier Kunden in Weimar. (nicht etwa Herr Weber)
Heute besucht Frau Schneider vier Kunden in Weimar. (nicht etwa morgen)
Vier Kunden besucht Frau Schneider heute in Weimar. (nicht etwa nur zwei oder gar zehn)
In Weimar besucht Frau Schneider heute vier Kunden. (nicht etwa in Erfurt)

Achten Sie auf die Stellung des Objekts. Der aus Subjekt und Prädikat bestehende einfache Satz kann erweitert werden, z. B. durch ein Objekt. Der Kasus des Objekts wird vom Prädikat bestimmt. Nur wenige Verben haben ein Genitivobjekt (Frage: *wessen?*): *Wir bedürfen dringend Ihrer Hilfe.* Das Dativobjekt (Frage *wem?*) ist der „Personenfall“: *Dieses Auto gehört dem Großhändler.* Das Akkusativobjekt (Frage *wen/was?*) ist der „Sachfall“: *Wir reparieren den Wagen.*

✖ **Beachten Sie,** dass bei mehreren Objekten der Personenfall vor dem Sachfall steht.

statt so:	besser so:
Deshalb haben wir auch einige Muster Herrn Weber mitgegeben.	Deshalb haben wir Herrn Weber auch einige Muster mitgegeben.
Wir haben einen Fragebogen jedem Bewerber geschickt.	Wir haben jedem Bewerber einen Fragebogen geschickt.
Können Sie den beigefügten Prospekt Ihren Großhändlern senden?	Können Sie Ihren Großhändlern den beigefügten Prospekt senden?

Achten Sie bei mehreren adverbialen Bestimmungen auf die korrekte Reihenfolge: zuerst Zeit, dann Ort, dann Art und Weise.

statt so:	besser so:
Die Galerie eröffnet im Hotel „Zur Sonne" am nächsten Freitag eine Ausstellung.	Die Galerie eröffnet am nächsten Freitag im Hotel „Zur Sonne" eine Ausstellung.

Beachten Sie die korrekte Stellung von „nicht". Die Stellung von *nicht* bestimmt oft die Satzbedeutung: *Nicht alle Kunden sind zufrieden* (= nur ein Teil der Kunden ist nicht zufrieden). Aber: *Alle Kunden sind nicht zufrieden* (= alle Kunden sind nicht zufrieden). – Wenn *nicht* im Satz zu spät auftritt, erwartet der Leser zunächst eine andere (positive) Aussage.

statt so:	besser so:
Wir stimmen dem Vorschlag des Werbeleiters, Herrn Kurz mit der Vorbereitung der Messe zu beauftragen, nicht zu.	Wir stimmen dem Vorschlag des Werbeleiters nicht zu, Herrn Kurz mit der Vorbereitung der Messe zu beauftragen.
Wir verstehen den Plan, den Ihr Verkaufsleiter entworfen und jetzt erst vorgelegt hat, nicht.	Wir verstehen den Plan nicht, den Ihr Verkaufsleiter entworfen und jetzt erst vorgelegt hat.

Zerdehnen Sie nicht die Verneinung. Unnötig und ungeschickt ist die Verneinung mit *ein(e) – nicht* statt *kein(e)*. – Oft lässt sich der Gedanke auch bejahend ausdrücken.

statt so:	besser so:
Für das Buch ist ein neuer Titel noch nicht vorgesehen.	Für das Buch ist noch kein neuer Titel vorgesehen.
Jedoch besteht noch nicht Klarheit darüber, wann die Produktion wieder aufgenommen werden kann.	Jedoch besteht noch keine Klarheit darüber, wann die Produktion wieder aufgenommen werden kann.
Mit dem Ausbleiben eines nicht unbeträchtlichen Verlustes wird wohl kaum gerechnet werden können.	Es ist wohl mit einem ziemlich hohen Verlust zu rechnen.

Ziehen Sie das Pronomen „sich" möglichst weit nach vorn. Der Satz wird dann „schlanker", und er liest sich auch besser.

statt so:	besser so:
Leider hat unser Kunde erst jetzt sich entschlossen, die beschädigten Teile zu behalten.	Leider hat sich unser Kunde erst jetzt entschlossen, die beschädigten Teile zu behalten.

430163

statt so:	besser so:
Der Texter glaubt, in diesem Brief sich besonders treffend ausgedrückt zu haben.	Der Texter glaubt, sich in diesem Brief besonders treffend ausgedrückt zu haben.
Wir sind überzeugt, dass der Kunde sich genau an Ihre Anleitung gehalten hat.	Wir sind überzeugt, dass sich der Kunde genau an Ihre Anleitung gehalten hat.

Vermeiden Sie den „Nachklapp". Bei den unfesten Verbzusammensetzungen steht der trennbare Teil (das Präfix) stets getrennt hinter dem Verb – in der Regel am Satzende. Dies führt in Verbindungen mit Nebensätzen zum oft irreführenden und unschönen „Nachklapp". Ziehen Sie den abzutrennenden Teil (das Präfix) so weit wie möglich nach vorn.

statt so:	besser so:
Wir lehnen Ihren Vorschlag, diese Artikel aus dem Programm zu nehmen, ab.	Wir lehnen Ihren Vorschlag ab, diese Artikel aus dem Programm zu nehmen.
Unsere Werkstatt bessert die Maschine, die Ihr Kunde beanstandet hat, fachgerecht aus.	Unsere Werkstatt bessert die Maschine fachgerecht aus, die Ihr Kunde beanstandet hat.
Wir schlagen Ihnen einen 5%igen Nachlass, den wir für angemessen halten, und der in unserer Branche durchaus üblich ist, vor.	Wir schlagen Ihnen einen 5%igen Nachlass vor, den wir für angemessen halten, und der in unserer Branche durchaus üblich ist.

3.2.2 Häufige Satzbaufehler

Ihre Sätze sind gut gebaut, wenn sie der Leser sofort versteht. Erschwert wird das Verständnis durch abgedroschene Formulierungen, falsche Bezüge und Schachtelsätze.

Verzichten Sie auf „Vorreiter". Umständliche und überflüssige Einleitungen („Vorreiter") drängen das Wesentliche in einen Nebensatz, meist in einen dass-Satz. Solche Vorreiter sind besonders beliebt am Anfang und Ende des Briefes, aber auch zu Beginn eines neuen Absatzes.

statt so:	besser so:
Auf Ihre Anfrage, die wir hiermit bestätigen, teilen wir Ihnen mit, dass der Schrank Nr. 15 bereits morgen zum Versand kommen wird.	Für Ihre Anfrage danken wir Ihnen. Schon morgen werden wir den Schrank Nr. 15 abschicken.
Was den Besuch unserer Außendienstmitarbeiterin angeht, so freuen wir uns, Ihnen hiermit ankündigen zu können, dass sie Sie bereits am nächsten Mittwoch besuchen wird.	Sie wünschen den Besuch unserer Außendienstmitarbeiterin. Frau Schneider wird Sie schon am nächsten Mittwoch besuchen.
Wir möchten Sie nachdrücklich darauf hinweisen, dass unsere Preisliste Nr. 7 im kommenden Monat ihre Gültigkeit verlieren wird.	Bitte beachten Sie: Die Preisliste Nr. 7 gilt nur noch in diesem Monat.
Wir sehen Ihrer Rückäußerung zu dem beigefügten Entwurf mit größtem Interesse entgegen und verbleiben mit freundlichen Grüßen	Wie gefällt Ihnen der beigefügte Entwurf? – Freundliche Grüße Oder: Wie beurteilen Sie den beigefügten Entwurf? – Freundliche Grüße
Bei dieser Gelegenheit können wir Ihnen auch mitteilen, dass wir Ihre Reklamation sofort an das infrage kommende Herstellerwerk weitergeleitet haben.	Soeben haben wir Ihre Reklamation an den Hersteller weitergeleitet.

statt so:	besser so:
Im Übrigen haben wir zu unserem größten Bedauern keinerlei Handhabe, Ihnen einen Nachlass von 25 % zu gewähren.	Es ist uns aber nicht möglich, Ihnen einen 25%igen Nachlass zu gewähren.

Bauen Sie einfache Sätze. Der Leser erfasst einfache Sätze schneller als komplizierte. Nach der Sprachstatistik haben die meisten geschriebenen Sätze 12 bis 15 Wörter. Sätze mit weniger als 12 Wörtern sind kurz, Sätze mit mehr als 15 Wörtern sind lang.

statt so:	besser so:
Zu meiner großen Freude erhielt ich bereits vor einigen Wochen einen Zwischenbescheid von Ihnen, aus dem hervorgeht, dass Sie meine Bewerbung in die engere Wahl gezogen haben.	Für Ihren Zwischenbescheid danke ich Ihnen. Es freut mich, in der engeren Wahl zu stehen.
Mit Ihrer Anzeige suchen Sie eine Auszubildene zur Verlagskauffrau. Da ich mir diesen Beruf schon sehr lange wünsche, bewerbe ich mich hiermit, zumal die Besichtigung Ihrer Firma im Oktober v. J. meinen Berufswunsch noch wesentlich verstärkt hat.	Vielleicht erinnern Sie sich an den Besuch meiner Klasse im Oktober v. J. Die Besichtigung Ihres Verlagshauses hat mir ein anschauliches Bild von der Arbeit einer Verlagskauffrau vermittelt. Seitdem steht mein Berufswunsch fest. Darum bewerbe ich mich bei Ihnen um einen Ausbildungsplatz.

Bauen Sie aber nicht nur kurze Sätze. Mehrere kurze und unverbundene Sätze hintereinander führen zum „Hackstil“. Briefe im Hackstil kann man nicht mit ruhigem Atem lesen.

statt so:	besser so:
Stammkunden sind ein wertvolles Kapital. Das wissen Sie als Fachhändler. Auch Sie bekommen Beanstandungen. Reklamationen sind unvermeidlich. Das gilt vor allem fürs Weihnachtsgeschäft.	Als Fachhändler wissen Sie, wie wertvoll Stammkunden sind. Gewiss kommt es auch in Ihrem Geschäft hin und wieder vor, dass Kunden etwas beanstanden. Zumal im stürmischen Weihnachtsgeschäft sind Reklamationen kaum zu vermeiden.

Schreiben Sie nicht mehr Nebensätze als nötig. Zu viele Nebensätze belasten den Leser. Sie können Nebensätze einschränken durch a) das Partizip II, b) den Genitiv, c) den Infinitiv.

statt so:	besser so:
a) Wir haben keine Bedenken gegen die Lösung, die Frau Klein vorgeschlagen hat.	Wir haben gegen die von Frau Klein vorgeschlagene Lösung keine Bedenken.
b) Wir können den Vorschlägen, die Ihr Beauftragter uns unterbreitet hat, jedoch nicht zustimmen.	Jedoch können wir den Vorschlägen Ihres Beauftragten nicht zustimmen.
c) Der Kunde fordert von uns, dass wir das Gerät, das wir Anfang November geliefert haben, zurücknehmen und sofort Ersatz liefern.	Der Kunde fordert von uns, das Anfang November gelieferte Gerät zurückzunehmen und sofort Ersatz zu liefern.

Vermeiden Sie aber eine Häufung von Genitivattributen

statt so:	besser so:
Zum Nachfolger der Leiterin der Kölner Filiale der Handelskette „Merkur" wurde Herr Heinz Burg ernannt.	Die Handelskette „Merkur" hat Herrn Heinz Burg zum Nachfolger ihrer Kölner Filialleiterin ernannt.

Bauen Sie keine „dass-Treppen". Schreiben Sie so wenig dass-Sätze wie möglich. Vermeiden Sie vor allem mehrere *dass* im selben Satz.

statt so:	besser so:
Meinen Chef habe ich davon in Kenntnis gesetzt, dass ich mich anderweitig bewerbe, und gebeten, dass er mir eine Referenz gibt, aus der hervorgeht, dass ich zuverlässig und freundlich bin.	Mein Chef weiß von meiner Bewerbung. Er bescheinigt mir in der beigefügten Referenz, dass ich zuverlässig und freundlich bin (oder: ... Referenz Zuverlässigkeit und Freundlichkeit).

Packen Sie nicht zu viel in den Hauptsatz. Ungeübte Briefschreiber stopfen ihre Sätze so voll, dass der Empfänger Mühe hat, sie beim ersten Lesen zu verstehen. Oft empfiehlt sich die Gliederung in Haupt- und Nebensatz. Kurze Nebensätze machen das Satzgefüge übersichtlicher, weil die Beziehung der Wörter untereinander deutlich wird. Beim Umbau des Stopfsatzes zeigt sich auch, was Sie ersatzlos streichen können.

statt so:	besser so:
Das am Alten Burgtor gelegene, vom Eigentümer erst kürzlich neu renovierte Fachwerkhaus steht in Bälde zur Versteigerung an.	Das Fachwerkhaus am Alten Burgtor, das der Eigentümer erst kürzlich renoviert hat, wird schon bald versteigert.
Aufgrund des Ihnen in der vorigen Woche bereits zugegangenen Rundschreibens soll das bei den Einzelhändlern lagernde Leergut zukünftig schnellstmöglichst zurückgegeben werden.	Wie aus dem Rundschreiben hervorgeht, das Sie in der vorigen Woche erhalten haben, sollen die Einzelhändler das Leergut so schnell wie möglich zurückgeben.
Einer unserer Sie am Dienstag nächster Woche besuchenden Mechaniker wird den von Ihnen beanstandeten Kopierer zwecks Reparatur an Ort und Stelle in Augenschein nehmen.	Einer unserer Mechaniker wird Sie am nächsten Dienstag besuchen, um den Schaden an Ihrem Kopierer zu beheben.
Den von Ihrem Ausbesserungslager angefertigten, allerdings hier verspätet eingetroffenen Bericht haben wir unserer Hauptverwaltung unverzüglich zur Kenntnis gebracht und um Rückäußerung gebeten.	Den Bericht Ihres Ausbesserungslagers haben wir heute erst erhalten und unserer Hauptverwaltung vorgelegt, die sich dazu äußern wird.

3.3 Textaufbau

Sie bemühen sich um treffende Wortwahl und korrekten Satzbau. Damit erfüllen Sie zwei stilistische Grundvoraussetzungen. Doch ein guter Brief gelingt Ihnen erst, wenn Sie die Sätze gedanklich verbinden, damit der Leser Ihre Absichten klar und schnell erkennt.

3.3.1 Verknüpfung der Sätze

Als Verfasser eines Geschäftsbriefes ist Ihnen der Sachverhalt von Anfang an klar. Der Leser aber muss den Briefinhalt erst Satz für Satz erschließen. Diese Arbeit können Sie ihm erleichtern, indem Sie Ihre Sätze geschickt miteinander verknüpfen. Hierfür bietet Ihnen der deutsche Satzbau viele gute Möglichkeiten.

Wir nehmen als Beispiel zwei kurze Sätze, wovon der erste die Begründung für den zweiten ist: *Der Preis ist zu hoch. Wir bestellen nicht.*

1. **Möglichkeit:** Hauptsatz-Konjunktion
   Wir bestellen nicht, denn der Preis ist zu hoch.

2. **Möglichkeit:** Nebensatz-Konjunktion
   Wir bestellen nicht, weil der Preis zu hoch ist.
   Oder: Weil der Preis zu hoch ist, bestellen wir nicht.
   Oder (weniger gut): Der Preis ist zu hoch, weshalb wir nicht bestellen.

3. **Möglichkeit:** Adverb
   Der Preis ist zu hoch, deshalb bestellen wir nicht.
   Oder: Wir bestellen nicht; der Preis ist nämlich zu hoch.

4. **Möglichkeit:** Adverbiale Angabe
   Der Preis ist zu hoch. Aus diesem Grund bestellen wir nicht.

5. **Möglichkeit:** Präpositionale Begründung
   Wegen der Preiserhöhung bestellen wir nicht.
   Oder: Wir bestellen nicht. Der Grund: Der Preis ist zu hoch.
   Oder (nicht zu empfehlen): Dass der Preis zu hoch ist, führt dazu, *dass* wir nicht bestellen.

3.3.2 Möglichkeiten für Satzverbindungen

Die Inhalte der Sätze, die Sie verbinden wollen, stehen in einem bestimmten Verhältnis zueinander. In einer Verbindung kann der nachfolgende Satz unterschiedlichen Zwecken dienen. Er kann Gedanken und Fakten hinzufügen, Fragen klären, Bedingungen nennen, Begründungen geben, Konsequenzen ziehen, Zugeständnisse machen, Aussagen zusammenfassen, einschränken oder korrigieren und vieles andere mehr. Die folgenden Beispiele sind nur eine kleine Auswahl aus der Vielzahl der Satzverbindungen. Diese Auswahl enthält Konjunktionen für Haupt-, Neben- und Infinitivsätze, Adverbien und adverbiale Angaben, Präpositionen und andere sprachliche Mittel.

Mit der Einleitung eines nachfolgenden Satzes können Sie:

- **Informationen hinzufügen,** z. B. durch *und, ferner, in gleicher Weise, zusammen mit;*
- **das Zeitverhältnis der Aussagen klären,** und zwar durch
  Vorzeitigkeit, z. B. durch *vor, dann, früher, seinerzeit, bereits;*
  Gleichzeitigkeit, z. B. durch *während, seitdem, seither, im Verlauf;*
  unmittelbare zeitliche Folge, z. B. durch *sobald, ohne weiteres, sofort nach;*
  Nachzeitigkeit, z. B. durch *worauf, sodann, nachträglich, später;*
- **Ort oder Richtung ausdrücken,** z. B. durch *wo, hier, überall, an dieser Stelle;*
- **Bedingungen herausstellen,** z. B. durch *falls, sofern, streng genommen;*
- **eine nähere Begründung geben,** z. B. durch *zumal, deshalb, darum, wegen;*
- **die logische Folgerung ziehen,** z. B. durch *sodass, mithin, demnach, demzufolge;*

- **Zweck und Absicht bekunden,** z. B. durch *damit, zu diesem Zweck, im Hinblick auf;*
- **Art und Weise beschreiben,** z. B. durch *womit, nach Art, analog;*
- **Vergleiche ziehen,** z. B. durch *desto, je nachdem, genauso, ebenso, im Vergleich zu;*
- **das Mittel nennen,** z. B. durch *hiermit, mithilfe, anhand;*
- **ein Zugeständnis machen,** z. B. durch *wenngleich, freilich, zweifellos, immerhin;*
- **etwas näher erklären,** z. B. durch *und zwar, nämlich, mit anderen Worten, genauer gesagt, einfacher ausgedrückt;*
- **Aussagen zusammenfassen,** z. B. durch *alles in allem, kurz und gut, mit einem Wort;*
- **Aussagen einschränken,** z. B. durch *nur, außer, allerdings, mit einer Einschränkung;*
- **Aussagen korrigieren,** z. B. *durch streng genommen aber nicht, aber vielmehr, besser gesagt;*
- **etwas ausschließen,** z. B. durch *außer wenn, ohne dass, ausgenommen, mit einer Ausnahme;*
- **den Gegensatz betonen,** z. B. durch *jedoch, allein, sondern, wogegen, demgegenüber, vielmehr, umgekehrt;*
- **eine andere Möglichkeit zeigen,** z. B. durch *oder, anstatt, stattdessen, anstelle;*
- **etwas verneinen,** z. B. durch *ohne dass, keinesfalls, ganz und gar nicht, auf keinen Fall, weder noch.*

3.3.3 Thema-Rhema-Struktur

Ist Ihnen schon aufgefallen, dass im Wort *Textilien* der Wortstamm *Text* steckt? Beide Wörter haben dieselbe Wurzel, nämlich das lateinische Wort *textus:* Gewebe, Geflecht, Verbindung, Zusammenhang. Wie die Textilwaren aus zahlreichen Fäden gewebt sind, so wird auch ein Text – ein Sinnzusammenhang – aus vielen Wörtern und Einzelsätzen zu einem Ganzen gefügt.

Sagen Sie dem Leser zunächst das ihm Bekannte, dann erst das für ihn Unbekannte. Wenn Sie mit dem beginnen, was der Empfänger Ihres Briefes schon weiß und dann erst zur neuen Information schreiten, erleichtern Sie die Gedankenarbeit des Lesers beträchtlich. Das wissen Schriftsteller, Journalisten und andere Profischreiber nur allzu gut und sie formulieren entsprechend.

Der Sachverhalt, der dem Leser schon bekannt ist (meist aus dem vorhergehenden Satz), wird THEMA genannt. Der Teil des Satzes, der die neue Information für den Leser enthält, heißt RHEMA. Daraus ergibt sich die Grundregel: **erst das Thema, dann das Rhema.**

Viele Leser empfinden Satzteile, Sätze und Satzfolgen, die der Thema-Rhema-Regel entsprechen, als hilfreich und angenehm. Denn bei dieser Reihenfolge wird das Kurzzeitgedächtnis entlastet und nicht mit (zu viel) Neuem überladen.

✖ **TIPP:** Achten Sie bei Ihrer Zeitungslektüre künftig auf die Thema-Rhema-Regel: In guten Berichten und Aufsätzen bieten die meisten Sätze zunächst etwas Bekanntes, dann erst folgt das für den Leser Neue. Bei umgekehrter Reihenfolge jedoch wird der Leser überfordert. Oft reagiert er unwillig, oder er liest erst gar nicht weiter.

Aus einem Bewerbungsbrief

statt so:	**besser so:**
Hiermit bewerbe ich mich als Außendienstmitarbeiterin für Ihren Verkaufsbezirk Schleswig-Holstein. Frau Weber, Referentin der IHK Lübeck, hat mir diesen Tipp gegeben.	Sie sind an einer tüchtigen Außendienstmitarbeiterin für Ihren Verkaufsbezirk Schleswig-Holstein interessiert. Diesen Hinweis verdanke ich Frau Weber, Referentin der IHK Lübeck.

Mein jetziges Verkaufsgebiet bei den Offenbacher Lederwerken Eugen Schäfer KG ist Baden-Württemberg. Ich muss an den Wochenenden naturgemäß jeweils lange Strecken zurücklegen, damit ich bei meiner Familie in Lübeck sein kann.

Seit 5 Jahren bereise ich im Auftrag der Offenbacher Lederwerke Eugen Schäfer KG erfolgreich das Verkaufsgebiet Baden-Württemberg. Wegen der großen Entfernung zu Lübeck suche ich einen näher gelegenen Wirkungskreis. Dann kann ich mich an den Wochenenden mehr meiner Familie widmen.

Aus einem Angebot über Wanduhren

statt so:

Ein ausführliches Angebot über moderne Wanduhren legen wir Ihnen heute vor, womit wir Ihrer Bitte gern nachgekommen sind. In Wort und Bild zeigt Ihnen die diesem Brief beigefügte Angebotsmappe unsere 20 bewährten Modelle. Beste Funkuhr-Technik hat unser Spitzenmodell CHRONOS 3000, das wir Ihnen deshalb ganz besonders empfehlen.

besser so:

Sie haben um ein ausführliches Angebot über moderne Wanduhren gebeten. Hierfür danken wir Ihnen. Die beigefügte Mappe zeigt Ihnen in Wort und Bild 20 bewährte Modelle. Besonders empfehlen wir Ihnen das Spitzenmodell CHRONOS 3000 mit Funkuhr-Technologie.

Aus der Antwort auf eine Reklamation

statt so:

Reklamationen sind auch für uns – wie Ihnen zweimal im vergangenen Jahr – äußerst unangenehm. Wir sahen aber die Chance, Ihnen unsere Geschäftsfreundschaft zu beweisen. Unsere Regelung war nicht eben kleinlich – ganz im Gegenteil.

besser so:

Sie waren im letzten Jahr mit zwei unserer Lieferungen nicht zufrieden. Dies haben wir bedauert. Doch wir hatten auch die Chance, Ihnen zu beweisen, wie sehr uns an Ihrer Geschäftsfreundschaft liegt: Wir sind beiden Reklamationen sorgfältig nachgegangen und haben sie großzügig geregelt.

Aus einem Probeauftrag

statt so:

Einige Ihrer Artikel sind in der Tat interessant. Sie erhalten beigefügt einen Probeauftrag.

In Ihrem Angebot ist uns so manches reichlich unklar. In erster Linie fragen wir uns, ob sämtliche Artikel mit einem Rückgaberecht ausgestattet sind. Wir vermissen konkrete Angaben über die Paketauslieferung.

besser so:

Ihren interessanten Katalog haben wir durchgeblättert und dabei einige bemerkenswerte Artikel entdeckt. Das Ergebnis unserer Lektüre ist der beigefügte Probeauftrag.

Zu Ihrem Angebot haben wir noch ein paar Fragen:

1. Gilt das 14-tägige Rückgaberecht für alle Artikel?
2. Wie werden die Pakete ausgeliefert? Darüber wird im Katalog nichts gesagt.

3.3.4 Rhythmus und Klang

Beim lauten Lesen eines gut geschriebenen Briefes spüren Sie seinen lebendigen Rhythmus und angenehmen Klang. Der Rhythmus wird von Wortstellung und Satzbau bestimmt, vom Wechsel zwischen betonten und nicht betonten Silben, aber auch von der Wortlänge. Für den guten Klang sorgen Wörter mit vielen Vokalen und ohne harte Konsonanzen.

Wenn Sie die Qualität Ihrer Briefe prüfen wollen, ist lautes Lesen unverzichtbar. Doch sogar beim stummen Lesen erfassen Sie Rhythmus und Klang. Denn die Buchstaben vermitteln Ihnen nicht nur optische, sondern auch akustische Reize: Ihr inneres Ohr liest mit.

Rhythmus und Klang machen die Lektüre Ihrer Briefe wohltuend und angenehm. Ihre Briefe bekommen aber auch mehr Gewicht: Der Leser empfindet betonte Silben und Wörter als bedeutsam, nicht betonte dagegen als weniger wichtig. Deshalb raten Stilmeister, höchstens vier bis fünf nicht betonte Silben hintereinander zu dulden.

Die deutsche Sprache ist reich an sinn- und sachverwandten Wörtern. Somit verfügt der Schreiber über eine Riesenauswahl. Er muss aber genau prüfen, welches Wort gerade das beste ist. Zwar geht es zunächst einmal um sachliche Richtigkeit und klaren Ausdruck. Doch darf man die Wirkung von Rhythmus und Klang nicht unterschätzen.

Das richtige Wort ist immer auch das treffende Wort. Es stellt sich nicht von selbst ein, Sie müssen es suchen. Nutzen Sie bei Ihrer Suche ein synonymes Wörterbuch. Es verhilft Ihnen zum treffenden Wort, aber auch zum Wechsel im Ausdruck. Denn ungewollte Wiederholungen stören den Rhythmus und Klang Ihrer Sätze. Störenfriede sind vor allem gleiche oder ähnliche Silben und Wörter, einheitliche Wortlänge und übereinstimmende Vokale.

Achten Sie auf zufällige Wiederholungen von Silben und Wörtern. Die bewusste Wiederholung von Wörtern gehört zu den feineren Stilmitteln: *Tag für Tag, Schlag auf Schlag, von Zeit zu Zeit, Hand in Hand, mehr und mehr, nach und nach* – das sind nur ein paar Beispiele von vielen. Solche Wiederholungen verstärken Ihre Aussage und geben Ihren Worten größeren Nachdruck. Schlecht sind jedoch Wiederholungen, die sich unter der Hand in Ihre Entwürfe schleichen, und die Sie gewöhnlich erst beim lauten und kritischen Lesen entdecken.

statt so:	**besser so:**
Bisher hatte die Geschäftsstelle nur von 9 bis 12 Uhr geöffnet.	Zuvor (früher) hatte die Geschäftsstelle nur von 9 bis 12 Uhr geöffnet.
Sicher werden auch Sie sich für das neue Produkt entscheiden.	Bestimmt werden auch Sie sich für das neue Produkt entscheiden.
Auch unserer Ansicht nach überwiegen bei dieser Lösung die Nachteile.	Auch wir meinen, dass bei dieser Lösung die Nachteile überwiegen.
Die Großhandlung hat große Verluste erlitten.	Die Großhandlung hat hohe (erhebliche) Verluste erlitten.
Erst in der vorigen Woche hat sich ein solcher Vorfall ereignet.	Erst in der letzten (vergangenen) Woche hat sich ein solcher Vorfall ereignet.
Aus dem Bericht geht eindeutig hervor, wie hervorragend unser Außendienst organisiert ist.	Aus dem Bericht geht eindeutig hervor, wie gut unser Außendienst organisiert ist.
Bei beiden Bewerben handelt es sich um ehemalige Mitarbeiter im Einzelhandel.	Beide Bewerber waren früher im Einzelhandel tätig (beschäftigt).

statt so:	besser so:
Natürlich bedauern auch wir die andauernden Reklamationen Ihres Kunden.	Natürlich bedauern auch wir die ständigen (häufigen) Reklamationen Ihres Kunden.
Großen Wert legt unser Kunde auf wertvollen Schmuck.	Großen Wert legt unser Kunde auf erlesenen Schmuck.

In Werbebriefen kann eine gezielte Wortwiederholung die Aufmerksamkeit des Lesers wecken. Hier die Schlagzeile aus einer Weihnachtswerbung: *Damit das Fest auch zum Fest wird.* Solche Formulierungen sind jedoch Ausnahmen und nicht die Regel.

Schreiben Sie nicht zu viele Einsilber hintereinander. Eine Kette einsilbiger Wörter stört die Satzmelodie empfindlich. Beim Durchlesen Ihres Entwurfs sollten Sie solche Wortreihen zumindest durch ein mehrsilbiges Wort unterbrechen.

statt so:	besser so:
Es liegt doch nicht an uns, wenn wir Sie jetzt nicht prompt beliefern.	Es trifft uns keine Schuld, dass wir Ihnen die Ware nicht sofort liefern können.
Wie uns Herr Stein schreibt, sind Sie auch mit dem Test Nr. 2 nicht ganz zufrieden.	Wie uns Herr Stein berichtet, erfüllt auch der zweite Test nicht (all) Ihre Wünsche (Erwartungen).

Hören Sie auf den Klang der Wörter. Beim lauten Lesen vernehmen Sie den Klang der Wörter. Die Klangfarbe wird von den Vokalen bestimmt. Das merken Sie am besten, wenn Sie ein Gedicht lesen. Achten Sie einmal auf die unterschiedliche Klangstimmung. Beim hohen I ist sie anders als beim dunklen U oder O, kräftig klingt die Mittellage des A, kaum vernehmlich das blasse E. Unsere Sprache kennt viele Wendungen mit gleichem Vokal: *in Hülle und Fülle, mit Dreck und Speck, ganz und gar, klein aber fein, hüben und drüben, in Saus und Braus.*

Dieser Gleichklang ist gewollt, weil ausdrucksstark. Nicht aber die zufällige Häufung des gleichen Vokals. Darum sollten Sie prüfen, ob Sie nicht „rein zufällig" mehrere Wörter mit demselben Vokal hintereinandergestellt haben.

statt so:	besser so:
Aber gerade alte Abnehmer haben manchmal Anliegen, die man kaum abschlagen kann.	Doch gerade Stammkunden kommen oft mit Sonderwünschen, die man, wo möglich, erfüllen wird.
Eigentlich hat wohl jeder einzelne Teilnehmer seinen erfolgreichen Beitrag geleistet.	Im Grunde hat wohl jeder Teilnehmer am Erfolg mitgewirkt (mitgearbeitet).

430171

4 Privater Schriftverkehr

Wohl jeder kann in die Lage kommen, seine persönlichen Anliegen (Glückwünsche, Danksagungen, Einladungen zu Familienfeiern, Kondolenzschreiben; Mietangelegenheiten, Einsprüche, Beschwerden, Berichte u. Ä.) in privaten Briefen zu regeln oder zu vertreten. Empfänger können sein: Vermieter, Mieter, Mitglieder von Vereinen, Verbänden u. Ä., Schulen, Versicherungen, Behörden (Finanzamt, Stadt- und Gemeindeverwaltungen) u. v. a. m. Diese privaten Briefe unterscheiden sich klar von den kaufmännischen Briefen (Anfrage, Angebot, Bestellung usw.).

4.1 Zehn Hinweise für Ihre Korrespondenz

1. Verwenden Sie ein Briefblatt A4 ohne Aufdruck. Achten Sie auf gute äußere Form. Im Abschnitt 1.2.6 dieses Buches finden Sie Hinweise, wie man die „Schreib- und Gestaltungsregeln für die Textverarbeitung" nach DIN 5008 auch beim Beschriften von Briefblättern ohne Aufdruck anwendet. Dabei geht es besonders um Briefkopf, Empfängeranschrift, Datum, Betreffangabe, Anrede und Gruß.
2. Schreiben Sie an die Empfänger Ihrer privaten Briefe nicht anders als an Ihre Geschäftspartner: sachlich, klar und so kurz wie möglich, jedoch nicht kurz angebunden. Schreiben Sie auch an Behörden höflich, aber nie unterwürfig. In einer modernen Gesellschaft ist die Behörde keine „Obrigkeit" mehr, sondern Dienstleister des Bürgers.
3. Achten Sie immer auf vollständige und korrekte Empfängeranschriften. Nennen Sie darin nach Möglichkeit auch die zuständige Abteilung oder den Sachbearbeiter.
4. Vergessen Sie nicht die Akten- und Geschäftszeichen bzw. Ihre Kunden- oder Steuernummer. Oft können Sie diese Angaben dem vorausgehenden Schreiben entnehmen. Integrieren Sie diese Angaben in den Betreff oder nutzen Sie den Informationsblock.
5. Formulieren Sie die Betreffangabe so präzise wie möglich. Dies erleichtert dem Empfänger die Postverteilung. Oft lässt sich die Betreffangabe auch der Vorpost entnehmen.
6. Immer werden Ihre Briefe von Menschen bearbeitet; sie wollen sich angesprochen fühlen. Darum sollte auch jeder private Brief eine passende Anrede haben. Falls Sie den jeweiligen Ansprechpartner nicht kennen, schreiben Sie: *Sehr geehrte Damen und Herren;* sonst *Sehr geehrte Frau …; Sehr geehrter Herr …; Guten Tag, Frau/Herr …*
7. Ebenso darf der Gruß nicht fehlen. Nur ausnahmsweise mag das alte *Hochachtungsvoll* angebracht sein. Üblich ist *Freundliche Grüße, Freundlichen Gruß* u. Ä.
8. Führen Sie im Anlagenvermerk etwaige Anlagen auf: Kopien, Fragebogen, Skizzen usw.
9. Fertigen Sie von jedem wichtigen Brief eine Kopie oder einen Ausdruck für Ihre Unterlagen.
10. Prüfen Sie auch, ob sich die Angelegenheit besser telefonisch oder per E-Mail erledigen lässt. Fixieren Sie für Ihre Unterlagen jede wichtige telefonische Vereinbarung in einer Telefonnotiz.

4.2 Musterbriefe

Aus der Fülle der möglichen Briefe mit privatem Charakter sind auf den Seiten 73 bis 77 fünf Musterbriefe ausgewählt:

Muster A: ▸ Brief des Vermieters (Seite 73)
Muster B: ▸ Einladung zur Vorstandssitzung (Seite 74)
Muster C: ▸ Einspruch gegen Verwarnungsgeld (Seite 75)
Muster D: ▸ Beschwerde wegen Ruhestörung (Seite 76)
Muster E: ▸ Bericht über ein Seminar (Seite 77)

Diese fünf Musterbriefe sollen Ihnen Anregungen für die äußere Form und textliche Gestaltung Ihrer privaten Briefe geben.

Peter Fischer
Forstweg 18 b
08056 Zwickau
Telefon: 0375 71704
E-Mail: peter.fischer.wvd@gmx.de

Die Absenderanschrift (der Briefkopf) steht in einer Kopfzeile, die 50,8 mm hoch ist. Sie können die Absenderangaben linksbündig, zentriert oder rechtsbündig schreiben. – Umfasst Ihre Absenderangabe 5 Zeilen wie in diesem Muster, empfehlen wir, in der 2. Zeile der Kopfzeile zu beginnen. Bei einer 6-zeiligen Absenderanschrift beginnen Sie in der 1. Zeile.

Peter Fischer · Forstweg 18 b · 08056 Zwickau

.

.

.

Frau Inge Schwarz
Herrn Klaus Schwarz
Poststraße 46
08412 Werdau

Die 13. Zeile (50,8 mm von der oberen Blattkante) entspricht der 1. Zeile des 9-zeiligen Anschriftfeldes. Die 16. Zeile (63,5 mm von der oberen Blattkante) entspricht der 4. Zeile des 9-zeiligen Anschriftfeldes. Postalische Vermerke stehen in der 15. Zeile. Wer so beschriftet, kann Fensterbriefhüllen verwenden.

.

.

.

.

Das Datum steht in der 24. Zeile (97,3 mm von der oberen Blattkante) und 150 mm vom linken Rand.

20..-08-24

.

.

Wohnung Poststraße 46 // 2. Stock und Stellplatz Poststraße 48

Die Betreffangabe steht in der 27. Zeile des Briefblattes. Sie darf durch Fettschrift und/oder Farbe hervorgehoben werden.

.

.

Sehr geehrte Frau Schwarz, sehr geehrter Herr Schwarz,

.

nach Ihrem Anruf vom 3. d. M. hatte ich Ihnen am 9. d. M. versprochen, die Mängel in Ihrer Neubauwohnung sofort beheben zu lassen. Wegen Betriebsferien der Plattenlegerfirma (Gebr. Bast, Zwickau) konnte ich erst gestern einen Termin vereinbaren.

.

Bitte sorgen Sie dafür, dass am

.

Dienstag, 3. September d. J., ab 08:30 Uhr,

.

jemand in der Wohnung ist, um die Handwerker einzulassen.

.

Stellplatz Poststraße 48. Wie Sie sicherlich wissen, gehört mir auch das Nachbarhaus Poststraße 48 mit 4 Stellplätzen. Ein Stellplatz wird am 30. September d. J. frei, sodass Sie ihn ab 1. Oktober d. J. für Ihren Zweitwagen mieten können.

.

Bitte lassen Sie mich recht bald wissen, ob Sie diesen Stellplatz für monatlich 25,00 € mieten wollen.

.

Freundliche Grüße

Der Teilbetreff (Stellplatz Poststraße 48) beginnt an der Fluchtlinie, schließt mit einem Punkt und wird durch Fettschrift und/oder Farbe hervorgehoben. Der Text wird unmittelbar angefügt.

430173

Sportverein Eintracht e. V.
Fritz-Ulrich-Straße 32
74080 Heilbronn
Telefon: 07131 40911
E-Mail: info@sportverein-eintracht-wvd.de

Sportverein Eintracht e. V. · Fritz-Ulrich-Straße 32 · 74080 Heilbronn

.
.
.

Frau
Christa Bauer
Finkenweg 3 // W 407
74245 Löwenstein

.
.
.
.

Seitenränder

Den linken Seitenrand stellen Sie auf 25 mm, den rechten auf 10 mm. Den Brieftext ziehen Sie nach dem Schreiben um 10 mm von rechts ein, sodass sich für den Text ein rechter Seitenrand von 20 mm ergibt.

20..-09-15

.
.

Einladung zur Vorstandssitzung

.
.

Sehr geehrte Frau Bauer,

.

alle Vorstandsmitglieder des Sportvereins Eintracht e. V. lade ich hiermit nach dem Beschluss der Mitgliederversammlung vom 12. September 20.. zu einer Sitzung ein, und zwar für

.

Freitag, 8. November 20.., von 18:30 bis 21:00 Uhr,
im Vereinslokal „Zum Adler", Konferenzraum.

.

Ich schlage Ihnen folgende Tagesordnung vor:

.

1. Konstituierung des neu gewählten Vorstandes
2. Aufgabenverteilung
3. Plan der Stadtverwaltung für den Sportplatz an der Bergstraße
4. Intensivierung der Jugendarbeit
5. Anfragen – Informationen – Wünsche
6. Nächste Sitzung

.

Bitte prüfen Sie diesen Vorschlag für die Tagesordnung und sagen Sie mir bis 15. Oktober d. J. – telefonisch oder schriftlich –, ob Sie noch weitere Besprechungspunkte wünschen.

.

Freundliche Grüße

Tina Chirver
Peter-Altmeier-Allee 36
55116 Mainz
Telefon: 06131 228103
E-Mail: tina.chirver.wvd@web.de

Tina Chirver · Peter-Altmeier-Allee 36 · 55116 Mainz

Ordnungsamt
der Stadt Mainz
Große Bleiche 18/20
55116 Mainz

20..-03-05

Einspruch gegen Verwarnungsgeld

Sehr geehrte Damen und Herren,

soeben fand ich bei der Rückkehr zu meinem Pkw MZ OP 403 unter dem Scheibenwischer einen Strafzettel.

Ich bitte Sie, Ihren Bescheid zurückzunehmen.

Begründung: Die Peter-Altmeier-Allee ist seit 1. März d. J. durch Hochwasser überflutet. Deshalb kann ich meine Garage im Haus Nr. 36 zurzeit nicht benutzen. Ich bin also gezwungen, meinen Wagen in der Nähe auf hochwasserfreiem Gebiet unterzubringen.

Da die benachbarten Plätze überfüllt waren, musste ich meinen Wagen neben der Karmeliterkirche abstellen. Ich weiß, dass dies kein öffentlicher Parkplatz ist, aber ich habe in einer Notlage gehandelt. Für Ihr Entgegenkommen danke ich Ihnen.

Freundliche Grüße

Peter Seifert
Gartenstraße 14
02826 Görlitz
Telefon: 03581 21187
E-Mail: peter.seifert.wvd@yahoo.de

Peter Seifert · Gartenstraße 14 · 02826 Görlitz

.
.
.

Polizeidienststelle
Zeppelinstraße 30 – 32
02828 Görlitz

.
.
.
.
.

20..-07-12

.
.

Ruhestörung in der Gartenstraße

.
.

Sehr geehrte Damen und Herren,

.

die Anwohner der Gartenstraße leiden seit einiger Zeit unter abendlichem und nächtlichem Lärm. Deshalb wende ich mich – auch im Namen der anderen Betroffenen – in dieser Sache an Sie.

.

Seit Anfang Juli d. J. treffen sich mehrere Motorradfahrer jeden Abend in der Gartenstraße. Die Jugendlichen veranstalten zunächst Wettrennen und rasen immer wieder die Gartenstraße hinauf und hinunter. Gegen 20 Uhr lagern sie auf einer Wiese, nur etwa 50 m von meinem Haus entfernt. Dann drehen sie die Radios auf und singen lauthals mit.

.

Der unerträgliche Motorradlärm und die schrille Musik machen es den Anwohnern unmöglich, abends auf der Terrasse zu sitzen. Erst nach 23 Uhr verschwinden die Jugendlichen mit Motorengeheul und lauten Zurufen. Auf der Wiese hinterlassen die Fahrer leere Bierflaschen und anderen Müll.

.

Bitte sorgen Sie dafür, dass das Motorradfahren und das Lagern auf der Wiese untersagt werden. Bis ein Verbotsschild für Motorräder aufgestellt ist, wäre es sicherlich ratsam, durch gelegentliche Polizeistreifen für Abhilfe zu sorgen. Hierfür danke ich Ihnen.

.

Freundliche Grüße

Peter Stein

Goethestraße 4 // W 307

56191 Weitersburg

Peter Stein · Goethestraße 4 // W 307 · 56191 Weitersburg

Herrn
Dipl.-Ing. Richard Brinkmann
Kölner Straße 48
56076 Koblenz

Ihr Zeichen: br-kl
Ihre Nachricht vom: 20..-09-15

Telefon: 02622 7915
Telefax: 02622 8733
E-Mail: peter.stein-wvd@gmx.de

Datum: 20..-09-18

Für den privaten Brief können Sie einen Informationsblock verwenden. Er beginnt in der Höhe der 1. Zeile des Anschriftfeldes und 125 mm von der linken Blattkante bzw. 100 mm vom linken Rand.

Seminar „Sportvereine besser leiten“

Guten Tag, Herr Brinkmann,

auf Ihren Wunsch erhalten Sie mit diesem Brief die Kopie des ausführlichen Seminarberichts. Folgende Ergebnisse der Seminararbeit sind für unseren Verein besonders wichtig:

1. Der Vereinsvorstand sollte mindestens einmal im Monat einen Sprechtag einrichten.

2. Die Vereinszeitschrift sollte alle Mitglieder zum offenen Gedanken- und Meinungsaustausch anregen.

3. Erfolg hat der Verein nur, wenn er die Wünsche der Mitglieder beachtet und auf Veränderungen in unserer Gesellschaft sehr schnell reagiert.

4. Das gemeinsame Training der Sportgruppen und der Jugendfreizeit verdient besondere Beachtung.

5. Alle Vereinsveranstaltungen sollten gemeinsam geplant und vorbereitet werden.

Auf der nächsten Versammlung könnte ich alle Mitglieder über die Seminarergebnisse informieren und meine Ausführungen mit Fotos veranschaulichen. Wie denken Sie darüber?

Freundliche Grüße

Anlage
1 Kopie Seminarbericht

430177

Aufgaben für private Briefe

Vorbemerkung: Beachten Sie bei der Lösung die „Zehn Hinweise für Ihre Korrespondenz". Durchdenken Sie die Aufgabenstellung und formulieren Sie sorgfältig. Sie können jede Aufgabe in Form eines vollständigen Briefes (mit Ihrer Absenderanschrift und der Empfängeranschrift) lösen oder nur Betreffangabe, Anrede, Text und Gruß schreiben. Im ersten Fall ergänzen Sie bitte die fehlenden Angaben (Datum des Briefes und Empfängeranschrift).

4-1 Brief eines Mieters

Sie sind Frau Inge oder Herr Klaus Schwarz. Beantworten Sie am 6. September den Brief des Vermieters (siehe Seite 73): Sie beziehen sich auf Ihre telefonische Zusage vom 28. August, dass Sie den Stellplatz Poststraße 48 für Ihren Zweitwagen ab 1. Oktober d. J. für monatlich 25,00 € mieten. Ferner bestätigen Sie die ordnungsgemäß ausgeführten Arbeiten der Plattenlegerfirma.

Sie beanstanden, dass der Vorgarten des Hauses Poststraße 46 noch nicht angelegt ist und im Hof noch verschiedene Baumaterialien und Geräte lagern. Bitten Sie den Vermieter, diese Mängel so bald wie möglich abzustellen. Teilen Sie ihm ferner mit, dass Sie vom 16. bis 29. Oktober Urlaub machen.

4-2 Antwort des Vermieters

Schreiben Sie nun die Antwort des Vermieters Peter Fischer. Schicken Sie dem Mieter einen Vertrag (2-fach) für die Nutzung des Stellplatzes im Hause Poststraße 48, bitten Sie um Unterschrift und Rücksendung eines Vertragsexemplars.

Die Zwickauer Baufirma Klein & Hauser wird die im Hof noch untergestellten Baumaterialien und Geräte Mitte nächster Woche abholen. Für die Anlage des Vorgartens ist das nächste Frühjahr günstiger, da im Spätherbst bei frühen Frosteinbrüchen mit Schäden an den neu gesetzten Pflanzen gerechnet werden muss. Wünschen Sie Ihrem Mieter schöne Urlaubstage und gute Erholung.

4-3 Einladung zur Mitgliederversammlung und Fachtagung

Als Schriftführer des Philatelistenvereins „Euro e. V." sollen Sie für den erkrankten 1. Vorsitzenden eine Einladung zur Mitgliederversammlung (in zwei Monaten) schreiben. Die Versammlung wird diesmal nicht im Klublokal stattfinden, sondern an zwei Tagen im Hotel „Seeblick" in ... (genaue Anschrift und Telefon).

Am ersten Tag findet die Mitgliederversammlung statt. Tagesordnung: 1. Begrüßung, 2. Tätigkeitsberichte des Vorstandes, 3. Kassenbericht und Kassenprüfungsbericht, 4. Entlastung des Vorstandes, 5. Beitragsfestsetzung, 6. Beschlussfassung über Anträge, 7. Termin und Ort der nächsten Mitgliederversammlung, 8. Anfragen – Informationen – Wünsche.

Die Fachtagung beginnt am zweiten Tag um 09:30 Uhr mit einem Referat „Sammelmotiv europäische Städte". Referent ist Oberamtsrat Peter Beck, Heidelberg. Danach folgen Diskussion und Besuch der Ausstellung „Europäische Städte".

Für die Zimmerreservierung soll jeder selbst sorgen. Mit dem Hotel ist ein Sonderpreis von ... € für ein Einbettzimmer mit Dusche und WC vereinbart. Geben Sie an, wie das Hotel zu erreichen ist.

4-4 Befreiung vom Sportunterricht

Sie haben ein 9-jähriges Kind, das zurzeit wegen Wachstumsstörungen ärztlich behandelt wird. Deshalb beantragen Sie beim Rektor der ...-Schule Befreiung vom Sportunterricht. Ihrem Antrag legen Sie ein ärztliches Attest bei.

4-5 Einspruch beim Finanzamt

Als nebenberuflicher Trainer eines Tennisklubs haben Sie Nebeneinkünfte. Deshalb sind Sie beim Finanzamt bereits zur Einkommensteuer veranlagt. Nach dem letzten Einkommensteuerbescheid sollen Sie vierteljährlich 200,00 € vorauszahlen. Vor zwei Wochen hatten Sie einen Sportunfall, der Sie dazu zwingt, die Tätigkeit als nebenberuflicher Tennistrainer aufzugeben.

Sie bitten deshalb das Finanzamt, Sie von den Vorauszahlungen zu befreien. Vergessen Sie nicht, Ihre Steuernummer und Identifikationsnummer anzugeben, und danken Sie dem Finanzamt im Voraus für das Entgegenkommen.

4-6 Anzeige bei der Polizei

Sie wohnen in einer Reihenhaussiedlung. Seit drei Monaten hat das Nachbarhaus einen neuen Besitzer, der am Wochenende auf seinem Grundstück Garten- und andere Abfälle verbrennt. Dabei werden Rauch und Aschenteile auf Ihr Grundstück geweht. Sie können dann keine Fenster öffnen, weil der Rauch sonst in Ihr Haus zieht und in den Räumen lange Zeit lästigen Gestank hinterlässt.

Sie haben den Nachbarn bereits dreimal mündlich und einmal schriftlich aufgefordert, das Verbrennen zu unterlassen, jedoch ohne Erfolg. Deshalb bitten Sie die Polizei, sich nach Möglichkeit schon am nächsten Samstag zwischen 11 und 13 Uhr vom Grad der Belästigung zu überzeugen. Fügen Sie Ihrem Brief die Kopie Ihres Schreibens an den Nachbarn bei.

4-7 Verlustmeldung an das Fundbüro der Deutschen Bahn AG

Sie haben gestern im ICE 27 Dortmund – München (Abfahrt 08:40 Uhr) beim Aussteigen in Würzburg (Ankunft 13:26 Uhr) im Gepäckfach des zweitletzten Wagens eine dunkelblaue Reisetasche liegen lassen. Die Tasche enthält: 1 grünen Hausanzug, 1 weißen Jogginganzug, 1 Paar weiße Joggingschuhe, 3 bunte T-Shirts, 4 Paar Strümpfe und 5 Fachbücher. Sie hoffen, dass die Tasche gefunden und abgegeben worden ist. Fragen Sie an, ob Ihnen das Fundbüro die Tasche schickt oder wo Sie sie abholen können. Für die Mühe danken Sie im Voraus.

4-8 Unfallmeldung an die Kfz-Versicherung

Melden Sie Ihrer Versicherung, dass Sie gestern um 19:15 Uhr in ... mit Ihrem Pkw (Fabrikat, Kennzeichen) einen Verkehrsunfall verursacht haben: Beim Einbiegen aus der Neugasse in die Kölner Straße haben Sie einem anderen Pkw (Fabrikat, Kennzeichen) die Vorfahrt genommen. Der Sachschaden ist gering, weil beide Fahrzeuge langsam fuhren. Am Wagen des Geschädigten ist der vordere linke Kotflügel leicht eingedrückt und die Lackierung beschädigt.

Wegen der Schadenregulierung wird sich der Geschädigte (Name, Anschrift) direkt an Ihre Versicherung wenden. Auf polizeiliche Aufnahme des Unfalls wurde wegen Geringfügigkeit in beiderseitigem Einverständnis verzichtet. Sie benennen aber zwei Zeugen (Namen und Anschriften).

4-9 Anmeldung eines Einzelhandelsgeschäfts beim Amtsgericht

Sie melden dem zuständigen Amtsgericht (Abt. Registergericht), dass Sie am ... ein Einzelhandelsgeschäft für Informations- und Kommunikationstechnik eröffnet haben. Teilen Sie mit, dass Sie das Geschäft bereits bei der Stadtverwaltung und der Industrie- und Handelskammer angemeldet haben. Die Bescheinigungen fügen Sie bei.

Sie beantragen, Ihre Firma ins Handelsregister einzutragen. Ihr Betriebskapital beträgt etwa 150.000 €. Sie arbeiten mit zwei Angestellten und einer Auszubildenden. Das Geschäft wird von Ihnen allein geführt. Die Firma lautet ..., Informations- und Kommunikationstechnik. Ort der Niederlassung: (Ort, Straße, Hausnummer).

4-10 Anmeldung bei der Berufsgenossenschaft

Verwenden Sie die Angaben von Aufgabe 4 bis 9 sinngemäß für die Anmeldung bei der Berufsgenossenschaft. Nennen Sie außer Ihrem Namen, Ihrem Alter und Familienstand auch die Ihrer Mitarbeiter: Peter Braun, Angestellter, 32 Jahre, verheiratet, zwei Kinder; Christine Huber, Angestellte, 22 Jahre, ledig; Anne Reif, Auszubildende, 16 Jahre. Bitten Sie die Berufsgenossenschaft um Zusendung der Anmeldevordrucke.

5 Einkauf und Verkauf von Gütern

5.1 Ungestörte Abwicklung des Kaufvertrages

5.1.1 Anfrage

Mit der Anfrage fordert der Kaufmann ein Angebot an. Empfänger sind entweder bisherige Lieferanten oder neue, die vielleicht noch preisgünstiger anbieten können. In größeren Unternehmen hat die Einkaufsabteilung die Aufgabe, regelmäßig anzufragen, um alle Möglichkeiten der Bedarfsdeckung in einer Datei zu erfassen.

Die Anschriften neuer Lieferanten sind in Fachzeitschriften, Tageszeitungen, im Internet (E-Commerce), Adress- und Branchenbüchern (z. B. „Gelbe Seiten" – Branchentelefonbuch zu den Telefonbüchern der Deutschen Telekom) zu finden. Neue Bezugsquellen eröffnen sich auch beim Besuch von Messen und Ausstellungen. Ferner gibt es Adressenverlage, die gegen Bezahlung spezielle Anschriftenlisten (nach Branchen geordnet) zusenden.

§ Die Anfrage verpflichtet den Anfragenden nicht, auf das folgende Angebot des Lieferers zu bestellen.

Anfragearten

Zu unterscheiden ist zwischen der allgemeinen und der bestimmten (gezielten) Anfrage.

Die allgemeine Anfrage gilt nicht einer bestimmten Ware oder Dienstleistung, sondern bittet um Kataloge, Prospekte, Preislisten, Muster, Proben usw. und/oder um den Besuch des Außendienstmitarbeiters. Besonders häufig ist die allgemeine Anfrage bei einer Geschäftsneugründung, einer Sortimentserweiterung oder bei Unzufriedenheit mit dem bisherigen Lieferer.

Möglicher Inhalt:

- Sie nennen den Grund für Ihre Anfrage, z. B. Sortimentserweiterung und geben einen Hinweis, wie Sie die Anschrift des Anbieters ermittelt haben.
- Sie bitten um eine Preisliste u. Ä. und die Liefer- und Zahlungsbedingungen.
- Sie weisen evtl. auf eine längerfristige Geschäftsverbindung hin.
- Sie geben (bei neuer Geschäftsverbindung) eine Selbstauskunft oder nennen Referenzen (z. B. Firmen, die Auskunft über Sie und Ihr Geschäft geben können).

Die bestimmte Anfrage ist in der Praxis am häufigsten. Der Anfragende erkundigt sich nach einer ganz bestimmten Ware oder Dienstleistung. Er beschreibt sie so genau wie möglich. Manchmal braucht der Anbieter auch Muster oder Zeichnungen, damit er sein Angebot ganz präzise abfassen kann, sodass sich Rückfragen voraussichtlich erübrigen.

Möglicher Inhalt (zusätzlich zum Inhalt der allgemeinen Anfrage):

- Sie beschreiben die Ware so genau wie möglich (z. B. Sorte, Farbe, Qualität, Menge).
- Sie nennen den gewünschten Liefertermin oder erfragen die mögliche Lieferzeit. Eventuell fragen Sie, wie lange sich der Anbieter an sein Angebot bindet.
- Sie danken im Voraus (besonders für umfangreiche und arbeitsaufwendige Angebote).

Aufgaben für Anfragen

5-1 Computer

Als Sachbearbeiter des Möbelhauses Klaus Scholz, Postfach 11 04 38, 64281 Darmstadt, fragen Sie bei der Büromaschinenfabrik Dieter Janssen GmbH, Postfach 20 51 92, 20092 Hamburg, an, ob Ihnen die Büromaschinenfabrik Computer vom Typ „moderna 3000" liefern kann.

Fragen Sie nach dem Preis bei einer Abnahme von 20 Stück, nach der Lieferzeit, den Liefer- und Zahlungsbedingungen. Bitten Sie um ausführliches Prospektmaterial.

5-2 Textilien

Sie sind Mitarbeiter der Boutique „New Fashion", Friedrich-Ebert-Ring 35, 56068 Koblenz, und verkaufen modische Damenkleidung. Nun wollen Sie auch Freizeitkleidung für Damen in Ihr Verkaufsprogramm aufnehmen.

Sie schreiben deshalb heute an die Textilfabrik Helmut Staller GmbH, Postfach 16 58, 33601 Bielefeld, und bitten um Zusendung von Katalogen, Prospekten und Preislisten über Freizeitkleidung für Damen. Sie kennen die Anschrift dieser Firma aus der Fachzeitschrift „ Jeans & Freizeit".

5-3 Mikrowellengeräte

Sie sind Prokurist der Büromaschinenwerke Grünbaum & Söhne OHG, Postfach 14 41, 53871 Euskirchen, und wollen die Kantine Ihres Unternehmens mit Mikrowellengeräten ausstatten.

Sie schreiben heute an die Elektrogeräte Rüffer KG, Postfach 29 10 38, 47792 Krefeld, und fordern ein Angebot über 5 leistungsstarke Mikrowellengeräte an (Preise, Liefer- und Zahlungsbedingungen, Lieferzeit, Mengenrabatt, Prospekte).

5-4 Küchengeräte

Sie sind Handlungsbevollmächtigter bei Heinrich Werkmann & Söhne, Berliner Straße 73, 16278 Angermünde, und bitten heute die Plastikwerke AG, Postfach 1 40, 72251 Freudenstadt, um ein Angebot über Haus- und Küchengeräte aus Kunststoff, weil Sie diese Erzeugnisse in Ihr Sortiment aufnehmen wollen. Als Referenz nennen Sie die Sparkasse Angermünde.

5-5 Werkzeuge

Sie sind Mitarbeiter der Einzelhandlung Ernst Häuser, Goethestraße 7, 01824 Königstein. Sie wollen das Lager ergänzen und bitten heute die Werkzeugfabrik Gebrüder Stein OHG, Postfach 90 21 40, 60319 Frankfurt, um einen Katalog mit Preisliste. Die Werkzeugfabrik soll Ihnen besonders preisgünstige Werkzeuge (welche?) empfehlen. Auch ein Vertreterbesuch wäre Ihnen recht.

5-6 Rezeptblocks

Sie sind Mitarbeiter der Zahnarztpraxis von Dr. med. dent. Ingrid Wehklage, Leopold-Lucas-Straße 20, 35037 Marburg, und wenden sich heute an die Druckerei Klaus Lang, Rathausgasse 46, 79098 Freiburg. Sie wollen neue Rezeptblocks drucken lassen.

Fragen Sie nach den Preisen für bedruckte Rezeptblocks im Format A6 (Recyclingpapier), nach der Mindestabnahmemenge sowie nach den Liefer- und Zahlungsbedingungen.

Bitten Sie um Zusendung einiger Muster in verschiedenen Schriftarten.

ELEKTRO GROSSHANDLUNG
Baumgartner KG

Baumgartner KG · Postfach 70 63 48 · 70177 Stuttgart

Ihr Zeichen:
Ihre Nachricht vom:
Unser Zeichen: we-kr
Unsere Nachricht vom:

Lampenfabrik
Schulz & Hofmann GmbH
Postfach 24 13 05
68162 Mannheim

Name: Petra Weiß
Telefon: 0711 432-238
Telefax: 0711 432-207
E-Mail: petra.weiss@baumgartner-wvd.de

Datum: 20..-11-22

Anfrage nach Pendelleuchten

Sehr geehrte Damen und Herren,

der Fachzeitschrift „Licht" lag ein Prospekt Ihres Unternehmens bei.

Wir sind eine bekannte Elektrogroßhandlung in Stuttgart und wollen unser Sortiment durch Lampen und Leuchten erweitern. Deshalb bitten wir Sie um ein ausführliches Angebot über

20 sechsflammige Pendelleuchten aus Glas
Durchmesser 37 cm, Bestell-Nr. 550

10 einflammige Pendelleuchten aus Kunststoff
Durchmesser 42 cm, Bestell-Nr. 680

Wann können Sie liefern? Wir interessieren uns vor allem für die Preise und die Zahlungsbedingungen. Können wir mit einem Mengenrabatt rechnen?

Bitte senden Sie uns Ihren neuesten Katalog.

Freundliche Grüße

ELEKTROGROSSHANDLUNG
BAUMGARTNER KG

i. A.

Petra Weiß

Geschäftsräume
Roßhaustraße 67
70597 Stuttgart

E-Mail
info@baumgartner-wvd.de
Internet
www.baumgartner-wvd.de

Sitz der Gesellschaft
Stuttgart
Registergericht
Stuttgart HRA 1234

Persönlich haftender
Gesellschafter
Michael Baumgartner

Bankverbindungen
Dresdner Bank Stuttgart
Konto-Nr. 400702607
BLZ 600 800 00

Postbank Stuttgart
Konto-Nr. 71231-705
BLZ 600 100 70

positives Beispiel

430183

Möbelhaus Thomas Markert

Möbelhaus Markert · Postfach 11 94 · 24531 Neumünster

Büromöbelfabrik
Sommer & Nold AG
Postfach 31 20
49073 Osnabrück

Ihr Zeichen:
Ihre Nachricht vom:
Unser Zeichen: bs-po
Unsere Nachricht vom:

Name: Rolf Häuser
Telefon: 04321 819-201
Telefax: 04321 819-492
E-Mail: rolf.haeuser@moebelmarkert-wvd.de

Datum: 20..-03-10

Bitte um ein Angebot

Sehr geehrte Damen und Herren!

Wir sind ein bekanntes Möbelhaus in Neumünster und Umgebung. Durch einen Geschäftsfreund in Hamburg, die Firma Peter Petersen, haben wir Ihre Anschrift in Erfahrung gebracht.

Wir beabsichtigen, eine Sortimentserweiterung durchzuführen. Deshalb planen wir die Aufnahme von Büromöbeln ins Verkaufsprogramm.

Dürfen wir Sie um die Zusendung Ihres Angebots bitten? Von großem Interesse sind für uns außer den Preisen auch Ihre Liefer- und Zahlungsbedingungen.

Über die Zusendung des Kataloges würden wir uns ebenfalls freuen.

Freundlichen Gruß

Möbelhaus
Thomas Markert

ppa.

Rolf Häuser

Geschäftsräume
Kieler Straße 45

Inhaber
Thomas Markert

E-Mail
info@moebelmarkert-wvd.de
Internet
www.moebelmarkert-wvd.de

Bankverbindungen
Commerzbank Neumünster
Konto-Nr. 558601
BLZ 212 400 40

Postbank Hamburg
Konto-Nr. 486144-207
BLZ 200 100 20

negatives Beispiel

5.1.2 Angebot

Das Angebot zielt auf eine Bestellung des Empfängers. Daher müssen Sie jedes Angebot mit besonderer Sorgfalt formulieren und ansprechend gestalten.

Der Anbieter beantwortet entweder eine Anfrage oder er will von sich aus einen Kaufentschluss herbeiführen.

§ In Verbindung mit der Annahme, Zusage oder Bestellung ergibt das Angebot den Kaufvertrag.

Folgende Arten von Angeboten werden unterschieden:

1. **nach der kaufmännischen Wirkung des Angebots:**
   a) das verlangte Angebot (aufgrund einer Anfrage)
   b) das unverlangte Angebot (ein Werbebrief, oft mit Hinweis auf besonders zu empfehlende Artikel = Sonderangebote)
   c) das wiederholte Angebot (ein Nachfassbrief)
2. **nach der rechtlichen Wirkung des Angebots:**
   a) das bindende Angebot (Art, Menge, Güte, Liefer- und Zahlungsbedingungen sind angegeben)
   b) das unverbindliche Angebot (es enthält eine Freizeichnungsklausel, z. B. *freibleibend, ohne Gewähr, solange der Vorrat reicht, gute Ernte vorausgesetzt* usw.)
   c) das befristete Angebot (ein Termin ist angegeben: *Gültig bis 1. September d. J.*)

Möglicher Inhalt:

- Sie danken – beim verlangten Angebot – für die Anfrage.
- Sie formulieren – beim unverlangten Angebot – eine attraktive Einleitung, die Interesse weckt und zum Weiterlesen anregt. Weisen Sie auf den preisgünstigen Einkauf und etwaige Sonderangebote hin.
  Das unverlangte Angebot ist ein echter Werbebrief; mehr darüber lesen Sie im Abschnitt 6.
- Sie geben die Art der Ware so genau wie möglich an: Beschaffenheit, z. B. Handelsklassen, Warenzeichen, Muster, Proben, Abbildungen.
- Sie nennen die Menge, die Sie liefern können, z. B. Stückzahl, Gewicht, Maße.
- Sie nennen den Preis und etwaige Versand- und Verpackungskosten. Sie legen fest, ob Sie ab Lager, frei Haus usw. liefern werden. Sie geben die Lieferzeit an.
- Sie nennen die Zahlungsbedingungen, z. B. *sofort nach Erhalt der Rechnung; binnen 8 Tagen mit 3 % Skonto; innerhalb 30 Tagen ohne Abzug*.
- Sie nennen Erfüllungsort und Gerichtsstand.
  Viele Unternehmen lassen diese Angaben auf ihrem besonderen Briefblatt für Angebote (unten oder auf der Rückseite) eindrucken; oder sie verweisen auf die in der Preisliste, dem Katalog usw. wiedergegebenen Bedingungen.
- Sie erwähnen die Anlagen: Prospekt, Katalog, Preisliste mit Seitenangabe; Muster, Proben u. Ä.
- Eventuell raten Sie dem Interessenten, bald (oder *spätestens bis ...*) zu bestellen (starker Auftragseingang, geringer Vorrat u. Ä.).
- Sie bitten um einen Auftrag und danken dafür im Voraus. Sie sichern sorgfältige und rechtzeitige Ausführung der Bestellung zu.

Lampenfabrik Schulz & Hofmann GmbH

Schulz & Hofmann GmbH · Postfach 24 13 05 · 68162 Mannheim

Elektrogroßhandlung
Baumgartner KG
Frau Petra Weiß
Postfach 70 63 48
70177 Stuttgart

Telefax
0621 483211-
983

Ihr Zeichen, Ihre Nachricht vom	Unser Zeichen, unsere Nachricht vom	Telefon, Name 0621 483211-	Datum
we-kr 20..-11-22	me-tr	411 Anne Meister	20..-11-25

Angebot über Pendelleuchten

Sehr geehrte Frau Weiß,

für Ihre Anfrage danken wir Ihnen. Über Ihr Interesse an unseren Erzeugnissen haben wir uns gefreut. Mit diesem Brief erhalten Sie den neuesten Katalog und natürlich das gewünschte Angebot:

Bestell-Nr. 550:
sechsflammige Pendelleuchten aus Glas
Durchmesser 37 cm; Preis 145,00 € je Stück

Bestell-Nr. 680:
einflammige Pendelleuchten aus Kunststoff
Durchmesser 42 cm; Preis 75,00 € je Stück

Diese Leuchten können wir Ihnen bis Ende d. M. liefern.

Sie erhalten die Ware frei Haus durch unseren Lkw. Wenn Sie die Rechnung innerhalb 8 Tagen beglei-chen, können Sie 3 % Skonto abziehen. Sie können auch innerhalb 30 Tagen ohne Abzug zahlen.

Wenn Sie von jedem Artikel mindestens 20 Stück bestellen, gewähren wir Ihnen einen Mengenrabatt von 10 %.

Auf Ihren Auftrag freuen wir uns schon heute. Wir werden Sie sorgfältig und pünktlich beliefern.

Freundliche Grüße

Lampenfabrik
Schulz & Hofmann GmbH

ppa.

Anne Meister

Anlage
1 Katalog

Geschäftsräume
Casterfeldstraße 5
68199 Mannheim

Sitz der Firma
Mannheim
Registergericht
Mannheim HRB 6789

Geschäftsführer
Georg Schulz

E-Mail
info@lampenschulz-wvd.de
Internet
www.lampenschulz-wvd.de

Bankverbindungen
SEB-Bank Mannheim
Konto-Nr. 1884207
BLZ 670 101 11

Postbank Stuttgart
Konto-Nr. 47821-708
BLZ 600 100 70

positives Beispiel

Büromöbelfabrik Sommer & Nold AG

Sommer & Nold AG · Postfach 31 20 · 49073 Osnabrück

Ihr Zeichen: hs-po
Ihre Nachricht vom: 20..-03-10
Unser Zeichen: kl-th
Unsere Nachricht vom:

Möbelhaus
Thomas Markert
Herrn Rolf Häuser
Postfach 11 94
24531 Neumünster

Name: Doris Klein
Telefon: 0541 810247-205
Telefax: 0541 810247-811
E-Mail: doris.klein@moebelsommer-wvd.de

Datum: 20..-03-15

Angebot über Büromöbel

Sehr geehrter Herr Häuser,

wie bereits telefonisch erwähnt, haben wir uns über Ihr Interesse an unseren Büromöbeln sehr gefreut. In der Anlage erhalten Sie unseren neuen Gesamtkatalog, der Ihnen unser gesamtes Sortiment zeigt. Außerdem enthält der Katalog auch unsere Liefer- und Zahlungsbedingungen.

Wir hoffen, dass Ihnen unser Angebot gefallen wird. Besonders hinweisen dürfen wir Sie noch auf unser Sonderangebot, das jedoch nur bis zum 31. März d. J. gilt:

> Computertisch mit Laufrollen aus hochwertigem Kunststoff,
> 72 cm breit, 45 cm tief, 82 cm hoch

Dieser Tisch kostet nur 249,00 €. Dazu passend führen wir Papierauffangkörbe. Der Preis beläuft sich auf lediglich 44,00 € je Stück.

Naturgemäß gelten für unser Sonderangebot selbstverständlich dieselben Liefer- und Zahlungsbedingungen wie für die anderen Artikel aus unserem Katalog.

Eine umgehende Bestellung ist dringend anzuraten. Bereits heute freuen wir uns schon auf Ihren Auftrag.

Freundlichen Gruß

Büromöbelfabrik
Sommer & Nold AG

i. V.

Doris Klein

Anlage
1 Gesamtkatalog

Geschäftsräume
Dieselstraße 25
49076 Osnabrück

Vorstand
Richard Sommer (Vorsitzender)
Gerhard Nold
Gisela Müller

Vorsitzender des Aufsichtsrates
Günter Pauly
Sitz der Gesellschaft
Osnabrück
Registergericht
Osnabrück HRB 8765

E-Mail
info@moebelsommer-wvd.de
Internet
www.moebelsommer-wvd.de

Bankverbindungen
Deutsche Bank
Osnabrück
Konto-Nr. 8201744
BLZ 265 700 90

Postbank Hannover
Konto-Nr. 401243-302
BLZ 250 100 30

negatives Beispiel

Aufgaben für Angebote

5-7 Wohnzimmermöbel

Sie sind Prokurist der Möbelfabrik Ernst Bergmann, Postfach 28 41 01, 47052 Duisburg, und beantworten heute die Anfrage des Einrichtungshauses Fritz Kannberger, Konrad-Adenauer-Platz 6, 53225 Bonn.

Sie bieten Wohnzimmermöbel an, nennen Marken und Preise, beschreiben die Möbel ausführlich, geben die Liefer- und Zahlungsbedingungen an und fügen einen Katalog bei. Gleichzeitig weisen Sie auf preisgünstige Einbauküchen hin.

5-8 Holz

Sie sind Handlungsbevollmächtigter bei der Firma Holzbau Bruno Rellek GmbH, Postfach 13 45, 53721 Siegburg. Von Ihrem Kunden, der Holzhandlung Fritz Reuter KG, Alte Bahnhofstraße 1, 53173 Bonn, haben Sie eine Anfrage nach einer Ladung Sperrholz (500 m^2) bekommen. Reuter möchte einen Sonderrabatt erhalten.

Bieten Sie Ihrem Kunden heute Sperrholz an: je Quadratmeter 7,50 €; Lieferung frei Haus; Liefertermin: sofort; Zahlung: innerhalb 10 Tagen mit 3 % Skonto oder 30 Tage Ziel.

5-9 Textilien

Sie sind Sachbearbeiter der Textilfabrik Weber & Söhne, Postfach 51 12 62, 30155 Hannover. Vom Modehaus Moritz & Schnell, Mainzer Straße 18, 56068 Koblenz, haben Sie vor 2 Tagen eine Anfrage erhalten. Das Modehaus will in 3 Monaten eine Boutique für junge Mode eröffnen und hat Sie um ein verbindliches Angebot gebeten.

Zur Geschäftseröffnung empfehlen Sie dem Modehaus heute einen Artikel nach Ihrer Wahl (Damen- oder Herrenoberbekleidung). Sie beschreiben die Ware, nennen Preis, Lieferzeit sowie die Liefer- und Zahlungsbedingungen. Sie fügen Kataloge, Preislisten und Stoffmuster bei.

5-10 Fahrräder

Sie sind Mitarbeiter des Fahrradgroßhandels Klaus Koslowski GmbH, Leopold-Lucas-Straße 20, 35037 Marburg, und antworten auf eine Anfrage der Firma Bike-Shop, Rosenstraße 5, 36304 Alsfeld. Bieten Sie der Firma Ihr neuestes Fahrradmodell „Cobra King RTX“ (Artikel-Nr. 95 242) mit zahlreichen technischen Ausstattungsdetails zu einem Preis von 599,00 € an. Das Fahrrad ist sofort lieferbar. Die Zahlung kann innerhalb von 30 Tagen oder binnen 10 Tagen unter Abzug von 3 % Skonto erfolgen. Ein Prospekt ist beigefügt.

5-11 Polstermöbel

Sie sind Sachbearbeiter der Polstermöbelfabrik Hermann Urmersbach GmbH, Postfach 10 50, 51371 Leverkusen. Ein neuer Kunde, Dr. med. Michael Goebel, Blankenburger Straße 8, 07318 Saalfeld, hat nach Polstermöbeln für sein Wartezimmer gefragt.

Sie bieten an: blauweiß gestreifte Sitzbänke (Bestell-Nr. B 332) und blauweiß gestreifte Stühle (Bestell-Nr. S 432).

Preise, Lieferzeit, Liefer- und Zahlungsbedingungen wählen Sie nach Ihrem Ermessen. Ein Muster des Stoffbezugs fügen Sie bei.

430188

■ **5-12 Berufskleidung**

Sie sind Mitarbeiter der Kleiderfabrik Wilhelm Kreiner & Co., Postfach 30 11 51, 40213 Düsseldorf. Ihr Kunde, das Spielwarengeschäft Johann Berger, Heinrich-Heine-Straße 1, 07422 Bad Blankenburg, will sein Verkaufspersonal mit einheitlicher Berufskleidung (T-Shirts) ausstatten.

Sie beantworten heute die Anfrage und bieten T-Shirts aus 100 % Baumwolle, in den Farben Weiß, Blau oder Türkis an. Die Preise für die Größen 34 bis 48 liegen bei 36,25 € je T-Shirt, für die Größen 50 bis 56 bei 40,25 € je T-Shirt.

Bei Abnahme von mehr als 30 T-Shirts gewähren Sie 5 % Mengenrabatt.

Liefer- und Zahlungsbedingungen stehen im Katalog auf Seite 16. Der Katalog enthält auch andere Artikel der Berufskleidung.

5.1.3 Bestellung

Die Bestellung bezieht sich entweder auf ein Angebot (besonderer Brief, Katalog, Preisliste) oder auf eine frühere Bestellung. Bestellen können Sie schriftlich, mündlich, telefonisch, per Telefax, E-Mail oder über das Internet. Für Bestellungen werden oft Vordrucke (eigene oder vom Lieferer überlassene) verwendet. Zu empfehlen sind Vordrucke nach DIN 4991 „Geschäftsvordrucke – Rahmenmuster für Handelspapiere; Anfrage, Angebot, Bestellung/Bestelländerung, Lieferschein und Rechnung".

§ Rechtlich ist die Bestellung eine Willenserklärung des Käufers, eine Ware zu bestimmten Bedingungen zu kaufen. Wird die Bestellung nach einem schriftlichen und verbindlichen Angebot erteilt, ist damit für beide Teile der Kaufvertrag geschlossen.

Es ist ratsam, die wichtigsten Punkte nochmals klar herauszustellen (besonders bei Bestellungen ohne vorausgegangenes Angebot). Um Missverständnisse zu vermeiden, sollten mündliche und telefonische Bestellungen schriftlich bestätigt werden.

Möglicher Inhalt:

- Sie danken für das Angebot und/oder den Katalog, die Preisliste usw.
- Sie bestellen: Bitte senden Sie uns (mir) sofort ... oder Wir (ich) bestelle(n) ...
- Sie beschreiben Art, Menge und Güte der Ware (Bestellnummer, Bezeichnung, Größe, Gewicht, Farbe, Packungseinheit, Verpackungsart).
- Sie nennen den Preis, die Lieferzeit, die Lieferbedingungen und ggf. die Art des Versandes, z. B. Lkw, Bahn, Post, Schiff.
- Sie nennen die Art der vereinbarten Zahlung, z. B. nach Erhalt der Lieferung abzüglich 3 % Skonto; in Raten.
- Sie erwähnen etwaige Sondervereinbarungen, z. B. Vorbehalt zum Umtausch.

Aufgaben für Bestellungen

■ **5-13 Kaffeemaschinen**

Als Sachbearbeiter des Elektrofachgeschäfts Kapur, Postfach 19 91, 56621 Andernach, bestellen Sie heute nach einem Angebot bei der Elektrogroßhandlung Rainer Fenske, Saarbrücker Straße 85, 45138 Essen: 4 Kaffeemaschinen Nr. 825, mit 2 Glaskannen; Preis je Stück 82,50 €, 2 Kaffeemaschinen Nr. 826, mit 1 Glas- und 1 Thermoskanne; Preis je Stück 89,00 €, 6 Kaffeemaschinen Nr. 912, mit einer Glaskanne; Preis je Stück 44,50 €, 8 Kaffeemaschinen Nr. 913, mit einer Thermoskanne; Preis je Stück 49,50 €.

Wegen der Höhe Ihrer Bestellung bitten Sie um einen Mengenrabatt. Mit den Liefer- und Zahlungsbedingungen sind Sie einverstanden.

ELEKTROGROSSHANDLUNG
Baumgartner KG

Baumgartner KG · Postfach 70 63 48 · 70177 Stuttgart

Lampenfabrik
Schulz & Hofmann GmbH
Frau Anne Meister
Postfach 24 13 05
68162 Mannheim

Ihr Zeichen: me-tr
Ihre Nachricht vom: 20..-11-25
Unser Zeichen: we-kr
Unsere Nachricht vom:

Name: Petra Weiß
Telefon: 0711 432-238
Telefax: 0711 432-207
E-Mail: petra.weiss@baumgartner-wvd.de

Datum: 20..-11-30

Bestellung über Pendelleuchten

Sehr geehrte Frau Meister,

für Ihr Angebot, das uns gut gefällt, danken wir Ihnen. Wir sind mit den Preisen sowie mit den Liefer- und Zahlungsbedingungen einverstanden.

Bitte senden Sie uns sofort:

20 Pendelleuchten Nr. 550; 147,50 € je Stück
20 Pendelleuchten Nr. 680; 75,00 € je Stück

Sobald wir Ihre Lieferung erhalten und geprüft haben, werden wir den Rechnungsbetrag abzüglich 3 % Skonto überweisen.

Freundliche Grüße

ELEKTROGROSSHANDLUNG
BAUMGARTNER KG

i. A.

Petra Weiß

Geschäftsräume
Roßhaustraße 67
70597 Stuttgart

E-Mail
info@baumgartner-wvd.de
Internet
www.baumgartner-wvd.de

Sitz der Gesellschaft
Stuttgart
Registergericht
Stuttgart HRA 1234

Persönlich haftender
Gesellschafter
Michael Baumgartner

Bankverbindungen
Commerzbank Stuttgart
Konto-Nr. 400702607
BLZ 600 800 00

Postbank Stuttgart
Konto-Nr. 71231-705
BLZ 600 100 70

positives Beispiel

Großhandlung Herbert Schwarz

Herbert Schwarz · Postfach 14 05 · 89071 Ulm

Keramikfabrik
Joachim Specht KG
Ostanlage 49
35390 Gießen

Telefax
0731 84137-
691

Ihr Zeichen, Ihre Nachricht vom	Unser Zeichen, unsere Nachricht vom	Telefon, Name 0731 84137-	Datum
	gr-ka	477 Jens Grün	20..-09-12

Bestellung über Platten

Sehr geehrte Damen und Herren,

wir haben in den vergangenen Jahren mehrmals bei Ihnen Wandplatten bestellt. In den letzten Monaten haben wir davon abgesehen, Ihnen Aufträge zu erteilen, weil wir eine günstigere Einkaufsmöglichkeit entdeckt hatten.

Inzwischen sind wir aber zu der Überzeugung gelangt, dass die Qualität der Konkurrenzplatten nicht an Ihre heranreicht. Darum bestellen wir zur Lieferung an unser Kölner Zweigwerk:

20 m^2 Bodenplatten # 310
Preis je m^2 51,95 €

30 m^2 Wandplatten # 508
Preis je m^2 64,40 €

Wir hoffen, dass sich die Preise, die wir Ihrem Vorjahrskatalog entnommen haben, inzwischen nicht schon wieder geändert haben. Wir bitten Sie, unseren heutigen Auftrag so bald wie möglich auszuführen. Hierfür danken wir im Voraus.

Freundliche Grüße

Großhandlung
Herbert Schwarz

i. V.

Jens Grün

Geschäftsräume
Neue Gasse 25
89077 Ulm

Inhaber
Herbert Schwarz

E-Mail
info@herbert-schwarz-wvd.de
Internet
www.herbert-schwarz-wvd.de

Bankverbindungen
Südwestbank Ulm
Konto-Nr. 88104
BLZ 630 602 01

Postbank Stuttgart
Konto-Nr. 841230-704
BLZ 600 100 70

negatives Beispiel

430191

5-14 Möbel

Als Sachbearbeiter des Möbelfachgeschäfts Lindner & Schnitzler, Klosterstraße 10, 02763 Zittau, bestellen Sie heute nach einem Angebot der Möbelfabrik Franz Kaiser GmbH & Co., Postfach 90 18 14, 50669 Köln, zur schnellstmöglichen Lieferung durch Lkw:

2 Esszimmertische „Diva"; 100 x 180 cm; Preis je Stück 1.149,00 €
3 Hochlehnenstühle „Constantin"; Ausführung in Buche; Preis je Stück 249,00 €
1 Couchtisch „Malta"; 112 x 64 cm; Preis 249,00 €
3 Sessel „Mirage"; Lederausführung; Preis je Stück 893,00 €

Sie zahlen die Rechnung innerhalb 8 Tagen abzüglich 2 % Skonto.

5-15 Textilien

Sie sind Inhaber eines Textilfachgeschäfts in Ihrem Wohnort. Mit Ihrem Lieferer, der Textilfabrik Helmut Staller GmbH, Postfach 16 58, 33601 Bielefeld, sind Sie sehr zufrieden und bestellen heute nach der Preisliste Nr. 18:

10 Herrenoberhemden Nr. 25, aus reiner Baumwolle; Größe 39/40; Preis je Stück 34,75 €
5 Herrenoberhemden Nr. 27, aus reiner Seide; Größe L; Preis je Stück 44,50 €
20 Paar Tennissocken, weiß mit farbigem Rand; für Herren; Größe 44/45; Preis je Paar 5,00 €

Geben Sie Ihre Farbwünsche für die Oberhemden an. Sie brauchen die Ware sofort und zahlen innerhalb 30 Tagen.

5-16 Tiefkühlkost

Sie sind Mitarbeiter des Hotels „Zum Goldenen Löwen", Lange Straße 10, 18055 Rostock, und bestellen heute beim Tiefkühlservice Klaus Junghans, Gertrudenplatz 1, 18273 Güstrow, nach dem aktuellen Katalog:

10 kg Rahmspinat Nr. 752; Preis je kg 2,20 €
5 kg Apfelrotkohl Nr. 753; Preis je kg 3,95 €
4 kg chinesische Gemüsepfanne Nr. 751; Preis je kg 6,45 €
3 kg griechischer Bauernsalat Nr. 745; Preis je kg 4,45 €
2 kg amerikanische Salatmischung Nr. 744; Preis je kg 4,35 €

Die sofortige Lieferung ist unbedingt erforderlich.

5-17 Bürobedarf

Sie sind Bevollmächtigter der Großhandlung Paul Schneider & Söhne, Postfach 10 45, 67051 Ludwigshafen, und bestellen heute nach dem Katalog Ihres Lieferers, der Fabrik für Bürobedarf Heinrich Amsel GmbH, Postfach 12 08, 24931 Flensburg:

15 Taschenrechner Nr. 5 021; Preis je Stück 29,50 €
2 Hängemappenwagen Nr. 1 302; Farbe Grau; Preis je Stück 94,50 €
25 Hängehefter Nr. 1 310; Farbe Blau; Preis 23,00 €
20 Hängemappen Nr. 1 316; Farbe Gelb; Preis 24,50 €
15 Hängetaschen Nr. 1 232; Farbe Rot; Preis 31,00 €

Sie brauchen diese Artikel so bald wie möglich, spätestens aber bis 5. n. M. Sie zahlen die Ware sofort mit einem Scheck und ziehen 2 % Skonto ab.

5-18 Kosmetik
Sie sind Angestellter der Parfümerie Burger, Bahnhofsgasse 1, 07407 Rudolstadt, und bestellen heute nach einem Angebot des Kosmetikvertriebs Paul Mießner KG, Tränkstraße 14 b, 06268 Querfurt:

10 Sondergrößen Eau de Toilette „Istanbul“, 25 ml; Preis je Flakon 12,50 €
20 Sondergrößen Duschgel „Istanbul“, 40 ml; Preis je Tube 9,75 €
10 Eau de Parfum „Blue Sky“, 10 ml; Preis je Flakon 15,25 €
5 Seifen „Blue Sky“; 100 g; Preis je Stück 9,00 €

Sie brauchen die Ware spätestens bis 15. n. M. Sie zahlen sofort mit Abzug von 3 % Skonto.

5.1.4 Bestellungsannahme (Auftragsbestätigung)

Die Bestellung braucht nicht bestätigt zu werden, wenn sie sofort ausgeführt wird; es genügt die Zustellung der Rechnung. Häufig enthält die Bestätigung aber den Dank für die Bestellung und die Anzeige der Erledigung. Bei einem neuen Kunden wird der Lieferer die Bestellung immer bestätigen, um sein Interesse an der Geschäftsverbindung zu bekunden.

Ferner empfiehlt sich die Bestätigung, wenn die Bestellung erst später ausgeführt wird oder wenn das Angebot nicht in allen Teilen verbindlich war (z. B. beim freibleibenden Angebot). Eine Bestellungsannahme ist erforderlich, wenn der Bestellung kein Angebot vorausging. Auch telefonische Bestellungen sollten Sie schriftlich bestätigen, um Hörfehler und Missverständnisse zu vermeiden. Manche Kunden wünschen, dass ihre Bestellungen – regelmäßig oder in bestimmten Fällen – bestätigt werden.

§ Wie bei der Bestellung, so rationalisieren Vordrucke (nach DIN 4991) auch die Bestellungsannahme. Ein Brief wirkt jedoch persönlicher. Vor allem können Sie dann Ihren Dank so formulieren, wie es dem Geschäftspartner und der Geschäftsbeziehung angemessen ist. Der Arbeitserleichterung dient es, wenn in der Bestellungsannahme und im folgenden Schriftwechsel Auftrags-, Kunden-, Lieferschein- und Rechnungsnummern verwendet werden.

Möglicher Inhalt:

- Sie danken für die Bestellung; bei neuen Kunden: Sie freuen sich über die neue Geschäftsverbindung und erwähnen – wie schon im Angebot – die Leistungsfähigkeit Ihres Unternehmens, z. B.: *Seit Jahren sind wir ein anerkanntes Unternehmen für … – Unsere Stammkunden loben die günstigen Preise und Bedingungen.*
- Sie nennen den Versandtermin und das Transportmittel.
- Sie bezeichnen die bestellte Ware so genau wie möglich: Name, Artikelnummer u. Ä.; Preis, Menge, Größe usw.
- Sie weisen auf etwaige Abweichungen vom Angebot hin. Bei Unklarheiten müssen Sie den Kunden fragen.
- Sie versichern, dass Sie die Bestellung gewissenhaft und pünktlich ausführen werden.
- Sie empfehlen sich für künftige Geschäftsabschlüsse: *Wir erhoffen weitere gute Zusammenarbeit.*

Lampenfabrik Schulz & Hofmann GmbH

Schulz & Hofmann GmbH · Postfach 24 13 05 · 68162 Mannheim

Elektrogroßhandlung
Baumgartner KG
Frau Petra Weiß
Postfach 70 63 48
70177 Stuttgart

Telefax
0621 483211-
983

Ihr Zeichen, Ihre Nachricht vom	Unser Zeichen, unsere Nachricht vom	Telefon, Name 0621 483211-	Datum
we-kr 20..-11-30	me-tr 20..-11-25	411 Anne Meister	20..-12-03

Ihre Bestellung über Pendelleuchten
Auftrags-Nr. 6 789/....

Sehr geehrte Frau Weiß,

über Ihre Bestellung haben wir uns sehr gefreut. Wir danken Ihnen für Ihren Auftrag. In den nächsten Tagen erhalten Sie:

20 Pendelleuchten Nr. 550	
147,50 € je Stück	2.950,00 €
20 Pendelleuchten Nr. 680	
75,00 € je Stück	1.500,00 €

Unser Lkw liefert Ihnen diese Leuchten frei Haus.

Wir versichern Ihnen, dass wir Ihren Auftrag sorgfältig und gewissenhaft ausführen. Sie werden mit unseren Leuchten bestimmt gute Verkaufserfolge erzielen.

Auf Ihren nächsten Auftrag freuen wir uns schon heute.

Freundliche Grüße

Lampenfabrik
Schulz & Hofmann GmbH

ppa.

Anne Meister

Geschäftsräume	Sitz der Firma	Geschäftsführer	E-Mail	Bankverbindungen	
Casterfeldstraße 5	Mannheim	Georg Schulz	info@lampenschulz-wvd.de	SEB-Bank Mannheim	Postbank Stuttgart
68199 Mannheim	Registergericht		Internet	Konto-Nr. 1884207	Konto-Nr. 47821-708
	Mannheim HRB 6789		www.lampenschulz-wvd.de	BLZ 670 101 11	BLZ 600 100 70

positives Beispiel

Keramikfabrik **Joachim Specht KG**

Joachim Specht KG · Ostanlage 49 · 35390 Gießen

Großhandlung
Herbert Schwarz
Herrn Jens Grün
Postfach 14 05
89071 Ulm

Telefax
0641 1807-
811

Ihr Zeichen, Ihre Nachricht vom	Unser Zeichen, unsere Nachricht vom	Telefon, Name 0641 1807-	Datum
gr-ka 20..-09-12	mü-kr	14 Rita Müller	20..-09-15

Ihre Bestellung über Platten

Sehr geehrter Herr Grün,

Ihr Auftrag ist dankend bei uns eingegangen. Mit Freude haben wir festgestellt, dass die hohe Qualität unserer Wandplatten nun endlich Ihren Beifall gefunden hat. Geliefert werden Ihnen durch uns, und zwar durch Lkw am 25. d. M.:

20 m^2 Bodenplatten # 310
Preis je m^2 51,95 €
Gesamtpreis 1.039,00 €

30 m^2 Wandplatten # 508
Preis je m^2 64,40 €
Gesamtpreis 1.932,00 €

Eine Änderung unserer Preise hat also zwischenzeitlich nicht stattgefunden. Eine sorgfältige und gewissenhafte Ausführung zusichernd, verbleiben wir

mit freundlichen Grüßen

Keramikfabrik
Joachim Specht KG

ppa.

Rita Müller

Geschäftsräume
Ostanlage 49
35390 Gießen

Sitz der Gesellschaft
Gießen
Registergericht
Gießen HRA 3456

Persönlich haftender
Gesellschafter
Joachim Specht

E-Mail
info@keramikspecht-wvd.de
Internet
www.keramikspecht-wvd.de

Bankverbindung
Postbank Frankfurt (Main)
Konto-Nr. 181641-609
BLZ 500 100 60

negatives Beispiel

Aufgaben für Bestellungsannahmen

Bestätigen Sie alle Bestellungen, die sich aus den Aufgaben 5-13 bis 5-18 (Seiten 89, 92, 93) ergeben haben. Verwenden Sie dazu noch folgende Informationen:

5-19 Kaffeemaschinen
Wegen der Höhe der Bestellung wird folgender Mengenrabatt gewährt: für Kaffeemaschinen Nr. 912 (mit einer Glaskanne) 15 % und für Kaffeemaschinen Nr. 913 (mit einer Thermoskanne) 20 %.

Mengenrabatt für die beiden anderen Positionen ist jedoch nicht möglich (keine eigene Produktion, sondern Bezug von einem befreundeten Hersteller).

5-20 Möbel
Alle Artikel werden sofort geliefert, bis auf die Sessel „Mirage“, die wegen eines Maschinenschadens in etwa 14 Tagen folgen werden.

5-21 Textilien
Die Bestellung wird selbstverständlich noch nach der Preisliste Nr. 18 ausgeführt. Vom 1. n. M. an gilt jedoch eine neue Preisliste (Nr. 19); sie liegt der Bestellungsannahme bei. Die Preise sind um durchschnittlich 5 % erhöht (Lohnerhöhungen).

5-22 Tiefkühlkost
Die Bestellung wurde schon gestern ausgeführt (Lkw); der Fahrer hat den Sonderprospekt „Südamerikanische Spezialitäten“ ausgehändigt. Auf Wunsch kann das Hotel vorbereitete Speisekarten (ohne Preisangaben) für diese Spezialitäten zum Selbstkostenpreis (0,55 € je Stück) erhalten. Ein Muster liegt der Bestellungsannahme bei.

5-23 Bürobedarf
Die Lieferzeit wird eingehalten. Die Hängetaschen Nr. 1 232 sind vom 1. n. M. an zu je 20 Stück gepackt und kosten dann 39,00 € je Packung (preisgünstiger als bisher).

5-24 Kosmetik
Alle Waren werden am 9. d. M. geliefert. Für „Blue Sky“ läuft bald eine Werbeaktion an. Erste Informationen und Anregungen dazu kommen unaufgefordert Anfang nächster Woche.

5.1.5 Besondere Kaufgeschäfte

Wegen individueller Vereinbarungen zwischen Verkäufer und Käufer haben sich besondere Arten von Kaufverträgen entwickelt:

Kaufvertragsarten

Unterscheidung nach der Lieferzeit
- Terminkauf
- Fixkauf
- Kauf auf Abruf

Unterscheidung nach der Rechtsstellung der Vertragspartner
- Bürgerlicher Kauf
- Handelskauf
  - einseitig
  - zweiseitig

Unterscheidung nach der Warenart und Güte
- Stückkauf
- Gattungskauf
- Kauf nach Probe
- Kauf zur Probe
- Kauf auf Probe
- Spezifikationskauf (Bestimmungskauf)

Unterscheidung nach dem Zeitpunkt der Zahlung
- Kauf gegen Anzahlung
- Barkauf
- Zielkauf
- Abzahlungs- oder Ratenkauf

Explizit werden hier nur einige dieser besonderen Kaufgeschäfte in Aufgaben dargestellt:

Beim **Fixkauf** ist der Liefertermin oder Lieferzeitraum genau bestimmt, z. B.:
- *Nach Ihrem Angebot bestellen wir zur Lieferung bis 15. März d. J. fest: …*
- *Ihre Lieferung trifft fix am 15. März d. J. hier ein.*
- *Das kalte Buffet muss am 15. März d. J. um 10 Uhr geliefert werden.*

Aufgabe für einen Fixkauf

5-25 Bürobedarf

Sie sind Mitarbeiter des Fachgeschäfts Michael Wirtz, Postfach 14 18, 87431 Kempten, und bestellen bei der Großhandlung Halim, Wormser Straße 10 – 12, 55543 Bad Kreuznach, nach einem Angebot vom 15. Juli d. J. fest:

5 Arbeitsprojektoren Nr. 13 613; Preis je Stück 387,50 €
1 EDV-Aktenvernichter Nr. 3 801; Preis je Stück 455,25 €
3 EDV-Ablagegestelle Nr. 4 991; Preis je Stück 44,50 €

Sie brauchen diese Waren bis spätestens 15. August d. J., weil Sie damit eine Schule in Kempten beliefern müssen, die den Unterricht am 1. September d. J. wieder aufnimmt. Zuvor sollen die künftigen Bediener von Ihnen eingewiesen werden. – Sie zahlen sofort nach Erhalt der Rechnung.

Beim **Spezifikations- oder Bestimmungskauf** wird eine bestimmte Menge einer Ware gekauft, aber erst zu einem späteren Zeitpunkt – innerhalb einer vereinbarten Frist – nach Farbe, Form, Größe usw. näher bestimmt.

Beim **Kauf auf Abruf** muss der Käufer die Ware innerhalb eines bestimmten Zeitraums in Teilmengen abrufen.

Aufgabe für einen Kauf auf Abruf

5-26 Teppiche

Sie sind Angestellter des Möbelhauses Ralf Schleicher & Söhne KG, Alte Heerstraße 29 – 31, 95326 Kulmbach, und schreiben an die Großhandlung Gerber & Pavel GmbH, Postfach 13 01, 96041 Bamberg.

Bei der Verkaufsleiterin, Frau Jutta Erbach, haben Sie soeben telefonisch 80 Perserteppiche „Abadeh“ bestellt. Die Teppiche sollen in vier Teilsendungen innerhalb vier Monaten abgerufen werden. Die Abmessungen (200 x 300 cm oder 250 x 350 cm) werden jeweils beim Abruf angegeben.

1. Bestätigen Sie Ihren telefonischen Abrufauftrag.
2. Rufen Sie drei Wochen später 20 Teppiche ab und geben Sie die gewünschten Größen an: 12 Teppiche je 200 x 300 cm, 8 Teppiche je 250 x 350 cm.

Beim **Kauf auf Probe** wird die Ware erprobt und nur behalten, wenn sie den Anforderungen entspricht.

430197

Aufgaben für einen Kauf auf Probe

5-27 Gartenbaugeräte

Sie sind Mitarbeiter des Kaufhauses Kurt Weiland GmbH, Postfach 70 51, 71216 Leonberg. Ein Außendienstmitarbeiter (Herr Sven Jung) der Gartenbaugerätefabrik Schäfer & Becker AG, Postfach 6 43, 63707 Aschaffenburg, hat Ihnen bei seinem Besuch (vor 2 Tagen) einen Prospekt über Gartenbaugeräte überlassen. Interessiert sind Sie an folgenden Geräten:

1. Elektro-Heckenschere „Feuerdorn", 500 Watt, Schnittlänge 50 cm, Zahnabstand 14 mm, zu 24,00 €
2. Elektro-Kettensäge „Bambus", 1 800 Watt, 40 cm Schwertlänge, automatische Kettenschmierung, zu 72,00 €
3. Rasentrimmer „Presto", 500 Watt, 39 cm Schnittbreite, Teleskop-Arbeitsstiel, zu 51,00 €

Von diesen Geräten bestellen Sie je 1 Stück auf Probe. Die Geräte sollen von Ihrem Leonberger Vertragsgartenbaubetrieb Gebrüder Schneider getestet werden. Sie stellen einen größeren Auftrag in Aussicht, falls die Tests erfolgreich verlaufen.

5-28 Computer

Sie sind Mitarbeiter des Bürohauses Jacobi, Postfach 13 04, 24101 Kiel. In der Fachzeitschrift „Das moderne Büro" haben Sie neue Computermodelle der Büromaschinenfabrik Peter Petersen OHG, Postfach 50 32 18, 20145 Hamburg, gesehen. Sie bestellen heute unter dem Vorbehalt, dass Ihnen die Geräte zusagen: 1 PC A-200 mit einer 240-GB-Festplatte, 17-Zoll-TFT-Bildschirm und 1 Laserdrucker LBP 4 zum Komplettpreis von 1.000,00 €. Ihre Kaufentscheidung werden Sie spätestens in 10 Tagen mitteilen.

5.1.6 Rechnung (Lieferanzeige)

Rechnung. Unterlagen für die Rechnungserstellung sind: Angebot oder vorangegangener Briefwechsel, Bestellung und Lieferanzeige. Die meisten Unternehmen erstellen ihre Rechnungen mit EDV-Anlagen. Der Rechnungsvordruck ist nach DIN 4991 genormt. Er enthält eine erweiterte Bezugszeichenzeile bzw. einen Informationsblock. Die Angaben lassen den Geschäftsablauf erkennen. Bitte vergleichen Sie hierzu das Muster auf der folgenden Seite.

Lieferanzeige. Bei Sendungen in größeren Mengen oder in mehreren Teilen oder auf Wunsch des Kunden kündigen Sie den Versand der Ware durch eine Lieferanzeige (Versandanzeige) an (Vordruck nach DIN 4991).

Möglicher Inhalt:

- Sie nennen (in der Betreffangabe) Tag und Nummer der Bestellung.
- Sie geben den Zeitpunkt des Versands an.
- Sie bezeichnen die Ware und die Menge.
- Sie nennen die Versendungsart, z. B. Lkw, Bahn, Post, Schiff.
- Sie weisen auf eine etwaige Versicherung der Ware hin.
- Sie empfehlen sich für künftige Geschäftsabschlüsse.

5.1.7 Sicherung der Kaufpreisforderung

§ Der Lieferer erbringt eine „Vor"-Leistung, weil er zunächst liefert und der Kunde in der Regel erst später bezahlt. Deshalb muss der Verkäufer den Abnehmer kennen. Ist das nicht der Fall oder ist zu vermuten, dass sich die Kreditwürdigkeit eines alten Kunden verschlechtert hat, muss der Lieferer

Lederwerke Breiten & Chroth AG

Lederwerke Breiten & Chroth AG · Postfach 11 05 · 63061 Offenbach (Main)

Lederwaren
Paul Theisen & Co.
Barmer Straße 91
42899 Remscheid

Bitte bei Zahlung und Schriftwechsel angeben.

Kunden-Nr.: 10 101
Rechnungs-Nr.: 70 010
Rechnungsdatum: 20..-07-20
Lieferdatum: 20..-07-20

Ansprechpartner: Carmen Wolf

Rechnung

Pos.	Menge	Einheit	Art.-Nr.	Bezeichnung	Einzelpreis in EUR	Gesamtpreis in EUR
1	10	Stück	80482	**Pilotenkoffer „New York“,** genarbtes Kunstleder, schwarz, 2 Schlösser, abnehmbare Kollegtasche	130,00	1.300,00
2	5	Stück	42703	**Aktenkoffer „Diplomat“,** echtes Leder, bordeaux, 2 Zahlenschlösser	90,00	450,00
3	10	Stück	13789	**Aktenkoffer „Titus“,** Kunstleder, braun, 2 Zahlenschlösser	38,00	380,00
				Versandkosten		3,70
				Summe		2.133,70
				+ 19 % Mehrwertsteuer		405,40
				Rechnungsbetrag		**2.539,10**

Der Rechnungsbetrag ist zahlbar ohne Abzug bis zum 20..-08-03.

*** Ab sofort können Sie auch in unserem Internet-Shop unter www.lederbreiten-wvd.de bestellen. ***

Geschäftsräume
Große Marktstraße 18
63065 Offenbach

Kommunikation
Telefon: 069 1305-0
Telefax: 069 1305-11
E-Mail: info@lederbreiten-wvd.de
Internet: www.lederbreiten-wvd.de

Vorstand
Inge Breiten (Vorsitzende)
Florian Breiten
Ute Erhard

Vorsitzender des Aufsichtsrates
Hans-Werner Breiten
Sitz der Aktiengesellschaft
Offenbach
Registergericht
Offenbach HRB 7890

USt-ID-
DE 987 654 321
Steuer-Nr.
2635/220/1063/4

Bankverbindungen
Postbank Frankfurt (Main)
Konto-Nr. 316745-607
BLZ 500 100 60
Deutsche Bank Frankfurt (Main)
Konto-Nr. 666315
BLZ 505 700 18

430199

Sicherheitsmaßnahmen treffen, bevor er die Ware versendet oder ehe er ein verbindliches Angebot abgibt.

§ **Eigentumsvorbehalt.** Die Ware bleibt bis zur vollständigen Bezahlung Eigentum des Lieferers. Er hat ferner ein Rücktrittsrecht vom Vertrag, ein Aussonderungsrecht im Insolvenzverfahren (§ 47 der Insolvenzordnung = IO) und ein Recht auf Widerspruch, falls die Ware gepfändet wird (§ 771 Zivilprozessordnung = ZPO).

Aufgabe für eine Bestellungsannahme unter Eigentumsvorbehalt

5-29 Tiefkühlkost

Sie sind Sachbearbeiter im Tiefkühlservice Klaus Junghans, Gertrudenplatz 1, 18273 Güstrow, und bestätigen die Bestellung Ihres Kunden, Hotel „Zum Goldenen Löwen“, Lange Straße 10, 18055 Rostock (siehe Aufgabe 5-16, Seite 92).

Sie können erst dann Mengenrabatt gewähren, wenn die Bestellmenge mindestens 25 kg beträgt. Deshalb liefern Sie von jedem Artikel statt 3 kg 5 kg. Sie hoffen, mit der Mehrlieferung im Sinne Ihres Kunden gehandelt zu haben. Sie behalten sich das Eigentum an der Ware vor, bis sie vollständig bezahlt ist.

Nachnahmesendung. Mit einer Nachnahmesendung können Sie Geldbeträge durch die Post einziehen lassen. Sie haben die Möglichkeit, dass eine Ware nur gegen vorherige Zahlung des Nachnahmebetrags ausgeliefert wird. Der Nachnahmebetrag ist allerdings auf 3.500,00 € begrenzt.

Aufgabe für eine Lieferanzeige mit Rechnung für eine Nachnahmesendung

5-30 Sonnenvordächer für Zelte

Sie sind Sachbearbeiter der Zeltfabrik Erich Wagner AG, Postfach 5 01 07, 35395 Gießen, und senden dem Ausrüstungshaus für Camping und Freizeit Peter Sonnenberger KG, Gutenbergring 11–13, 65549 Limburg, wie gewünscht: 2 Sonnenvordächer „Madrid“, Größe II, zu je 610,00 €.

Sie bitten um Verständnis dafür, dass der knapp kalkulierte Preis (wie im Angebot erwähnt) nur bei sofortiger Bezahlung aufrechtzuerhalten ist. Deshalb wird der Rechnungsbetrag durch Nachnahme erhoben.

1. Schreiben Sie die Lieferanzeige.
2. Stellen Sie die Rechnung aus. Verwenden Sie dazu folgende Angaben:

Warenwert (einschl. Mehrwertsteuer)	1.020,00 €
Beförderungsgebühr (Postpaket)	11,90 €
Nachnahmegebühr	5,00 €
Nachnahmebetrag	1.036,90 €

Einholen von Auskünften. Um die Kreditwürdigkeit neuer Kunden beurteilen zu können und sich vor Verlusten zu schützen, holt der Lieferer Auskünfte ein. Auch über einen alten Kunden holt er eine Auskunft ein, wenn der Kunde plötzlich schleppend zahlt oder einen viel höheren Kredit als bisher beansprucht oder wenn ungünstige Informationen über ihn vorliegen.

Bitte um Auskunft (an andere Kaufleute). Um Auskunft können Sie Geschäftsfreunde bitten oder Firmen, die der neue Kunde als Referenz genannt hat.

Möglicher Inhalt einer Bitte um Auskunft:
- Sie nennen den Anlass für Ihre Bitte um Auskunft.
- Sie nennen die Höhe des voraussichtlich zu gewährenden Warenkredits.
- Sie wünschen Auskunft über den Geschäftsinhaber und seine Mitarbeiter.
- Sie erkundigen sich nach dem Geschäftserfolg und der zu erwartenden Geschäftsentwicklung.
- Sie sagen vertrauliche Behandlung zu.
- Sie danken im Voraus und sind ggf. zu Gegendiensten gern bereit.

Aufgabe für eine Bitte um Auskunft

5-31 Büromaschinen

Sie sind in der Verkaufsabteilung der Büromaschinenfabrik Paul Grünbaum & Söhne OHG, Postfach 10 40, 87621 Füssen, beschäftigt. Ein neuer Kunde bestellt Büromaschinen im Wert von 12.500 € und bittet um ein Zahlungsziel von drei Monaten. Sie fürchten das Risiko eines ungesicherten Verkaufs. Andererseits wollen Sie den Kunden nicht verärgern oder gar verlieren, wenn Sie den Kaufabschluss von der Abgabe einer Sicherheit abhängig machen.

Ein Außendienstmitarbeiter Ihres Unternehmens, Herr Rainer Janz, St.-Martin-Straße 48, 56073 Koblenz, bereist auch den Wohnort des neuen Kunden.

Bitten Sie heute Herrn Janz, Wissenswertes über den Kunden zu sammeln, die Kreditwürdigkeit zu beurteilen und die Auskunft so bald wie möglich hereinzugeben.

Erteilen von Auskünften. Wer Auskunft über Ruf und Charakter, Vermögenslage u. a. eines Kaufmanns gibt, muss sich seiner Verantwortung bewusst sein: gegenüber dem Auskunftsersuchenden ebenso wie gegenüber dem Kunden. Es ist besser, eine Bitte um Auskunft höflich abzulehnen, als leichtfertig (günstig oder ungünstig) zu urteilen.

Möglicher Inhalt der Auskunft, die Sie einem Geschäftsfreund geben:
- Sie bitten um vertrauliche Behandlung der Auskunft. Es ist ratsam, den Namen der Firma nicht im Brief zu nennen, sondern auf einem beigefügten Zettel, den der Empfänger nach Kenntnisnahme vernichtet.
- Falls Sie Gründe haben: Lehnen Sie die Bitte um Auskunft ab und begründen Sie dies, z. B. nur unzureichende Informationen; keine regelmäßige Geschäftsverbindung mehr.
- Sie nennen die Rechtsform und die Geschäftsgröße sowie Art und Zahl der Mitarbeiter.
- Sie beschreiben Ruf und Charakter des Inhabers und sein kaufmännisches Verhalten.
- Sie schätzen – falls möglich – den Umsatz des letzten Jahres oder der letzten Jahre.
- Sie beurteilen die Vermögenslage des Geschäfts: Liegenschaften, Warenlager, Fahrzeugpark u. Ä.
- Sie formulieren vorsichtig Ihr Krediturteil – ohne Gewähr.

Aufgabe über das Erteilen einer Auskunft

5-32 Büromaschinen

Beantworten Sie als Rainer Janz heute die Bitte um Auskunft (siehe Aufgabe 5-31). Bitten Sie um streng vertrauliche Behandlung. Berichten Sie u. a. über die Bedeutung des Unternehmens (Name und Anschrift nach Ihrer Wahl), die Vermögenslage und Zahlungsweise sowie über Ruf, Charakter und Fähigkeiten des Inhabers. Beurteilen Sie auch die künftige Entwicklung.

Zusammenarbeit mit Auskunfteien. Gewerbliche Auskunfteien bieten die Gewähr für zuverlässige Auskünfte. Die Auskunft erfolgt als schriftlicher Bericht per Post, E-Mail oder Telefax aufgrund aktueller Erkundigungen. Die Informationen erstrecken sich auf die exakte Firmenbezeichnung und Anschrift, Rechtsform, Inhaber bzw. Teilhaber oder Gesellschafter, Geschäftsführer und Prokuristen, Kapitalverhältnisse und Vermögenszusammensetzung (Grundbesitz, Anlagevermögen, Warenlager), Art und Umfang des Unternehmens, Finanzlage, Zahlungsweise und Bankverbindungen.

Der Interessent bestellt die Auskunft, indem er einen Anfragezettel (Vordruck oder Gutscheinheft der Auskunftei) ausfüllt.

Sicherungsübereignung. Sie ist gesetzlich nicht geregelt (Gewohnheitsrecht). Vermögensbestandteile werden übereignet, aber sie bleiben – im Gegensatz zur Verpfändung (Faustpfand) – durch einen Miet-, Leih-, Pacht- oder Verwahrungsvertrag im Besitz des bisherigen Eigentümers (§ 930 BGB, Besitzkonstitut).

§ Durch die Sicherungsübereignung wird der Kreditgeber Eigentümer; der Kreditnehmer bleibt unmittelbarer Besitzer der übereigneten beweglichen Sachen.

5-33 Beispiel und Aufgabe
Schreiben Sie dieses Beispiel normgerecht auf einen A4-Vordruck.

Absender:	Elektrogroßhandlung Baumgartner KG, Postfach 70 63 48, 70177 Stuttgart
Empfänger:	Lampenfabrik Schulz & Hofmann GmbH, Postfach 24 13 05, 68162 Mannheim
Infoblock:	Ihr Zeichen: me-tr; Ihre Nachricht vom: 20..-01-05; Unser Zeichen: we-kr; Name: Petra Weiß; Telefon: 0711 432-238; Telefax: 0711 432-207; E-Mail: info@baumgartner-wvd.de; Datum: 20..-01-08
Betreff:	Sicherung Ihrer Forderung über 4.450,00 €
Anrede:	Sehr geehrte Damen und Herren,
Briefabschluss:	Freundliche Grüße, ELEKTROGROSSHANDLUNG BAUMGARTNER KG, ppa. Thorsten Büchner, i. A. Petra Weiß

Wie wir Ihrem Schreiben entnehmen, wünschen Sie für Ihre Forderung eine dingliche Sicherheit. Da wir nur sehr ungern und nur, wenn Sie ausdrücklich darauf bestehen, eine Sicherungshypothek auf das Firmengrundstück eintragen lassen, schlagen wir Ihnen Folgendes vor:

Wir übereignen Ihnen durch Vertrag:

1 Lkw, Bilanzwert 5.000,00 €
1 Pkw, Bilanzwert 1.500,00 €.

Durch einen Pachtvertrag müssten Sie uns die weitere Benutzung dieser unbedingt erforderlichen Betriebsmittel ermöglichen, bis wir unsere Schuld am 31. März d. J. beglichen haben.

Bitte nennen Sie Ort und Zeitpunkt für den Abschluss der Verträge.

5.2 Gestörte Abwicklung des Kaufvertrages

5.2.1 Nicht-Rechtzeitig-Lieferung (Lieferungsverzug)

§ Der Kaufvertrag verpflichtet den Verkäufer, die Ware rechtzeitig zu liefern und das Eigentum an ihr zu übertragen. Kommt er dieser Verpflichtung schuldhaft nicht oder nicht rechtzeitig nach, gerät er in Lieferungsverzug, wenn

- die Lieferung fällig ist,
- er die Leistung schuldhaft, d. h. vorsätzlich oder fahrlässig verzögert oder unterlassen hat,
- der Käufer ihn nach der Fälligkeit gemahnt und eine Frist zur Nachlieferung gesetzt hat.

Die Mahnung ist nicht erforderlich
- bei einem Fix- oder Zweckkauf,
- wenn der Liefertermin kalendermäßig bestimmt bzw. bestimmbar ist. Beispiele: Lieferung bis Ende Mai, Lieferung in der 30. Kalenderwoche, Lieferung 30 Tage nach Bestelldatum.
- bei Selbstinverzugsetzung, d. h., wenn der Lieferer seinem Kunden erklärt, dass er nicht liefern wird oder kann.

Rechte des Käufers. Der Käufer kann ohne Nachfristsetzung die Lieferung sofort verlangen – zusätzlich auch Schadenersatz, wenn durch die verzögerte Lieferung ein Schaden eingetreten ist. Mit Nachfristsetzung und Nennung eines letztmöglichen Liefertermins kann der Käufer eine spätere Lieferung ablehnen und vom Vertrag zurücktreten. Der Käufer kann auch Schadenersatz wegen Nichterfüllung verlangen.

Möglicher Inhalt für den Mahnbrief des Käufers:
- Sie weisen auf die Bestellung oder die Bestellungsannahme (oder auf die Lieferanzeige des Lieferers) hin.
- Sie stellen fest, dass die vereinbarte Lieferzeit verstrichen ist (und zeigen sich darüber enttäuscht).
- Sie nennen die Nachteile, die Ihnen aus dem Lieferverzug entstehen werden.
- Sie setzen dem Verkäufer eine angemessene Nachfrist.

- Sie machen von Ihren Rechten Gebrauch.

Aufgaben zur Nicht-Rechtzeitig-Lieferung

5-34 Bürobedarf

Arbeitsprojektoren, Aktenvernichter und EDV-Ablagegestelle, die Sie als Mitarbeiter des Fachgeschäfts Michael Wirtz, Postfach 14 18, 87431 Kempten, für Mitte August d. J. bei der Großhandlung Halim, Wormser Straße 10, 55543 Bad Kreuznach, bestellt hatten, sind heute, am 20. Aug. 20.., immer noch nicht bei Ihnen eingetroffen.

1. Schreiben Sie Ihrem Lieferer.
2. Entwerfen Sie eine Antwort der Großhandlung Halim, die von ihrem Herstellerwerk im Stich gelassen worden ist, aber dennoch hofft, die Waren bis zum 30. August 20.. liefern zu können.

5-35 Mikrowellenherde

Sie sind Mitarbeiter des Elektrofachgeschäfts Flath KG, Am Sande 21, 21335 Lüneburg, und haben vor 5 Wochen bei der Elektro-Apparate-GmbH, Postfach 40 38 16, 80334 München, 20 Mikrowellenherde „Inferno“ bestellt. In seiner Bestellungsannahme hat Ihnen der Lieferer die Lieferung „innerhalb 3 Wochen“ zugesagt.

1. Erinnern Sie Ihren Lieferer heute an die Lieferung.
2. Die Elektro-Apparate-GmbH entschuldigt sich (Gründe nach Ihrer Wahl). Sie verspricht, Ihnen die Mikrowellenherde sofort frachtfrei zu senden.

5-36 Schokoladenosterhasen

Als Mitarbeiter der Konditorei Wiese, Luisenstraße 88, 53721 Siegburg, warten Sie einen Tag vor dem Osterfest noch immer auf die bei der Schokoladenfabrik Lutz Simon, Postfach 40 38 94, 80334 München, bestellten Schokoladenosterhasen. Schreiben Sie den Brief mit entsprechendem Datum und fordern Sie Schadenersatz.

ELEKTROGROSSHANDLUNG
Baumgartner KG

Baumgartner KG · Postfach 70 63 48 · 70177 Stuttgart

Ihr Zeichen: me-tr
Ihre Nachricht vom: 20..-12-03
Unser Zeichen: we-kr
Unsere Nachricht vom: 20..-11-30

Lampenfabrik
Schulz & Hofmann GmbH
Frau Anne Meister
Postfach 24 13 05
68162 Mannheim

Name: Petra Weiß
Telefon: 0711 432-238
Telefax: 0711 432-207
E-Mail: petra.weiss@baumgartner-wvd.de

Datum: 20..-12-14

Unsere Bestellung über Pendelleuchten
Auftrags-Nr. 6 789/20..

Sehr geehrte Frau Meister,

nach Ihrem Angebot hatten wir 40 Pendelleuchten bestellt, deren Lieferung Sie uns in Ihrer Bestellungsannahme für die nächsten Tage zugesagt hatten.

Inzwischen sind aber schon 10 Tage vergangen, ohne dass Sie uns den Grund für die Verzögerung genannt haben.

Wir brauchen diese Pendelleuchten für das Weihnachtsgeschäft. Deshalb bitten wir Sie, uns die Pendelleuchten sofort zu liefern. Wir setzen Ihnen eine Nachfrist bis

17. Dezember d. J.

Sollten Sie auch dann noch nicht geliefert haben, werden wir vom Kaufvertrag zurücktreten und Schadenersatz wegen Nichterfüllung verlangen.

Freundliche Grüße

ELEKTROGROSSHANDLUNG
BAUMGARTNER KG

i. A.

Petra Weiß

Geschäftsräume
Roßhaustraße 67
70597 Stuttgart

E-Mail
info@ baumgartner-wvd.de
Internet
www.baumgartner-wvd.de

Sitz der Gesellschaft
Stuttgart
Registergericht
Stuttgart HRA 1234

Persönlich haftender
Gesellschafter
Michael Baumgartner

Bankverbindungen
Commerzbank Stuttgart
Konto-Nr. 400702607
BLZ 600 800 00

Postbank Stuttgart
Konto-Nr. 71231-705
BLZ 600 100 70

positives Beispiel

4301104

Elektrogeschäft Kapur

Kapur · Postfach 19 91 · 56621 Andernach

Elektrogroßhandlung
Rainer Fenske
Saarbrücker Straße 85
45138 Essen

Ihr Zeichen:ka-lu
Ihre Nachricht vom: 20..-06-15
Unser Zeichen: bt-pr
Unsere Nachricht vom: 20..-06-09

Name: Alexander Best
Telefon: 02623 1248-215
Telefax: 02621 1248-521
E-Mail: alexander.best@kapur-wvd.de

Datum: 20..-07-07

Unser Auftrag über Kaffeemaschinen

Sehr geehrte Damen und Herren,

heute möchten wir Sie dringend an unseren Auftrag Nr. 410 erinnern. In Ihrer Bestellungsannahme hatten Sie uns nämlich zugesagt, innerhalb von zwei Wochen liefern zu wollen.

Inzwischen sind aber drei Wochen vorübergegangen, ohne dass Ihre Sendung hier eintraf. Sie haben sich zu dieser bedauerlichen Verzögerung leider nicht geäußert, sodass wir Sie ausdrücklich bitten müssen, uns die Kaffeemaschinen umgehend zukommen zu lassen.

Wir wollen Ihnen eine Nachfrist setzen bis zum

14. Juli d. J.

Wenn Sie auch diese Nachfrist ungenutzt verstreichen lassen, sehen wir uns gezwungen, jede verspätete Lieferung ablehnend zu behandeln, vom Kaufvertrag zurücktreten und einen Deckungskauf zu veranstalten. Für die auf diese Weise entstehenden Mehrkosten müssten Sie aufkommen.

Wir geben der Hoffnung Ausdruck, dass Sie uns einen solch unangenehmen Schritt ersparen möchten.

Freundlichen Gruß

Elektrogeschäft
Kapur

Dieter Stockhorst

Geschäftsräume
Breite Straße 18
56626 Andernach

Inhaber
Dieter Stockhorst

Gerichtsstand
Andernach
Registergericht
Andernach HRA 3456

E-Mail
info@kapur-wvd.de
Internet
www.kapur-wvd.de

Bankverbindungen
Raiffeisenbank Mittelrhein
Konto-Nr. 800401
BLZ 574 617 59

Postbank Köln
Konto-Nr. 184639-504
BLZ 370 100 50

negatives Beispiel

4301105

5-37 Kaltes Buffet

Sie sind Sachbearbeiter im Personalwesen der Büromaschinenfabrik Michael Schlosser GmbH, Postfach 15 58, 79091 Freiburg. Für die Jubiläumsfeier von Frau Brigitte Römer, die am 12. September d. J. ihr 30-jähriges Jubiläum beging, hatten Sie beim Partyservice Thiemann, Eisenbahnstraße 48, 79098 Freiburg, ein kaltes Buffet für 1.250,00 € bestellt, und zwar zur Lieferung frei Haus für den 12. September, 18:00 Uhr. Um 18:15 Uhr erklärte Ihnen der Partyservice auf Ihre telefonische Anfrage, er habe die Lieferung vergessen.

Um den Abend zu retten, lassen Sie die Jubilarin und die Gäste zum Essen mit Taxen in das Restaurant „Zum Rappen“ fahren. Die Taxifahrten kosten 48,00 €; das Restaurant berechnet Ihnen für das Menü und die Getränke 1.625,00 €.

Schreiben Sie mit Datum vom 14. September an den Partyservice und machen Sie Ihre Rechte geltend. Kopien der Rechnungen (Restaurant und Taxi) fügen Sie bei.

5-38 Regale

Als Mitarbeiter der Großhandlung Ludwig Kaufmann, Thielenstraße 13, 56073 Koblenz, haben Sie Anfang Oktober 10 Wandregale für die Ladeneinrichtung bei der Holzfabrik Roschke, Postfach 10 89, 56561 Neuwied, bestellt. Als Liefertermin wurde Anfang November vereinbart. Am 16. November warten Sie immer noch auf die Lieferung.

1. Schreiben Sie mit diesem Datum an Roschke und schlagen Sie sinnvolle Maßnahmen vor.
2. Roschke hat Schwierigkeiten, das geeignete Holz für die Wandregale zu bekommen, und bittet um Geduld bis Mitte Dezember. Schreiben Sie auch diesen Brief.

5.2.2 Annahmeverzug

§ Nimmt der Käufer die bestellte und ordnungsgemäß gelieferte Ware nicht an, kommt er in Annahmeverzug. Der Lieferer haftet dann nur noch für Vorsatz und grobe Fahrlässigkeit. Er kann:

a) auf die Erfüllung des Vertrags verzichten und die Ware einem anderen Kunden verkaufen. Verkäufer und Käufer müssen sich aber auf den Rücktritt vom Kaufvertrag einigen;
b) die Ware an einem geeigneten Ort (eigene Lagerhalle oder öffentliches Lagerhaus) auf Kosten und Gefahr des Käufers einlagern (§ 373 HGB);
c) die Ware öffentlich versteigern lassen (Selbsthilfeverkauf), bei leicht verderblichen Waren ohne Ankündigung (Notverkauf);
d) den Käufer auf Abnahme der Ware verklagen.

Möglicher Inhalt:

- Sie weisen den Kunden auf seine Bestellung und Ihre ordnungsgemäße Lieferung hin.
- Sie stellen mit Bedauern (mit Befremden u. Ä.) fest, dass der Kunde die Annahme verweigert, und somit in Annahmeverzug geraten ist.
- Sie nennen den Ort, wo die Ware untergestellt ist, z. B. in Ihrem Lager oder in einem Lagerhaus oder in einer Spedition, und zwar auf Kosten und Gefahr des Kunden.
- Sie setzen dem Käufer eine Nachfrist.
- Sie drohen nach Ablauf der Nachfrist Konsequenzen an: Selbsthilfeverkauf (mit Ort und Zeit der Versteigerung), ggf. Notverkauf.
- Sie drohen (besonders bei Spezialanfertigungen) Klage auf Abnahme an.
- Sie weisen auf die Kosten hin, die dem säumigen Käufer entstehen.

Möbelfabrik Franz Kaiser GmbH

Möbelfabrik Franz Kaiser GmbH · Graf-Zeppelin-Straße 20/22 · 51147 Köln

Möbelfachgeschäft
Lindner & Schnitzler OHG
Klosterstraße 10
02763 Zittau

Ihr Zeichen:	re-no
Ihre Nachricht vom:	20..-05-12
Unser Zeichen:	kl-ka
Unsere Nachricht vom:	20..-05-15
Name:	Maria Klein
Telefon:	0221 818107-208
Telefax:	0211 818107-288
E-Mail:	maria.klein@moebelkaiser-wvd.de
Datum:	20..-07-08

Nichtannahme unserer Sendung

Sehr geehrte Damen und Herren,

Sie haben die Möbel nicht angenommen, die Sie am 12. Mai d. J. bestellt hatten. Dies meldet uns soeben unser Lkw-Fahrer.

Wie aus unserer Bestellungsannahme hervorgeht, war die Lieferung für Anfang Juli d. J. vereinbart. Daran haben wir uns gehalten und Ihren Auftrag ordnungsgemäß und gewissenhaft ausgeführt. Ihr Verhalten können wir uns nicht erklären. Bitte informieren Sie uns über die Gründe des Annahmeverzugs.

Die Möbel sind auf Ihre Kosten und Gefahr bei der Spedition Heinrich Löffler, Weberstraße 6, Zittau, untergestellt. Wir erwarten Ihre Nachricht bis

15. Juli d. J.

Danach werden wir den Selbsthilfeverkauf vornehmen. Für diesen Fall werden Sie Ort und Zeitpunkt der Versteigerung rechtzeitig erfahren.

Freundlichen Gruß

Möbelfabrik
Franz Kaiser GmbH

ppa. Walter Best i. A. Maria Klein

Geschäftsräume
Graf-Zeppelin-Straße 20/22
51147 Köln

Sitz der Firma
Köln
Registergericht
Köln HRB 4711

Geschäftsführer
Jochen Kaiser

E-Mail
info@moebelkaiser-wvd.de
Internet
www.moebelkaiser-wvd.de

Bankverbindungen
Commerzbank Köln
Konto-Nr. 778125
BLZ 370 400 44

Postbank Köln
Konto-Nr. 18717-503
BLZ 370 100 50

positives Beispiel

4301107

Tiefkühlservice Klaus Junghans

Klaus Junghans · Gertrudenplatz 1 · 18273 Güstrow

Hotel
„Zum Goldenen Löwen"
Lange Straße 10
18055 Rostock

Telefax
03843 7207-
441

Ihr Zeichen, Ihre Nachricht vom	Unser Zeichen, unsere Nachricht vom	Telefon, Name 03843 7207-	Datum
kl-po 20..-10-01	an-st 20..-10-04	10 Inge Anspach	20..-10-06

Nichtannahme unserer Sendung

Sehr geehrte Damen und Herren,

hinsichtlich der von Ihnen bestellten Tiefkühlkost haben Sie die Annahme verweigert. Dies hat uns der Fahrer unseres Spezialfahrzeugs, Herr Karl Scholz, soeben mitgeteilt.

Für Ihr Verhalten finden wir keine Erklärung. Unser Fahrer hat die Ware nochmals mit zurückgenommen. Hinsichtlich eines anderweitigen Verkaufs sehen wir erfreulicherweise keinerlei Probleme. Lassen Sie uns also eine diesbezügliche Nachricht umgehend zukommen.

Die Kosten, die uns anlässlich der An- und Abfahrt entstanden sind, haben wir Ihnen verständlicherweise in Rechnung gestellt. Um schnellstmöglichste Überweisung des Betrages wird dringend gebeten.

Freundlichen Gruß

Tiefkühlservice
Klaus Junghans

i. V.

Inge Anspach

Anlage
1 Rechnung

Geschäftsräume
Gertrudenplatz 1
18273 Güstrow

Inhaber
Klaus Junghans

Gerichtsstand
Güstrow
Registergericht
Güstrow HRA 6789

E-Mail
info@junghans-wvd.de
Internet
www.junghans-wvd.de

Bankverbindungen
Deutsche Bank Güstrow
Konto-Nr. 448177
BLZ 900 800 40

Postbank Berlin
Konto-Nr. 847138-109
BLZ 100 100 10

negatives Beispiel

Aufgaben zum Annahmeverzug

5-39 Polstermöbel

Sie sind Sachbearbeiter in der Rechtsabteilung der Fabrik für Polstermöbel Gebrüder Sauer KG, Postfach 1 18 05, 73721 Esslingen.

Ihr Kunde, die Büromaschinenwerke Peter Ahrens GmbH, Postfach 21 14 41, 76132 Karlsruhe, wollte die Konferenzräume mit neuen Polstermöbeln ausstatten und hat bei Ihrer Firma Polstersessel und -stühle für 50.000 € bestellt. In die Stoffbezüge dieser Polstermöbel wurde das Firmenzeichen Peter Ahrens GmbH eingewebt.

Als Ihre vertragsgemäße Lieferung in Karlsruhe eintrifft, verweigert Ahrens aus unerklärlichen Gründen die Annahme. Ihr Lkw-Fahrer hat die Polstermöbel wieder mitgenommen und im Lagerhaus Andreas Bauer, Alemannenstraße 15, 76137 Karlsruhe, eingelagert.

Setzen Sie den Kunden in Annahmeverzug. Machen Sie ein Recht geltend, das Sie für sinnvoll halten.

5-40 Zusatzaufgabe

Die Firma Peter Ahrens GmbH gibt als Grund Zahlungsschwierigkeiten an und bittet Sie, die Sendung zurückzunehmen.

1. Schreiben Sie den Brief der Firma Ahrens.
2. Lehnen Sie die Rücknahme ab, ziehen Sie die Konsequenz.

5-41 Tomaten

Sie sind Mitarbeiter der Gemüsegroßhandlung Özdemir, Postfach 12 14, 92311 Neumarkt. Ihr Kunde, das Fachgeschäft Peter Schwarz, Obere Marktstraße 15, 92318 Neumarkt, hat die ordnungsgemäß gelieferten 25 kg Tomaten nicht angenommen. Sie haben einen Notverkauf durchgeführt und rechnen heute mit dem Fachgeschäft Schwarz ab:

Erlös aus dem Notverkauf	25,00 €
Rechnungsbetrag der Warenlieferung	37,50 €
zu zahlender Differenzbetrag	12,50 €
Honorar für die Versteigerung	30,00 €
Telefongebühren	2,50 €
Gesamtforderung	45,00 €

Der Betrag ist sofort auf Ihr Konto 9525-803 bei der Postbank München, BLZ 700 100 80, zu überweisen.

5-42 Zusatzaufgabe

Peter Schwarz lehnt alle geltend gemachten Ansprüche ab, weil die Tomaten schon bei der Ankunft überreif waren. Ein fachmännisches Gutachten fügt er bei.

1. Schreiben Sie die Ablehnung.
2. Wie reagieren Sie als Lieferer?

5.2.3 Schlechtleistung (Mängelrüge)

Der Kaufvertrag verpflichtet den Käufer, die erhaltene Ware unverzüglich auf ihre Beschaffenheit zu prüfen. Werden Mängel festgestellt, ist eine Mängelrüge zu erteilen: Der Käufer reklamiert und der Verkäufer nimmt dazu Stellung.

§ Auch und gerade bei Reklamationen sollen Käufer und Verkäufer sachlich und höflich bleiben. Man unterscheidet Sachmängel, Rechtsmängel und Mängel nach Erkennbarkeit.

Sachmängel können vorkommen:
1. in der Güte (geringere Qualität)
2. in der Beschaffenheit (beschädigte oder verdorbene Ware)
3. in der Art (Falschlieferung)
4. in der Menge (zu viel oder zu wenig geliefert)
5. in der Montage (mangelhafte Montage oder Montageanleitung)
6. falsche Werbeaussagen: Mit einer Druckerpatrone sollen nach Aussagen des Herstellers in der Werbung mindestens 1 000 Seiten gedruckt werden können. Tatsächlich kann man aber nur 600 Seiten drucken.

Rechtsmängel liegen vor, wenn eine Sache, die veräußert wird, dem Verkäufer nicht gehört, sondern Dritte Rechte daran haben.

Mängel nach Erkennbarkeit:
1. offene Mängel
2. versteckte Mängel
3. arglistig verschwiegene Mängel

Rechte des Käufers. Bei Schlechtleistung kann der Käufer zwischen mehreren Rechten wählen. Man unterscheidet vorrangige und nachrangige Rechte.

1. Vorrangige Rechte (Nacherfüllung)
   a) Nachbesserung (Beseitigung des Mangels, Reparatur)
   b) Neulieferung (Umtausch, Ersatz)

Der Anspruch auf Nacherfüllung besteht auch bei geringfügigen Mängeln. Die Nacherfüllung gilt nach zwei erfolglosen Nachbesserungsversuchen als fehlgeschlagen. – Der Verkäufer kann Nachbesserung und/oder Neulieferung verweigern, wenn unverhältnismäßig hohe Kosten entstünden, wenn die Neulieferung umöglich ist (Unikat) oder wenn die Neulieferung für den Verkäufer unzumutbar ist.

2. Nachrangige Rechte (nach Ablauf einer angemessenen Nachfrist)
   a) Minderung (Preisnachlass)
   b) Wandlung (Rücktritt vom Kaufvertrag)
   c) Schadenersatz

Nachrangige Rechte gelten nicht bei geringfügigen Mängeln. Eine Ausnahme bildet das Recht auf Minderung. Entbehrlich ist die Nachfrist,
- wenn der Verkäufer die Nacherfüllung verweigert,
- wenn zwei Nacherfüllungsversuche fehlgeschlagen sind,
- wenn die Nacherfüllung unzumutbar ist,
- beim Fix-, Spezifikationskauf und Kauf auf Abruf.

Möglicher Inhalt der Reklamation:
- Sie bestätigen den Empfang der Ware.
- Sie beschreiben die Fehler genau.
- Sie schlagen vor, wie Ihre Reklamation erledigt werden soll.
- Sie beanspruchen eines der Ihnen zustehenden Rechte.
- Sie setzen für Nachbesserung oder Neulieferung eine angemessene Nachfrist.

Möglicher Inhalt für die Antwort des Lieferers:
Der Kunde soll merken, dass Sie seine Reklamation ernst nehmen und für seine Situation Verständnis haben. Versetzen Sie sich – mehr noch als sonst – in die Lage Ihres Kunden. Entwerfen Sie Ihre Antwort mit Takt und Fingerspitzengefühl. Suchen Sie nach einer Lösung, die Ihnen den Käufer als Kunden erhält.

- Sie haben die Reklamation sorgfältig geprüft.
- Sie nennen – falls möglich – die Punkte, in denen Sie mit dem Kunden übereinstimmen.
- Sie wiederholen die Mängel, die der Kunde beschrieben hat.
- Sie stellen die Reklamation sachlich richtig oder erkennen sie als berechtigt an.
- Sie nehmen den Vorschlag des Kunden an oder schlagen eine andere Lösung vor.
- Sie entschuldigen sich – falls die Reklamation begründet ist – für die nicht mangelfreie Lieferung und versichern, dass es sich um einen Einzelfall handelt und alles getan wird, um eine Wiederholung auszuschließen.

Aufgaben für Schlechtleistungen (Mängelrügen)

5-43 Möbel (verschiedene Mängel)
Sie sind Bevollmächtigter des Möbelhauses Lindner & Schnitzler, Klosterstraße 10, 02763 Zittau. Die Möbelfabrik Franz Kaiser GmbH & Co. hat Ihnen die bestellten Möbel geliefert (siehe Aufgabe 5-14, Seite 92).

1. Die Platte des Esszimmertischs „Diva“ zeigt Unebenheiten im Holz und hat Kratzer.
2. Statt der 3 Hochlehnenstühle „Constantin“ haben Sie nur 2 erhalten.
3. Statt der Ledersessel „Mirage“ haben Sie die Ledersessel „Europa“ erhalten.

Was schlagen Sie Ihrem Lieferer vor?

5-44 Zusatzaufgabe
Wie reagiert Ihr Lieferer auf Ihre Vorschläge? Entwerfen Sie die Antwort Ihres Lieferers.

5-45 Textilien (verschiedene Mängel)
Als Inhaber eines Textilfachgeschäfts in Ihrem Wohnort erhalten Sie heute Waren von der Textilfabrik Helmut Staller GmbH, Postfach 16 58, 33601 Bielefeld (siehe Aufgabe 5-15, Seite 92).
Nach dem Auspacken stellen Sie fest:

1. Statt der bestellten 10 Herrenoberhemden Nr. 25 haben Sie 10 Oberhemden Nr. 26 erhalten. Diese Oberhemden sind von geringerer Qualität.
2. Die Seidenhemden Nr. 27 sind viel dunkler als die Farbmuster.
3. Statt der bestellten 20 Paar Tennissocken haben Sie nur 10 Paar erhalten.

Was schlagen Sie Ihrem Lieferer vor?

5-46 Zusatzaufgabe
Ihr Lieferer erkennt Ihre Mängelrüge nur zum Teil an. Bei Punkt 2 ist er anderer Meinung (Begründung?).

ELEKTROGROSSHANDLUNG
Baumgartner KG

Baumgartner KG · Postfach 70 63 48 · 70177 Stuttgart

Ihr Zeichen:me-tr
Ihre Nachricht vom: 20..-12-16
Unser Zeichen: we-kr
Unsere Nachricht vom:20..-12-14

Lampenfabrik
Schulz & Hofmann GmbH
Frau Anne Meister
Postfach 24 13 05
68162 Mannheim

Name: Petra Weiß
Telefon: 0711 432-238
Telefax: 0711 432-207
E-Mail: petra.weiss@baumgartner-wvd.de

Datum: 20..-12-18

Ihre Lieferung
Auftrags-Nr. 6 789/20..

Sehr geehrte Frau Meister,

dass Ihre Lieferung mit den Pendelleuchten noch vor Weihnachten hier eingetroffen ist, hat uns gefreut.

Weniger erfreut sind wir über die leichten Kratzer auf vier der Glaspendelleuchten (Best.-Nr. 550). Wir nehmen an, die Kratzer sind auf mangelhafte Verpackung zurückzuführen.

Bitte senden Sie uns bis zum

20..-12-30

vier einwandfreie Glaspendelleuchten. Am besten verwenden Sie für den Versand Ihre bewährten Spezialverpackungen, um Beschädigungen zu vermeiden.

Sind Sie mit diesem Vorschlag einverstanden?

Freundliche Grüße

ELEKTROGROSSHANDLUNG
BAUMGARTNER KG

i. A.

Petra Weiß

Geschäftsräume Roßhaustraße 67 70597 Stuttgart	Sitz der Gesellschaft Stuttgart Registergericht Stuttgart HRA 1234	Persönlich haftender Gesellschafter Michael Baumgartner	E-Mail info@baumgartner-wvd.de Internet www.baumgartner-wvd.de	Bankverbindungen Commerzbank Stuttgart Konto-Nr. 400702607 BLZ 600 800 00	Postbank Stuttgart Konto-Nr. 71231-705 BLZ 600 100 70

positives Beispiel

4301112

Möbelhaus Gerd Hauser OHG

Gerd Hauser OHG · Postfach 10 10 55 · 45610 Recklinghausen

Ihr Zeichen: we-br
Ihre Nachricht vom: 20..-01-16
Unser Zeichen: st-gi
Unsere Nachricht vom: 20..-01-10

Möbelfabrik
Kurt May & Söhne KG
Postfach 12 61
35010 Marburg

Name: Ulrike Stein
Telefon: 02361 3367-105
Telefax: 02631 3367-161
E-Mail: ulrike.stein@moebelhauser-wvd.de

Datum: 20..-02-21

Mängelrüge

Sehr geehrte Damen und Herren,

wir haben die Waren erst gestern erhalten, auf die wir außerordentlich lange warten mussten. Zu unserem größten Bedauern mussten wir allerdings die nachstehend aufgeführten Mängel feststellen:

1. Beim Kirschbaumschreibtisch KONSUL 804 sind die oberen Schubladen so stark verkratzt, sodass der Schreibtisch in der Tat in dieser Form unbrauchbar ist. Ihre Werkstatt könnte ihn ausbessern, dann könnten wir den Schreibtisch zu einem Sonderpreis noch absetzen.

2. Wir hatten 24 Nadelfilz-Fußmatten bestellt und sind erstaunt, dass Sie aber 24 Gummiringmatten geschickt haben. Solche Gummiringmatten sind höchstens für den Außenbereich geeignet. Wir können sie beim besten Willen nicht verwenden und bitten deshalb um baldmöglichsten Umtausch.

Die bemängelten Artikel stehen zu Ihrer Verfügung. Wir erwarten umgehend Ihre Nachbesserung und den Umtausch. Dafür setzen wir Ihnen eine Frist bis zum

20..-02-28.

Erst nach der für uns befriedigenden Regelung unserer Reklamation werden wir die Rechnung ausgleichen.

Freundlichen Gruß

Möbelhaus
Gerd Hauser OHG

i. A. Ulrike Stein

Geschäftsräume
Uferstraße 8
45663 Recklinghausen

Sitz der Gesellschaft
Recklinghausen
Registergericht
Recklinghausen HRA 5678

Persönlich haftender
Gesellschafter
Gerd Hauser

E-Mail
info@moebelhauser-wvd.de
Internet
www.moebelhauser-wvd.de

Bankverbindungen
Sparkasse Vest
Recklinghausen
Konto-Nr. 4561280361
BLZ 426 501 50

Commerzbank
Recklinghausen
Konto-Nr. 9901654404
BLZ 426 400 48

negatives Beispiel

Möbelfabrik Kurt May & Söhne KG

Kurt May & Söhne KG · Postfach 12 61 · 35010 Marburg

Möbelhaus
Gerd Hauser OHG
Frau Ulrike Stein
Postfach 10 10 55
45610 Recklinghausen

Ihr Zeichen: st-gi
Ihre Nachricht vom: 20..-02-21
Unser Zeichen: we-br
Unsere Nachricht vom:

Name: Stefan Weber
Telefon: 06421 78654-307
Telefax: 06421 78654-309
E-Mail: stefan.weber@moebelmay-wvd.de

Datum: 20..-02-23

Ihre Mängelrüge

Sehr geehrte Frau Stein,

Sie hatten gleich dreifachen Grund, mit der letzten Lieferung nicht zufrieden zu sein: lange Wartezeiten, verkratzte Schubladen und 24 Matten, die Sie gar nicht haben wollten. Da bleibt nur, Sie um Entschuldigung zu bitten und Ihnen mit Rat und Tat zu helfen:

1. Für die Kratzer an den Schreibtischschubladen finden wir keine Erklärung. Selbstverständlich wird unsere Werkstatt diese Schäden so fachgerecht beheben, dass Sie den „KONSUL" noch zu einem guten Preis verkaufen können. Ein 15%iger Nachlass scheint da angemessen. Sind Sie einverstanden? Den reparierten Schreibtisch erhalten Sie spätestens am 28. Februar d. J.

2. Durch ein Versehen beim Versand haben Sie die falschen Matten erhalten. Die Gummiringmatten sind bewährte Schmutzkiller – gerade vor Büroeingängen. Wie gefällt Ihnen der Tipp, diese Matten in Ihr Sortiment zu nehmen? Dann können Sie auch hier 15 % vom Rechnungsbetrag abziehen. Die 24 Nadelfilzmatten sind schon mit der Post an Sie unterwegs.

Die Frühjahrssaison steht vor der Tür. Bitte beachten Sie die Neuheiten, die Ihnen der beigefügte Katalog in Wort und Bild vorstellt. Wir wünschen Ihnen gute Verkaufserfolge. Dürfen wir schon bald Ihren Auftrag erwarten, um dabei mitzuhelfen?

Freundlichen Gruß

Möbelfabrik
Kurt May & Söhne KG

i. A. Stefan Weber

Anlage
1 Katalog

Geschäftsräume
Am Kaufmarkt
35041 Marburg

Sitz der Kommanditgesellschaft
Marburg
Registergericht
Marburg HRA 6543

Persönlich haftender Gesellschafter
Kurt May

E-Mail
info@moebelmay-wvd.de
Internet
www.moebelmay-wvd.de

Bankverbindungen
Sparkasse Marburg-Biedenkopf
Konto-Nr. 1000987654
BLZ 533 500 00

VR Bank Mittelhessen
Konto-Nr. 23456789
BLZ 513 900 00

positives Beispiel

■ **5-47 Sauerkonserven** (Mängel in der Güte)
Sie sind Sachbearbeiter der Konservenfabrik Max Lippert, Postfach 15 67, 66111 Saarbrücken. Von Ihrem Kunden, dem Hotel „Zum Goldenen Löwen", Lange Straße 10, 18055 Rostock, erhalten Sie heute folgende Reklamation:

Für Ihre Lieferung über 100 Kartons Delikatessgurken Nr. 5 danken wir Ihnen. Bei einigen Stichproben haben wir festgestellt, dass die Marinade zu sauer geraten ist und die Gurken in der Größe zu stark abweichen. Zum Beweis erhalten Sie mit gleicher Post ein Glas dieser Gurken.

Beantworten Sie diese Mängelrüge abschlägig. Beachten Sie aber, dass das Hotel „Zum Goldenen Löwen" ein sehr guter Kunde ist. Hinweis: Größenabweichungen bei Gurken sind zulässig; die Marinade wird nach einem alten Hausrezept hergestellt.

■ **5-48 Organisationsschreibtisch** (Mängel in der Beschaffenheit)
Sie sind Mitarbeiter des Büromöbelhauses Jürgen Meffert, Postfach 13 18 28, 40211 Düsseldorf. Ihr Kunde, Rechtsanwalt Dr. Heinrich Ritter, Palmenstraße 42, 40217 Düsseldorf, hat Ihnen gerade geschrieben, dass ein Fuß des gelieferten Organisationsschreibtischs stark beschädigt ist. Dr. Ritter hat Ihnen eine Frist zur Nacherfüllung bis zum 20..-..-.. gesetzt. Es liegt Ihnen daran, den Kunden so schnell wie möglich zufriedenzustellen. Unterbreiten Sie ihm also einen akzeptablen Vorschlag.

■ **5-49 Registraturschränke und Computertische** (Mängel in Art und Beschaffenheit)
Als Mitarbeiter des Elektrogeschäfts Kapur, Postfach 19 91, 56621 Andernach, haben Sie heute von Ihrem Lieferer, dem Büromöbelhaus Jürgen Meffert, Postfach 13 18 28, 40211 Düsseldorf, zwei Registraturschränke Nr. 205 erhalten, obwohl Sie zwei Registraturschränke Nr. 2005 (viel bessere Ausführung) bestellt hatten. Setzen Sie eine Frist für die Ersatzlieferung (Umtausch).

Sie stellen ferner fest, dass bei drei Computertischen die Rollen beschädigt sind. Was schlagen Sie dem Lieferer vor?

5.2.4 Nicht-Rechtzeitig-Zahlung (Zahlungsverzug)

Jeder Kaufmann ist darauf bedacht, dass seine Forderungen pünktlich eingehen. Hohe Außenstände bringen ihm viele Nachteile: Sie zwingen ihn, die Rechnungen seiner Lieferer ohne Skontoabzug zu begleichen oder Bankkredite aufzunehmen. Es besteht die Gefahr, dass sich die Lage des säumigen Kunden verschlechtert und ein Vergleich oder Insolvenz Verluste bringt. Schließlich drohen Verluste durch Verjährung.

Nach dem Kaufvertrag muss der Käufer den vereinbarten Kaufpreis rechtzeitig bezahlen. War eine genaue Zahlungsfrist vereinbart (und dies ist die Regel), so kommt der Käufer auch ohne Mahnung in Verzug.

§ **Verzugszinsen.** Der Verkäufer hat – ohne Rücksicht auf einen konkreten Schaden – Anspruch auf Verzugszinsen. Grundlage für deren Berechnung ist der Basiszinssatz der Europäischen Zentralbank (EZB). Im Geschäftsverkehr unter Kaufleuten betragen die Verzugszinsen 8 %, im Geschäftsverkehr mit und unter Verbrauchern 5 % über dem Basiszinssatz der EZB.

Mahnverfahren. Der Gläubiger (Verkäufer) kann den Schuldner (Käufer) außergerichtlich oder gerichtlich mahnen.

1. **Außergerichtliches Mahnverfahren.** Hierfür gibt es keine gesetzliche Regelung, doch verläuft dieses „normale“ Mahnverfahren meist in folgenden Stufen:
   - *Zahlungserinnerung:* Ein höflicher Brief erinnert den Schuldner an die fällige Zahlung. – (Bei persönlich bekannten Kunden ist es auch möglich, sie mündlich oder telefonisch oder durch den Außendienst an die fällige Zahlung zu erinnern.)
   - *Erste Mahnung:* Der Kunde wird höflich, aber bestimmt schriftlich aufgefordert, den Rechnungsbetrag zu begleichen.
   - *Zweite Mahnung:* Der 2. Brief fordert den Kunden – unter Hinweis auf die erste Mahnung – sofort zur Zahlung auf und droht gerichtliche Schritte an.

2. **Gerichtliches Mahnverfahren**
   - *Mahnbescheid:* Der Gläubiger beantragt beim Amtsgericht, dem Schuldner einen Mahnbescheid zuzustellen. Antragsvordrucke sind im Schreibwarenhandel oder beim Amtsgericht erhältlich.
     Zuständig ist das Amtsgericht, bei dem der Antragsteller seinen Gerichtsstand hat. Der Mahnbescheid verursacht im Vergleich zur Gerichtsverhandlung nur geringe Kosten.
   - *Widerspruch:* Der Schuldner kann den geforderten Betrag binnen zwei Wochen zahlen und damit das gerichtliche Mahnverfahren beenden. Hält er den Mahnbescheid aber für unberechtigt, kann er Widerspruch einlegen. Dann entscheidet das Gericht.
     Der Schuldner muss auch dann Widerspruch einlegen, wenn er zeitgleich mit dem Eingang des Mahnbescheids gezahlt hat. Sonst läuft das Verfahren nämlich zunächst weiter.
   - *Vollstreckungsbescheid:* Wenn der Schuldner weder bezahlt noch Widerspruch einlegt, kann der Gläubiger innerhalb von sechs Monaten einen Vollstreckungsbescheid beantragen. Nach dessen Zustellung kann der Schuldner innerhalb von zwei Wochen bezahlen oder widersprechen. Wird der Widerspruch vom Amtsgericht abgewiesen, kommt es zur Zwangsvollstreckung.

✖ **Bitte beachten Sie:** Der Ton Ihrer Mahnung(en) muss dem Kundenverhältnis angemessen sein. Ziel Ihrer Mahnung(en) ist stets, Ihre Forderung hereinzuholen, aber nach Möglichkeit keinen Kunden zu verlieren.

Möglicher Inhalt einer Zahlungserinnerung:
- Sie danken nochmals für den Auftrag.
- Sie erinnern den Kunden an den Rechnungsausgleich.
- Sie fordern ihn freundlich, aber bestimmt zur Zahlung auf.
- Sie können Ihrer Erinnerung auch einen Kontoauszug oder eine Rechnungskopie beifügen.
- Sie können auch einen vorbereiteten Vordruck „Überweisung/Zahlschein“ beilegen.
- Sie können Ihre Erinnerung mit einem besonders günstigen Angebot, dem Hinweis auf neue Modelle, Preislisten u. Ä. verbinden.
- Sie danken im Voraus für die Überweisung.

Beispiel: Zahlungserinnerung, verbunden mit einer kurzen Werbung

Für Ihren Auftrag danken wir Ihnen nochmals. Aus dem Telefongespräch mit Ihrem Verkaufsleiter, Herrn Daniel Hausen, wissen wir schon, dass Sie den größten Teil der Wettermäntel „London“ bereits verkaufen konnten. Darüber freuen wir uns mit Ihnen.

Im stürmischen Herbstgeschäft wurde wohl übersehen, unsere Rechnung über 7.000 € wie vereinbart am 15. d. M. zu begleichen. Am besten verwenden Sie für Ihre Überweisung den beigefügten Vordruck. Dafür danken wir Ihnen im Voraus.

Bis zum Einkauf der Frühjahrsmäntel ist es nicht mehr weit. Der beigefügte Prospekt stellt Ihnen einige besonders attraktive Modelle vor. Den Katalog mit unserem vollständigen Angebot erhalten Sie Anfang n. M.

4301116

Landmaschinenhandlung

Förster & Kunz GmbH

Förster & Kunz GmbH · Postfach 5 77 · 25335 Elmshorn

Landbau
Gebrüder Berger
Schwalbenweg 47
25899 Niebüll

Ihr Zeichen: bw-fo
Ihre Nachricht vom: 20..-05-08
Unser Zeichen: hi-mü
Unsere Nachricht vom: 20..-04-22

Name: Peter Hirsch
Telefon: 04121 37565-18
Telefax: 04121 37565-30
E-Mail: peter.hirsch@maschinenfoerster-wvd.de

Datum: 20..-05-12

Unsere Rechnung Nr. 30 800

Sehr geehrte Damen und Herren,

im Februar d. J. haben Sie drei gebrauchte Traktoren HERKULES erhalten. Diese Fahrzeuge hatte unsere Zentralwerkstatt gründlich durchgesehen und dabei alle Verschleißteile erneuert. Bitte vergleichen Sie hierzu die beiliegende Kopie.

Sie haben unsere Rechnung noch nicht beglichen. Daran mussten wir Sie schon zweimal erinnern. Jetzt wollen Sie unsere Forderung nicht anerkennen. Darüber wundern wir uns, zumal von einer telefonischen Reklamation Ihres Verwalters hier nichts bekannt ist. Es gelten ohnehin nur schriftliche Mängelrügen.

Nun verweisen Sie darauf, Sie hätten zwei Traktoren selbst ausgebessert und das dritte Fahrzeug sei irreparabel. Wie aus dem beiliegenden Werkstattbericht hervorgeht, haben alle drei Traktoren bei der Schlussinspektion einwandfrei gearbeitet. Die Schäden können also nur später entstanden sein.

Deshalb bestehen wir darauf, dass Sie zuerst die Rechnung über 12.000 EUR begleichen. Danach sind wir gern bereit, mit Ihnen über die Reparaturkosten zu verhandeln.

Freundliche Grüße

Landmaschinenhandlung
Förster & Kunz GmbH

i. A. Peter Hirsch

Anlage
1 Kopie Werkstattbericht

Geschäftsräume	Sitz der Firma	Geschäftsführer	E-Mail	Bankverbindungen	
Alter Markt 74	Elmshorn	Karl Förster	info@maschinenfoerster-wvd.de	Commerzbank Elmshorn	Postbank Hamburg
25335 Elmshorn	Registergericht	Erwin Kunz	Internet	Konto-Nr. 888430019	Konto-Nr. 990345-228
	Elmshorn HRB 7890		www.maschinenfoerster-wvd.de	BLZ 221 800 00	BLZ 200 100 20

positives Beispiel

4301117

Elektrogroßhandlung Rainer Fenske

Rainer Fenske · Saarbrücker Straße 85 · 45138 Essen

Ihr Zeichen: gö-wa
Ihre Nachricht vom: 20..-01-15
Unser Zeichen: zi-po
Unsere Nachricht vom: 20..-03-20

Elektrogeschäft
Kapur
Postfach 19 91
56621 Andernach

Name: Torsten Ziege
Telefon: 0201 483211-127
Telefax: 0201 483211-517
E-Mail: torsten.ziege@elektrofenske-wvd.de

Datum: 20..-04-25

Unsere Rechnung Nr. 108

Sehr geehrte Damen und Herren,

Sie haben unseren Kontoauszug und die beiden Erinnerungsbriefe leider nicht beachtet. Deshalb müssen wir Ihnen für den Betrag von

4.450,25 €

eine letzte Zahlungsfrist – bis 15. Mai 20.. – setzen.

Sollten Sie auch bis dahin Ihren Verpflichtungen nicht nachgekommen sein, werden wir einen Mahnbescheid beantragen. Es ist uns unbegreiflich, dass Sie es bisher nicht für nötig gehalten haben, uns wenigstens eine kurze Erklärung für Ihr ungewöhnliches Verhalten zukommen zu lassen.

Hochachtungsvoll

Elektrogroßhandlung
Rainer Fenske

ppa. i. V.

Anne Feldmann Torsten Ziege

Geschäftsräume
Saarbrücker Straße 85
45138 Essen

Inhaber
Rainer Fenske

Gerichtsstand
Essen
Registergericht
Essen HRA 6789

E-Mail
info@elektrofenske-wvd.de
Internet
www.elektrofenske-wvd.de

Bankverbindungen
Commerzbank Essen
Konto-Nr. 41501607
BLZ 360 400 39

Postbank Essen
Konto-Nr. 75059-436
BLZ 360 100 43

negatives Beispiel

4301118

Möglicher Inhalt einer ersten Mahnung:

- Sie beziehen sich auf Ihre Zahlungserinnerung.
- Sie fordern den Kunden auf, bis zu einem bestimmten Termin zu zahlen.
- Sie können auch auf Ihre eigenen Zahlungsverpflichtungen hinweisen.

Möglicher Inhalt einer zweiten Mahnung:

- Sie beziehen sich auf Ihre Zahlungserinnerung und auf die erste Mahnung.
- Sie bestimmen einen Termin, bis wann das Geld überwiesen sein soll.
- Sie kündigen bei Nichtzahlung einen Mahnbescheid an oder Sie übertragen den Einzug einem Inkassounternehmen.

Originell um jeden Preis? Es fehlt nicht an Versuchen, die „trockenen" Mahnbriefe durch originelle Formulierungen – meist auf vorgedruckten Schemabriefen, die Werbebüros u. Ä. anbieten – zu ersetzen. Es gibt solche Mahnbriefserien auch mit Zeichnungen oder Fotos, manchmal sogar mit Versen und Zitaten. Viele dieser Mahnbriefserien wirken überzogen, unangemessen witzig und erfüllen kaum ihren Zweck.

Aufgaben für Mahnungen

5-50 Zahlungserinnerung

Sie sind Bevollmächtigter der Weberei Fritz Meister, Postfach 18 92, 78531 Tuttlingen. Ihr Kunde, die Kleiderfabrik Jürgen Höfer & Söhne, Goethestraße 1, 29410 Salzwedel, hat von Ihnen Baumwollsatin bezogen und die Rechnung Nr. 503 über 240,45 €, die vor einigen Tagen fällig war, noch nicht beglichen.

Schreiben Sie heute eine freundlich gehaltene Zahlungserinnerung und bieten Sie Ihren neuen Seidenstoff „Doris" (Preis und Mindestmenge nach Ihrer Wahl) an.

5-51 Mahnung

Sie sind Mitarbeiter des Tiefkühlservice Klaus Junghans, Gertrudenplatz 1, 18273 Güstrow, und mahnen heute Ihren Kunden, das Hotel „Zum Goldenen Löwen", Lange Straße 10, 18055 Rostock.

Es geht um Ihre Rechnung Nr. 408 über 362,90 €, die schon vor 6 Wochen hätte beglichen werden müssen.

5-52 Mahnung

Sie sind Angestellter des Bürobedarfs Heinrich Amsel GmbH, Postfach 12 08, 24931 Flensburg. Sie beziehen sich auf Ihre Zahlungserinnerung und mahnen heute bei der Großhandlung Paul Schneider & Söhne, Postfach 10 45, 67051 Ludwigshafen, den Betrag Ihrer Rechnung Nr. 205 über 615,25 € (Ziel 2 Monate) an.

5-53 Zusatzaufgabe

Die Großhandlung Paul Schneider & Söhne bittet Sie, das Zahlungsziel um 4 Wochen zu verlängern und gibt dafür Gründe an (welche?).

5-54 Zweite Mahnung

Sie sind Sachbearbeiter der Textilfabrik Helmut Staller GmbH, Postfach 16 58, 33601 Bielefeld. Trotz der Zahlungserinnerung und der ersten Mahnung hat Ihr Kunde, das Textilfachgeschäft Dieter Kadenbach, Hochstraße 98, 56112 Lahnstein, den Rechnungsbetrag von 249,00 €, der schon vor 2 Monaten fällig war, noch nicht beglichen.

■ **5-55 Mahnbriefreihe**

Sie sind Angestellter des Kosmetikvertriebs Paul Mießner KG, Tränkstraße 14 b, 06268 Querfurt. Sie mahnen die Parfümerie Burger, Bahnhofsgasse 1, 07407 Rudolstadt, wegen der fälligen Rechnung Nr. 121 über 405,40 € vom ... (Datum nach Ihrer Wahl) ab heute mit drei Mahnbriefen in angemessenen Zeitabständen.

5.2.5 Erlöschen eines Angebots Widerruf/Ablehnung einer Bestellung

Ein Angebot erlischt in folgenden Fällen:

a) Wenn der Anbietende rechtzeitig widerruft, d. h., wenn der Widerruf vor, spätestens aber gleichzeitig mit dem Angebot zugeht; dies gilt sinngemäß auch für den Widerruf einer Bestellung;
b) wenn die Bestellung verspätet eintrifft;
c) wenn die Annahme unter Erweiterungen, Einschränkungen oder anderen Änderungen erfolgt; sie gilt als Ablehnung des Angebots, verbunden mit einem neuen Antrag (Angebot).

§ Um das rechtzeitige Eintreffen des Widerrufs zu sichern, nutzen Sie am besten Telefax, E-Mail oder Express Brief. Sie können auch telefonisch widerrufen, sollten dann aber einen schriftlichen Widerruf nachsenden.

Möglicher Inhalt eines Widerrufs:

- Sie beziehen sich auf Ihr Angebot bzw. auf Ihre Bestellung und verweisen darauf, dass das Angebot bzw. die Bestellung gleichzeitig mit dem Widerruf eintrifft.
- Oder Sie beziehen sich auf Ihren telefonischen Widerruf, wobei Sie den Gesprächspartner nennen.
- Sie bedauern, dass Sie das Angebot bzw. die Bestellung widerrufen müssen, und begründen Ihren Widerruf.
- Sie danken dem Kunden bzw. Lieferer für die Annahme Ihres Widerrufs und erbitten sein Verständnis.
- Sie bitten den Kunden bzw. Lieferer, sein Einverständnis schriftlich zu bestätigen.
- Trifft eine Bestellung zu spät ein, sagen Sie dem Kunden zu, dass Sie ihn selbstverständlich künftig wieder gern beliefern werden.

Aufgaben für Widerruf und Ablehnung von Bestellungen

■ **5-56 Textilien**

Als Sachbearbeiter der Textilfabrik Weber & Söhne, Postfach 51 12 62, 30155 Hannover, haben Sie dem Modehaus Moritz & Schnell, Mainzer Straße 18, 56068 Koblenz, vor zwei Monaten ein Angebot über Jeanshosen und -jacken gemacht, das aber nur einen Monat galt.

Erst heute erhalten Sie die Bestellung des Modehauses.

Sie bedauern, dass Sie die verspätete Bestellung nicht ausführen können, da die Produktion inzwischen umgestellt wurde. Sagen Sie zu, den Kunden künftig gern wieder zu beliefern.

■ **5-57 Holz**

Als Handlungsbevollmächtigter des Holzhauses Bruno Rellek GmbH, Postfach 13 45, 53721 Siegburg, haben Sie der Holzhandlung Fritz Reuter KG, Alte Bahnhofstraße 2, 53173 Bonn, Sperrholz zum Quadratmeterpreis von 7,50 € angeboten.

Reuter bestellt zum Quadratmeterpreis von 7,00 €.

Dieser Preis ist jedoch nicht akzeptabel, da bereits 7,50 € je Quadratmeter äußerst knapp kalkuliert sind.

5-58 Baumwollsatin

Als Mitarbeiter der Weberei Fritz Meister, Postfach 18 92, 78531 Tuttlingen, haben Sie vor 6 Wochen der Kleiderfabrik Jürgen Höfer & Söhne, Goethestraße 11, 29410 Salzwedel, Baumwollsatin „Karin" und „Petra" angeboten.

Heute erhalten Sie von Ihrem Kunden eine Bestellung über je 500 m dieser Stoffe. Schreiben Sie Ihrem Kunden, dass die angebotene Menge inzwischen bis auf einen kleinen Rest verkauft ist.

5-59 Bürobedarf

Als Sachbearbeiter des Bürobedarfs Franz Meister GmbH, Postfach 12 08, 24931 Flensburg, erhalten Sie heute eine Bestellung Ihres Kunden Paul Schneider & Söhne, Postfach 10 45, 67051 Ludwigshafen, über Taschenrechner, Hängemappen, Hängehefter und Hängetaschen (Anzahl, Bestell-Nr. und Preise nach Ihrer Wahl).

Sie stellen fest, dass bei den Taschenrechnern anscheinend eine falsche Bestell-Nr. angegeben wurde (die genannte Bestell-Nr. bezeichnet einen viel teureren Taschenrechner); die Hängemappen in Blau bestellt wurden (Sie hatten nur graue angeboten); die Hängehefter in Rot bestellt wurden (Sie hatten nur blaue angeboten). Nur die Bestellung über Hängetaschen entspricht Ihrem Angebot. Was schreiben Sie Ihrem Kunden?

4301121

Lampenfabrik Schulz & Hofmann GmbH

Schulz & Hofmann GmbH · Postfach 24 13 05 · 68162 Mannheim

Elektrogroßhandlung
Baumgartner KG
Frau Petra Weiß
Postfach 70 63 48
70177 Stuttgart

Telefax
0621 483211-
983

Ihr Zeichen, Ihre Nachricht vom	Unser Zeichen, unsere Nachricht vom	Telefon, Name 0621 483211-	Datum
we-kr 20..-11-22	me-tr 20..-11-25	411 Anne Meister	20..-11-26

Bestätigung unseres telefonischen Widerrufs von heute Morgen
Auftrags-Nr. 6 789/20..

Sehr geehrte Frau Weiß,

Sie haben von uns ein Angebot über Pendelleuchten aus Glas und Kunststoff erhalten. Bei der Kalkulation ist jedoch ein Fehler unterlaufen. Über diesen Fehler hatten wir Sie heute Morgen schon telefonisch unterrichtet.

Bitte beachten Sie die endgültigen Preise:

Bestell-Nr. 550:
sechsflammige Pendelleuchten aus Glas
Durchmesser 37 cm; Preis 150,00 € je Stück

Bestell-Nr. 680:
einflammige Pendelleuchten aus Kunststoff
Durchmesser 42 cm; Preis 80,00 € je Stück

Wir bitten Sie, den Irrtum zu entschuldigen und Ihr Einverständnis mit unserem Widerruf zu bestätigen. Hierfür danken wir Ihnen im Voraus.

Freundliche Grüße

Lampenfabrik
Schulz & Hofmann GmbH

ppa.

Anne Meister

Geschäftsräume
Casterfeldstraße 5
68199 Mannheim

Sitz der Firma
Mannheim
Registergericht
Mannheim HRB 6789

Geschäftsführer
Georg Schulz

E-Mail
info@lampenschulz-wvd.de
Internet
www.lampenschulz-wvd.de

Bankverbindungen
SEB-Bank Mannheim
Konto-Nr. 1884207
BLZ 670 101 11

Postbank Stuttgart
Konto-Nr. 47821-708
BLZ 600 100 70

positives Beispiel

4301122

Keramikfabrik Joachim Specht KG

Joachim Specht KG · Ostanlage 49 · 35390 Gießen

Großhandlung
Herbert Schwarz
Herrn Jens Grün
Postfach 14 05
89071 Ulm

Telefax
0641 1807-
811

Ihr Zeichen, Ihre Nachricht vom	Unser Zeichen, unsere Nachricht vom	Telefon, Name 0641 1807-	Datum
gr-ka 20..-08-22	mü-kr	14 Rita Müller	20..-08-25

Unser Angebot über Platten

Sehr geehrter Herr Grün,

wir danken Ihnen für Ihre Bestellung über Wand- und Bodenfliesen. Wir hatten dieses Angebot bis zum 19. d. M. befristet.

Wir sind deshalb leider nicht mehr in der Lage, Ihre Bestellung jetzt noch auszuführen. Wir haben diese Fliesen so gut verkauft, dass wir keine mehr auf Lager haben.

Wir werden Sie künftig wieder gern mit unseren Wand- und Bodenfliesen beliefern. Wir legen diesem Brief unseren neusten Katalog bei.

Wir freuen uns schon heute auf Ihre Bestellung.

Freundliche Grüße

Keramikfabrik
Joachim Specht KG

ppa.

Rita Müller

Anlage
1 Katalog

Geschäftsräume
Ostanlage 49
35390 Gießen

Sitz der Gesellschaft
Gießen
Registergericht
Gießen HRA 3456

Persönlich haftender
Gesellschafter
Joachim Specht

E-Mail
info@keramikspecht-wvd.de
Internet
www.keramikspecht-wvd.de

Bankverbindung
Postbank Frankfurt (Main)
Konto-Nr. 181641-609
BLZ 500 100 60

negatives Beispiel

4301123

6 Die Werbung

„Wer nicht wirbt, der stirbt." Der alte Kaufmannsspruch gilt heute mehr denn je. Auf dem Markt weht ein rauer Wind. Wer verkaufen will, muss werben – gezielt und wirkungsvoll; denn Werbung kostet Geld. Es gibt viele Werbemittel, u. a. Zeitungsanzeigen, Plakate, Prospekte, Kataloge, Verkaufspackungen, Werbespots in Funk und Fernsehen, Schaufenster und Vitrinen, Kunden- und Hauszeitschriften, Infopost, Wurfsendungen, Handzettel, Flyer, Werbekarten, Broschüren usw.

Werbemöglichkeiten bietet nicht zuletzt das Internet mit Werbebannern und Pop-Ups; Internetauftritten und Online-Newsletter (neben Werbebannern). Andere Werbemittel sind: Bandenwerbung in Stadien, Trikotwerbung im Sport, Werbung auf öffentlichen und nicht öffentlichen Verkehrsmitteln. Zu den Werbemitteln zählen auch alle Werbeartikel (Werbegeschenke), die an Kunden verteilt werden.

Die Auswahl des Werbemittels richtet sich nach Inhalt, Zielgruppe und Reichweite. Für die individuelle Werbung bleibt der Brief die Nummer 1.

6.1 Werbeziele und Werbearten

Mit seiner Werbung will der Kaufmann den Kundenstamm erhalten, neue Kunden gewinnen, die Abnehmer mit neuen Produkten oder Dienstleistungen vertraut machen und Bedürfnisse wecken. Der Werbende kann sich an einzelne Empfänger wenden (Direktwerbung) oder an eine bestimmte Adressatengruppe (z. B. Kfz-Betriebe, Gärtner, Lehrer) oder an die Allgemeinheit (Massenwerbung). Er kann nur für sich werben (Alleinwerbung) oder zusammen mit anderen Firmen oder Organisationen (Gemeinschaftswerbung) oder mit den Geschäftsleuten einer Stadt, einer Straße usw. (Sammelwerbung).

6.2 Ermittlung der Adressaten von Werbesendungen

Der individuelle Brief hat die größten Chancen. Zielgruppen sind die Kunden (jetzige und ehemalige) und mögliche Interessenten, die Kunden werden sollen. Die Anschriften neuer Interessenten ermittelt der Kaufmann aus Branchentelefonbüchern („Gelbe Seiten"), Adressbüchern, über Adressenverlage, durch Inserate mit Antwortcoupons, Preisausschreiben usw. Neue Adressen kann man mieten (bei Adressvermittlern), kaufen (z. B. Adress-CD-ROMS) oder recherchieren (z. B. im Internet). Auf dem deutschen Adressenmarkt gibt es zahlreiche Anbieter, Adressbroker (Listbroker) und Unternehmen bzw. Makler, die Adressen von Unternehmen und Privatpersonen verleihen oder verkaufen (indirekt zu Marketingzwecken). Der Kaufmann erhält auch Hinweise von Kunden und Mitarbeitern. Nach all diesen Informationen kann er dann eine eigene Adressdatei (Kundendatei) anlegen und führen.

6.3 Der Briefaufbau

Jeder Geschäftsbrief sollte ein „Werbe"-Brief sein: eine Empfehlung für den Absender. Daher muss der Kaufmann alle Briefe so abfassen und schreiben, dass sie als Werbeträger dienen: klarer, freundlicher Stil, übersichtliche Gliederung, sauberes Schriftbild. Beim „eigentlichen" Werbebrief ist aber noch mehr zu beachten.

6.3.1 Die AIDA-Formel

Amerikanische Werbefachleute haben eine griffige und bewährte Formel für den Aufbau des Werbebriefs gefunden: AIDA.

A = Attention: Ihr Brief muss sofort die Aufmerksamkeit des Lesers wecken. Sonst liest er erst gar nicht weiter. Formulieren Sie die Betreffangabe packend; sie wirkt dann wie die Schlagzeile einer Zeitungsanzeige.

Mit dem Fernglas vor dem Bildschirm?

Sehr geehrte Damen und Herren,

Suchen Sie nach einem wirkungsvollen Anfang, der neugierig macht oder den Leser aufhorchen lässt.

wie können Sie Arbeitsfreude, Initiative und Gesundheit Ihrer PC-Anwender erhalten und steigern? Eine gute Frage, auf die es eine gute Antwort gibt.

I = Interest: Wenden Sie sich an die Interessen des Lesers. Fragen Sie sich: Welche Probleme hat er? Welche Hilfen können Sie ihm bieten? Der Übergang vom Einstieg zu diesem Briefteil ist nicht leicht. Hüten Sie sich vor gewaltsamen oder langweiligen Überleitungen, argumentieren Sie überzeugend und locker.

Sie wissen, wie sich Ihre Mitarbeiter den Bildschirm wünschen. Er soll

- stufenlos zu drehen, zu neigen und in der Höhe zu verstellen sein;
- nicht spiegeln, nicht flimmern, sondern klare Schriften und gestochen scharfe Bilder zeigen;
- möglichst geringe elektromagnetische und statische Felder haben.

D = Desire (of possession) = Besitzwunsch: Nun formulieren Sie Ihr Angebot so, dass der Leser den Wunsch hat, Ihr Produkt zu besitzen oder Zusatzinformationen, Proben u. Ä. anzufordern. Stellen Sie heraus, wie wichtig Ihr Angebot für ihn ist und wie leicht er es nutzen kann.

Zugegeben, das sind sehr hohe Ansprüche. Mit unserem neuen Bildschirm ARGUS haben wir sie erfüllt:

Beweglich nach allen Seiten – ohne Reflexionen, ohne Flimmern, mit bester Zeichen- und Bilddarstellung.

Wie Sie die Akzeptanz und Motivation Ihrer Mitarbeiter für die Bildschirmarbeit sichern können, das sagt Ihnen der aktuelle Ratgeber „Welcher Bildschirm für den PC?". Die Lektüre lohnt sich für Sie und für alle PC-Anwender Ihres Unternehmens.

A = Action: Der Leser soll etwas tun: ausführliche Informationen anfordern oder gleich bestellen.

Sie können diese nützliche Broschüre kostenlos und unverbindlich mit der beigefügten Karte anfordern.

Senden Sie die Karte heute noch ab, dann ist unser Ratgeber spätestens übermorgen bei Ihnen.

Freundliche Grüße

6.3.2 Sprachliches zum Werbebrief

Wiederholen Sie Abschnitt 3: Tipps für Ihren Briefstil. Hier noch ein paar Tipps für Ihre Werbebriefe.

1. Verwenden Sie oft die Wörter *Sie* und *Ihre*, weniger dagegen *wir* und *uns(ere)*. Wiederholen Sie Ihren Firmennamen oder Ihr Markenzeichen nicht zu oft.

4301125

2. Wörter auf *-ung, -heit, -keit* wirken meist blass. Kurzsilbige Wörter sind frischer und leichter zu lesen.
3. Bringen Sie nicht zu viele Präpositionen in einem Satz unter. Der Satz wirkt dann leicht holprig und unbeholfen.

statt so:	besser so:
<u>In</u> dem Gesamtverzeichnis, das Sie <u>mit</u> der beigefügten Karte anfordern können, finden Sie <u>auf</u> der letzten Seite auch unsere Liefer- und Zahlungsbedingungen.	Bitte fordern Sie mit der beigefügten Karte das Gesamtverzeichnis an. Die letzte Seite nennt Ihnen auch die Liefer- und Zahlungsbedingungen.

4. Schreiben Sie einfach und packend. Vermeiden Sie Phrasen und Floskeln.
5. Schreiben Sie öfter Fragesätze; sie beleben und sind eindringlicher als Aussagen.
6. Verwenden Sie neben Punkt und Komma auch Gedankenstrich und Doppelpunkt: Der Gedankenstrich erzeugt Spannung, der Doppelpunkt erspart eine verbale Ankündigung. Übertriebener Einsatz dieser Satzzeichen mindert freilich die Wirkung.

6.3.3 Möglichkeiten für Ihren Briefanfang

Weil der Anfang gerade beim Werbebrief so wichtig ist (und manchen Schreibern besonders schwerfällt), widmen wir ihm hier einen besonderen Abschnitt. Welchen Einstieg Sie wählen, darüber müssen Sie jeweils selbst entscheiden. Kriterien hierfür sind u. a.:
- die Person des Empfängers und Ihre Beziehung zu ihm;
- Art und Stil Ihres Unternehmens;
- die Besonderheit des Warenangebots oder der Dienstleistung;
- die gegenwärtige Marktlage.

Für den Anfang eines Werbebriefs bieten sich viele Möglichkeiten. Einige Vorschläge finden Sie hier.

Vorteil für den Leser	Jetzt können Sie Zeit und Geld sparen: Entlasten Sie Ihre Korrespondenz durch Kurzmitteilungen.
Zitat	„Gut Ding will Weile haben" – auch und gerade Ihre Werbeplanung. Lassen Sie sich von unseren Experten beraten und helfen.
Story	Ein Kölner Unternehmen – etwa so groß wie Ihres – konnte seine Werbekosten um glatt ein Drittel senken. Und dies nur mithilfe unseres Werbeservices, speziell für die Angebote über Computerzubehör.
Ausverkauf	Am Ende der Saison ist Platz kostbarer als Modeschmuck. Wir müssen Platz schaffen für die neue Kollektion. Das bringt Ihnen heute ein Sonderangebot ins Haus:
Insider (Experten u. Ä.)	Insider brauchen nicht weiterzulesen. Dieser Brief ist nicht für sie bestimmt. Auch nicht für Leute, die sich mit dem Erreichten ein für alle Mal zufrieden geben.

Wissenswertes	Wussten Sie, dass jeder zweite Bewerbungsbrief allein schon an seinem Äußeren scheitert?
Wie es früher war	Erinnern Sie sich an die Zeit, als Sie für 400 € eine schöne Dreizimmerwohnung mieten konnten? Zwischen damals und heute liegen Welten, und niemand weiß, wie hoch die Mieten noch klettern. Darum überlegen nicht wenige Mieter, wie sie …
Lob	Flexibel zu sein – und zu bleiben, das zählt zu Ihren Tugenden als Ausbilder. Deshalb werden Sie sich das beigefügte Ansichtsexemplar bestimmt näher betrachten. Es zeigt Ihnen …
Schmeichelei	Sie gehören zu dem kleinen Kreis, den wir für den Probebezug der Zeitschrift XY ausgewählt haben.
Einmalige Gelegenheit	Sie schätzen alte Stiche, aber wohl kaum die hohen Preise, die dafür verlangt werden. Doch heute erhalten Sie ein Angebot, wie wir es Ihnen nie wieder vorlegen können: …
Reservierung	Sie sind ein guter Weinkenner, verwöhnt und anspruchsvoll. Für Sie haben wir einen edlen Tropfen reserviert: …
Bitte um etwas Zeit	Bitte geben Sie uns zwei Minuten Zeit – und wir sagen Ihnen, wie Sie ohne großen Aufwand noch mehr Kunden gewinnen können.
Hier sind x Gründe	Hier sind 12 Gründe, weshalb Sie das Septemberheft der „Verkaufsrevue" lesen sollten:
Identifizierung	Sie legen auf saubere Briefe ebenso großen Wert wie wir. Darum wird Sie das Schriftbild des neuen Druckers XY begeistern.
Schuldgefühl	Was konnten Sie in letzter Zeit gegen die Abfallflut tun?
Wählen Sie	Für Sie liegt ein kostenloses Buch bereit. Doch wir wissen noch nicht, ob Sie lieber Reiseberichte oder Krimis lesen. Deshalb laden wir Sie ein, …
Herausforderung	Bitte versuchen Sie, die beigefügte Schriftprobe zu entziffern.
Helfen Sie uns	Dürfen wir Sie bitten, sich zu einem Problem zu äußern, das für uns sehr wichtig ist? Sie brauchen im beigefügten Fragebogen nur anzukreuzen, wo Sie der Schuh drückt.
Einladung	Sie sind herzlich eingeladen, bei einer völlig neuen Werbeaktion mitzumachen.
Nominierung	Eine erfreuliche Nachricht: Sie sind als Teilnehmerin an der nächsten Kairo-Studienfahrt vorgeschlagen worden.

Werbe-Service Paul Zahn KG

Paul Zahn KG · Postfach 13 03 · 97862 Wertheim

Autohaus
Robert Mauer OHG
Postfach 21 55
83640 Bad Tölz

Ihr Zeichen:
Ihre Nachricht vom:
Unser Zeichen: ba-ne
Unsere Nachricht vom:

Name: Eva Bauer
Telefon: 09342 8246-407
Telefax: 09342 8246-125
E-Mail: eva.bauer@werbe.service.zahn-wvd.de

Datum: 20..-09-03

Beschirmen Sie Ihre Kunden

Sehr geehrte Damen und Herren,

der nächste Regen kommt bestimmt. Doch Sie lassen Ihre Kunden nicht im Regen stehen – weder im wörtlichen noch im übertragenen Sinn. Denn Sie haben einen Schirm extra für Ihre Kunden.

Wo Ihr Kunde Ihren Schirm auch unterbringt, ob zu Hause an der Garderobe oder für alle Fälle im Auto: Wenn er ihn braucht, wird er sich gern an Sie erinnern. Und er erinnert mit Ihrem Werbeaufdruck auch seine Mitmenschen an Ihr Autohaus.

Vielleicht werden Sie jetzt sagen: viel zu teuer! Doch nicht bei uns. Denn wir liefern Ihnen sage und schreibe

30 Automatik-Stockschirme OSLO mit Ihrem Werbeaufdruck
zum Sonderpreis von nur 135,00 €.

Und so einfach gehts: Sie bestimmen die Farben: rot-weiß oder blau-weiß oder weiß. Dann senden Sie uns eine Vorlage für Ihren Werbeaufdruck.

Der beigefügte Prospekt nennt Ihnen die Qualitätsmerkmale des OSLO, zeigt Farbfotos und gibt Beispiele für Ihren Werbeaufdruck. Wenn Sie sich gleich für diesen attraktiven Werbeträger entscheiden, können Sie Ihre Kunden schon Ende nächster Woche beschirmen. So schnell wird Ihr Auftrag ausgeführt.

Freundliche Grüße

Werbe-Service
Paul Zahn KG

i. A. Eva Bauer

Anlage
1 Prospekt OSLO

Geschäftsräume
Lindenstraße 7
97877 Wertheim

Kommanditgesellschaft
Sitz: Wertheim
Registergericht
Wertheim HRA 62

E-Mail
info@werbe.service.zahn-wvd.de
Internet
www.werbe.service.zahn-wvd.de

Bankverbindung
Commerzbank Wertheim
Konto-Nr. 8333003005
BLZ 790 400 47

positives Beispiel

Büromaschinenwerke

Volker Schröder GmbH

Schröder GmbH · Postfach 18 09 · 26381 Wilhelmshaven

Großhandlung
Schneider & Söhne
Postfach 41 09 95
76134 Karlsruhe

Ihr Zeichen:
Ihre Nachricht vom:
Unser Zeichen: me-bt
Unsere Nachricht vom:

Name: Horst Meister
Telefon: 04421818189-411
Telefax: 04421 818189-261
E-Mail: horst.meister@buero.schroeder-wvd.de

Datum: 20..-06-06

Ohne unser Zubehör geht es bei Ihnen nicht mehr!

Sehr geehrte Damen und Herren,

wir bieten Ihnen die richtigen Maschinen und Geräte, damit Sie in Ihrem Büro endlich vernünftig arbeiten können. Das hat sowohl Gültigkeit für die Textverarbeitung als auch für das infrage kommende Zubehör. Wir entwickeln das Zubehör in Verbindung mit den Maschinen, testen beides und geben dies alles in die Produktion.

Unsere Fabrikationsmethoden sind die allermodernsten und allerbesten. Laufend entwickeln wir weiter. Wir garantieren Ihnen für unser Zubehör die optimalste Qualität und die wirtschaftlichste Verwendung. Unsere Belieferung erfolgt möglichst billig und bequem. Auf Wunsch teilen wir Ihnen mit, welche Bezugsart wir Ihrem Unternehmen von Fall zu Fall empfehlen können.

Unser Zubehör trägt zur optimalen Büroarbeit wesentlich bei. Unsere Textsysteme sind überall verbreitet und für die verschiedensten Zwecke geeignet.

Wir erwarten Ihren Auftrag, den wir bestmöglich ausführen werden.

Freundliche Grüße

Büromaschinenwerke
Volker Schröder GmbH

ppa.

Norbert Lange

Geschäftsräume
Weserstraße 104
26382 Wilhelmshaven

Gesellschaft mit
beschränkter Haftung
Sitz: Wilhelmshaven
Registergericht
Wilhelmshaven
HRB 2205

Geschäftsführung
Volker Schröder
und Peter Sorger

E-Mail
info@buero.schroeder-wvd.de
Internet
www.buero.schroeder-wvd.de

Bankverbindungen
Oldenburgische
Landesbank
Konto-Nr. 34166
BLZ 282 200 26

Postbank Hamburg
Konto-Nr. 8131-209
BLZ 200 100 20

negatives Beispiel

Aufgaben für Werbebriefe

6-1 Computer

Als Sachbearbeiter der Büromaschinenwerke Peter Petersen GmbH, Postfach 19 95, 24101 Kiel, wenden Sie sich heute an Ihre Händlerkunden.

Sie empfehlen besonders Ihren Computer Multimedia-PC „Satellite“, Festplatte 240 GB, 1 DVD-Laufwerk, Tastatur, Maus, TFT-Monitor, leistungsstarker Laserdrucker, zum günstigen Komplettpreis von 998,00 €.

Senden Sie einen Farbprospekt mit, der die Geräte in Wort und Bild vorstellt und die technischen Daten enthält.

6-2 Textilien

Sie sind Mitarbeiter der Textilfabrik Weber & Söhne, Postfach 51 12 62, 30155 Hannover. Die Boutique „Brigitte“, Am Strom 28, 18119 Rostock, hat lange nichts mehr bei Ihnen bestellt.

Sie werben deshalb heute besonders für Jogginganzüge für Damen und Herren. Die Anzüge sind aus einer neuartigen Klimafaser hergestellt (Farben, Größen und Preise nach Ihrer Wahl). Die Klimafaser schützt bei extremer Witterung (Hitze und Kälte gleichermaßen).

6-3 Möbel

Als Mitarbeiter des Einrichtungshauses Fritz Kannberger, Konrad-Adenauer-Platz 6, 53225 Bonn, schreiben Sie heute an einige ausgewählte Stammkunden und bieten ihnen preisgünstige Sitzgarnituren aus Leder für das Wohnzimmer an.

Stellen Sie dabei heraus: die Vorzüge des Leders (langlebig, robust, pflegeleicht). Laden Sie zum Probesitzen in Ihre ständige Ausstellung ein.

6-4 Berufskleidung

Sie sind Sachbearbeiter der Kleiderfabrik Wilhelm Kreiner & Co., Postfach 30 11 51, 40213 Düsseldorf. Sie haben sich seit kurzem auf Berufskleidung spezialisiert und bieten den Arztpraxen Berufskleidung für Ärzte und Medizinische Fachangestellte an.

6-5 Fachbücher

Als Mitarbeiter des Buchversandes „Wissen und Können“, Postfach 12 00, 34111 Kassel, schreiben Sie Werbebriefe an alle kaufmännischen Ausbilder in Hessen und Thüringen. Weisen Sie besonders auf die Reihe „Aktuelle Helfer für den Berufsanfänger“ hin und auf die günstigen Bezugsbedingungen (Versand sofort nach Eintreffen der Bestellung, porto- und verpackungsfreie Lieferung, Zahlungsziel 2 Monate).

6-6 Verschiedene Waren

Entwerfen Sie einen Werbebrief, in dem Sie Waren Ihres Geschäftszweigs zu bestimmten Anlässen (Ostern, Pfingsten, Weihnachten, Silvester u. Ä.) Ihrem bisherigen und einem neuen Kundenkreis anbieten. Denken Sie auch an einen originellen und attraktiven Briefkopf. Vielleicht können Sie sogar einen Werbespruch (Slogan) erfinden.

6.4 Nachfassbriefe

Der zielstrebige Kaufmann überwacht den Erfolg seiner Werbebriefe. Er weiß, dass nicht jeder Kunde auf das erste Angebot reagiert. Empfänger, die noch nicht bestellt haben, erhalten daher nach einiger Zeit eine zweite Werbung, einen Nachfassbrief. Darin wiederholt der Kaufmann sein Angebot, jedoch in anderer Form.

Möglicher Inhalt für Ihre Nachfassbriefe:

- Sie beziehen sich auf Ihren Werbebrief oder auf ein verlangtes Angebot.
- Sie fragen, warum die Bestellung ausgeblieben ist. Oder Sie sagen, welche Gründe Sie dafür vermuten.
- Sie stellen die Hauptvorteile Ihrer Leistung heraus.
- Sie bieten – nach Möglichkeit – eine Sonderleistung (oder einen zusätzlichen Vorteil) an.
- Sie bitten um Bestellung. Falls es sinnvoll ist, empfehlen Sie, sofort zu bestellen.

Beispiel: Teekocher

Teegenuss ist heiß begehrt

Sehr geehrte Damen und Herren,

optimale Einkaufschancen kommen nicht alle Tage. Doch heute ist so ein Tag. Denn die seit unserem Angebot eingesetzte starke Nachfrage macht's möglich, Ihnen ein Sonderangebot vorzulegen.

Bei Abnahme von 10 Stück erhalten Sie auf den günstigen Grundpreis einen Nachlass von 10 %:

Teekocher „Nippon"
kabellos; Kanne aus hitzebeständigem Spezialglas
Grundpreis 15,00 € abzüglich 10 % = 13,50 € je Stück

Sie wissen: Teegenuss ist heiß begehrt. Greifen Sie darum zu, sichern Sie sich Ihren Vorrat an diesem leistungsstarken und formschönen Teekocher.

Mit dem Teekocher „Nippon" werden Sie Ihren Umsatz bestimmt steigern. Auf Ihren Auftrag freuen wir uns schon.

Freundliche Grüße

Aufgaben für Nachfassbriefe

- **6-7 Wohnzimmermöbel**
  Als Prokurist der Möbelfabrik Ernst Bergmann, Postfach 28 41 01, 47052 Duisburg, haben Sie vor 3 Wochen dem Einrichtungshaus Fritz Kannberger, Konrad-Adenauer-Platz 6, 53225 Bonn, auf dessen Anfrage Wohnzimmermöbel angeboten und auf preisgünstige Einbauküchen hingewiesen. Bis heute haben Sie keine Bestellung von Kannberger erhalten, Sie fassen deshalb nach. Betonen Sie die solide Qualität und Formschönheit der Serien „Milano" und „Roma" und fügen Sie eine Sonderpreisliste für das auslaufende Modell „Venedig" bei.

- **6-8 Computer**
  Als Sachbearbeiter der Büromaschinenfabrik Peter Petersen OHG, Postfach 50 32 18, 20145 Hamburg, haben Sie vor 2 Wochen einigen Kunden ein unverlangtes Angebot über den Computer MERKUR mit 240-GB-Festplatte, großem TFT-Monitor, Tastatur, Maus und Laserdrucker zum Komplettpreis von nur 1.200,00 € gemacht.

Inzwischen haben Sie auch schon viele Bestellungen erhalten, und alle Kunden sind mit den Geräten sehr zufrieden. Das Bürohaus Schwarz & Weiß, Postfach 13 04, 24101 Kiel, hat jedoch noch nicht reagiert.

Erinnern Sie deshalb heute an Ihr Angebot. In 10 Tagen wird Ihr Lkw Kunden in der Kieler Umgebung beliefern, sodass der Auftrag von Schwarz & Weiß sehr schnell ausgeführt werden könnte.

6-9 Mikrowellenherde

Sie sind Mitarbeiter der Elektro-Apparate-GmbH, Postfach 40 38 16, 80334 München. Ihrem Kunden, der Großhandlung Frank & Frei, Wormser Straße 10, 55543 Bad Kreuznach, haben Sie auf Anfrage vor 14 Tagen den Mikrowellenherd INFERNO zum Preis von 599,00 € angeboten.

Da die Großhandlung noch nicht bestellt hat, fassen Sie heute nach. Ihrem Nachfassbrief legen Sie eine Kopie aus der soeben erschienenen Ausgabe der Zeitschrift „Warentest“ bei, die dem INFERNO die Note „sehr gut“ erteilt hat.

6-10 Wein

Sie sind Mitarbeiter der Weingroßhandlung Peter Simon, Rathausstraße 15, 55430 Oberwesel. Das Hotel „Zum Goldenen Löwen“, Lange Straße 10, 18055 Rostock, hat bei Ihnen nach Wein gefragt. Sie haben vor 3 Wochen einige Sorten Rheinwein (Preise zwischen 3,50 und 6,00 € je Flasche) angeboten, jedoch bis heute nichts von Ihrem Interessenten gehört.

Erinnern Sie heute an Ihr Angebot. Erweitern Sie es um den Jahrgang 20.., der gerade abgefüllt wurde, und von dem Sie soeben mit getrennter Post drei Probeflaschen abgeschickt haben.

6-11 Schreibtische

Als Mitarbeiter des Büromöbelhauses Jürgen Meffert, Postfach 13 18 28, 40213 Düsseldorf, haben Sie einem guten Kunden, dem Rechtsanwalt Dr. Heinrich Ritter, Palmenstraße 42, 40217 Düsseldorf, ohne dessen Anfrage einen Chefschreibtisch „Konsul“ zum Sonderpreis von 1.560,00 € angeboten. Sie sind erstaunt, dass Ihr Kunde, der sonst gern eine günstige Einkaufsmöglichkeit nutzt, noch nicht bestellt hat. Inzwischen ist Ihr Lagervorrat bis auf zwei Modelle „Konsul“ verkauft. Sie empfehlen daher, sofort zu bestellen.

6.5 Der unlautere Wettbewerb

Werbung ist Wettbewerb um Kunden. Damit dieser Wettbewerb nicht ausartet, gibt es Gesetze und Verordnungen. Die wichtigste dieser Werbekontrollen ist das „Gesetz gegen den unlauteren Wettbewerb (UWG)“. Es sind verboten:

1. **Unlauterer Kundenfang:** Handlungen, die Mitbewerber vom Wettbewerb ausschließen oder behindern, während keine eigene Leistung zugrunde liegt.
2. **Preisspaltung:** Forderung unterschiedlicher Preise zu gleicher Zeit, für dieselbe Ware und im selben Geschäftslokal;
3. **Lockvogelwerbung:** Werbung mit besonders niedrigen Preisen, um den Kunden andere, aber weniger preisgünstige Waren zu verkaufen;
4. **Irreführende Vorratsmenge:** Werbung für besonders preisgünstige Waren, die aber im Geschäft nicht oder nur in geringer Menge vorhanden sind, oder teurer verkauft werden.

4301132

5. **Irreführende Angaben:** über sich selbst oder die geschäftlichen Verhältnisse (Größe und Bedeutung des Unternehmens, der Verkaufsfläche, Umsatzhöhe, Mitarbeiterzahl); über die Ware oder Leistung (Beschaffenheit, Zustand, Echtheit, Wirkung, Ursprung, Herstellungsverfahren);
6. **Bestechung von Angestellten anderer Unternehmen;**
7. **Verwendung fremder Firmen- oder Geschäftsbezeichnungen;**
8. **Verrat von Geschäftsgeheimnissen;**
9. **Geschäftsschädigende Behauptungen:** üble Nachrede oder Verleumdung, um den Konkurrenten zu schädigen.

Vergleichende Werbung
Wenn sie unmittelbar oder mittelbar einen Mitbewerber oder seine Produkte oder Dienstleistungen erkennbar macht. – *Kritisierend-vergleichende Werbung* ist zulässig; sie darf aber nicht irreführend oder herabsetzend sein; vergleichen darf man nur Waren und Dienstleistungen desselben Bedarfs oder derselben Zweckbestimmung.

Zulässig ist der objektive Vergleich wichtiger und für den Verbraucher nachprüfbarer typischer Eigenschaften (wozu auch der Preis gehören kann); doch muss der Nachdruck auf der sachlichen Information liegen – Wertungen sind nicht erlaubt.

Preisvergleiche
Preisgegenüberstellungen sind grundsätzlich erlaubt; irreführende Preisgegenüberstellungen sind jedoch verboten. Beispiele: Die Werbung täuscht vor, der frühere Preis sei der eigene Preis (tatsächlich aber war er eine Preisempfehlung des Produzenten); der frühere Preis wurde so hoch angesetzt, dass keine korrekte Preisbemessung möglich ist („Mondpreis“); die Preise betreffen unterschiedliche Waren.

Aufgaben zum unlauteren Wettbewerb

6-12 Gesundheitstee
Als Mitarbeiter der Arzneimittelfabrik Reichert & Wagner AG, Postfach 13 07, 37151 Northeim, fordern Sie von der Engel-Apotheke, Grüner Weg 11, 37412 Herzberg, das eingetragene Wortzeichen „R-W-Gesundheitstee“ nicht mehr zu benutzen. Sie fragen, seit wann die Apotheke Gesundheitstee eigener Herstellung unter dieser Bezeichnung verkauft, und wie groß der Lagerbestand ist.

6-13 Alleskleber
Die Büromittelfabrik Becker & Schön GmbH, Postfach 51 07, 96465 Neustadt, bietet Alleskleber „Beckfix“ an und vergleicht den Preis mit dem des Klebers „Allfix“ der Bürobedarfswerke Schnell & Regen AG, Postfach 20 03 09, 90405 Nürnberg. Dabei gibt Becker & Schön einen zu hohen Preis für „Allfix“ an. Als Prokurist bei Schnell & Regen fordern Sie Becker & Schön auf, die vergleichende Werbung sofort einzustellen. Sie behalten sich Schadenersatzansprüche vor.

6-14 Bestechung des Außendienstmitarbeiters
Die Electronic-GmbH, Postfach 11 18, 53721 Siegburg, entnimmt dem Bericht ihres Außendienstmitarbeiters Herrn Ulrich Brey, dass der Electronic-Service Kurt Petermann KG, Kölner Straße 82, 57518 Betzdorf, versucht hat, von Herrn Brey Kundenanschriften zu erfahren. Als Gegenleistung wurde dem Außendienstmitarbeiter ein „Präsent“ (Wert etwa 250 €) in Aussicht gestellt. Sie sind Verkaufsleiter der Electronic-GmbH und fordern heute den Electronic-Service auf, sich unverzüglich zu dem Vorgang zu äußern. Ferner kündigen Sie an, der Industrie- und Handelskammer den Sachverhalt mitzuteilen und gerichtliche Schritte einzuleiten.

Johann Balthasar Noll

Fabrik für Fitnessgeräte

Johann Balthasar Noll · Postfach 10 41 · 35391 Gießen

Einschreiben
Sportgerätefabrik
Gebrüder Felschbecker
Postfach 10 81 03
28101 Bremen

Ihr Zeichen:
Ihre Nachricht vom:
Unser Zeichen: ru-wa
Unsere Nachricht vom:

Name: Oskar Ruf
Telefon: 0641 2253-403
Telefax: 0641 2253-983
E-Mail: oskar.ruf@nollfitness-wvd.de

Datum: 20..-09-19

Widerrechtliche Benutzung unseres Wortzeichens „Fittester"

Sehr geehrte Damen und Herren,

als Inhaber des Wortzeichens „Fittester" Nr. 456 723 haben wir festgestellt, dass Sie einen Universal-Heimtrainer unter derselben Bezeichnung in den Handel bringen. Damit verletzten Sie unsere Warenzeichenrechte.

Deshalb fordern wir Sie auf, den Verkauf unter dem Werbenamen „Fittester" sofort einzustellen, und erbitten bis zum 1. n. M. diese Angaben:

1. Seit wann benutzen Sie die Warenbezeichnung „Fittester"?
2. Wie viele Geräte wurden unter dieser Bezeichnung verkauft?
3. Welche Werbemaßnahmen haben Sie getroffen?
4. Welche Bestände lagern bei Ihnen?

Ferner erbitten wir Ihre rechtsverbindliche Zusicherung über die sofortige Einstellung des Verkaufs und etwaiger Werbemaßnahmen.

Nach Prüfung Ihrer Unterlagen behalten wir uns Schadenersatzanspruch vor.

Hochachtungsvoll

Johann Balthasar Noll
Fabrik für Fitnessgeräte

i. A.

Erich Kuhlmann

Geschäftsräume
Kaiserstraße 26
35398 Gießen

E-Mail
info@nollfitness-wvd.de
Internet
www.nollfitness-wvd.de

Bankverbindungen
Bezirkssparkasse Gießen
Konto-Nr. 661483
BLZ 513 200 25

Postbank Frankfurt
Konto-Nr. 3358-608
BLZ 500 100 60

positives Beispiel

7 Schriftwechsel zwischen Betrieb und Mitarbeitern

7.1 Berufsplanung

Am Anfang jeder Berufsplanung stehen Fragen: Was möchten Sie? Was trauen Sie sich zu? Welche Eigenschaften, Fähigkeiten und Kenntnisse haben Sie? Wer könnte Sie beraten und Ihnen helfen? Eltern, Lehrer, Bekannte, Praktiker, Berufsberater, Berufsverbände, Industrie- und Handelskammern, Erkenntnisse aus Betriebserkundungen – es gibt viele Möglichkeiten, um gute Tipps zu bekommen. Doch die Entscheidung können nur Sie selbst treffen – bei der ersten Berufswahl ebenso wie im späteren Berufsleben.

Bewerbungsunterlagen kann man nicht von heute auf morgen ausarbeiten und zusammenstellen. Beginnen Sie damit so früh wie möglich. Sammeln Sie Ihre persönlichen und beruflichen Daten und alle Unterlagen in einer Mappe. Dazu gehören auch gute Entwürfe für Bewerbungsschreiben, die Sie aber bei jeder Bewerbung auf den konkreten Fall abstimmen müssen.

7.2 Stellenbewerbung

Bewerben können Sie sich auf eine Stellenanzeige (Tageszeitungen, Zeitschriften, Internet) oder unaufgefordert, weil Sie annehmen, dass der Empfänger einen Ausbildungsplatz besetzen will oder Mitarbeiter für bestimmte Positionen sucht. Sie können aber auch eine eigene Stellenanzeige aufgeben, sich im Internet als stellensuchend eintragen oder eine Bewerbungs-Website ins Netz stellen. In allen drei Fällen werben Sie für sich selbst. Ihre Eigenwerbung hat nur Chancen, wenn Sie sorgfältig und gründlich vorgehen. Beachten Sie vor allem diese vier Grundsätze:

1. Halten Sie sich bei allen Angaben an die Wahrheit.
2. Werben Sie um Vertrauen, indem Sie den Empfänger überzeugen.
3. Schreiben Sie weder überheblich noch unterwürfig. Gesundes Selbstbewusstsein – ohne Angeberei oder übertriebene Bescheidenheit – überzeugt am ehesten.
4. Prüfen Sie Ihre Bewerbung oder Ihr Inserat selbstkritisch und sehr genau.

7.3 Internetstellenmarkt (Jobbörsen)

Neben dem traditionellen Stellenmarkt in Tageszeitungen und Fachzeitschriften werden auch im Internet viele Stellen angeboten oder gesucht.

Stellenangebote. Die Bundesagentur für Arbeit und die meisten Branchen haben im Internet eigene Jobbörsen. Sie sind gegliedert nach Berufsbildern und Funktionen, Anforderungsprofilen, Inlandsregionen und ausländischen Anbietern. Die Zahl der Unternehmen, die im Internet eine Bewerbungsmöglichkeit per E-Mail anbieten, wächst. Wenn die elektronische Bewerbung Interesse geweckt hat, wird der Bewerber meistens dazu aufgefordert, seine vollständige schriftliche Bewerbung auf dem Postweg nachzureichen.

Für Bewerbungen per E-Mail gelten dieselben Regeln wie für die Bewerbung auf dem üblichen Postweg. Vergleichen Sie hierzu die Abschnitte 7.2 und 7.4.

Stellengesuche. Wie beim Zeitungsinserat können qualifizierte Kräfte ihr Stellengesuch auch online aufgeben. Die Jobbörsen geben Tipps, wie das Stellengesuch optimal zu gestalten ist. Ferner informieren sie über Eignungstests, Weiterbildungsmöglichkeiten und Existenzgründungen. Für Schüler und Studenten gibt es spezielle Jobbörsen, die über entsprechende Angebote informieren. Diese Zielgruppen können im Internet, aber auch nach vorheriger Eintragung der persönlichen Angaben, des Praktikumswunschs, der Branche und der gewünschten Praktikumsdauer selbst nach einem geeigneten Praktikum suchen.

4301135

Jobbörsen (Auswahl):

www.arbeitsagentur.de
www.bonding.de/jobs
www.deutscher-stellenmarkt.de
www.jobnet.de
www.jobscout24.de
www.jobware.de
www.jobworld.de
www.monster.de
www.stellenanzeigen.de
www.stepstone.de

7.4 Bewerbungsunterlagen

„... mit den üblichen Bewerbungsunterlagen" – so steht es in vielen Stellenanzeigen. Gemeint sind: Lebenslauf, Zeugniskopien, Bescheinigungen über geleistete Praktika und Foto. Für diese Bewerbungsunterlagen gilt die Forderung: sauber, übersichtlich und korrekt.

Das Foto sollte nicht älter als 6 Monate sein. Automaten- und Amateurfotos sprechen kaum an. Sagen Sie im Fotogeschäft, wofür Sie das Bild brauchen. Ob schwarz-weiß oder farbig, das ist Geschmackssache. Nicht wenige Leiter von Personalabteilungen halten Schwarz-Weiß-Aufnahmen für solider, eleganter und unaufdringlicher. Farbfotos sollten nicht zu bunt sein und in den Tönen harmonieren. Bei der Bildgröße entscheiden sich die meisten Bewerber immer noch für ein Passbild (4 x 5 cm). Aussagekräftiger ist jedoch ein größeres Format, etwa 7 x 9 cm (ohne Rand). Vermerken Sie auf der Rückseite des Fotos Ihren Namen und Ihre Anschrift. Wenn Sie über die entsprechende Soft- und Hardware – z. B. einen Drucker mit hoher Auflösung – verfügen, können Sie das Foto auch direkt auf dem Bewerbungsschreiben und/oder dem Lebenslauf ausdrucken.

Verpackung. Die Bewerbung ist Ihre Visitenkarte. Es versteht sich, dass Eselsohren, Tintenkleckse, Fettflecke und andere Unsauberkeiten keinen guten Eindruck machen. Versenden Sie Ihre Bewerbung niemals in einer kleinen Briefhülle. Schon ein einmaliges Falten genügt, um den Gesamteindruck empfindlich zu stören. Stellen Sie alle Unterlagen in einer Bewerbungsmappe zusammen und verwenden Sie zum Versand eine weiße Briefhülle im Format B4.

7.4.1 Bewerbungsschreiben

Gestaltung. Erstellen Sie das Bewerbungsschreiben nach den Informationen der Abschnitte 1.2.4 bis 1.2.6. Achten Sie auf gutes tintenfestes Papier und ein sauberes, ansprechendes Schriftbild.

Aufbau. Sie werben in eigener Sache. Ihre Bewerbung ist also ein echter Werbebrief. Darum bietet sich auch hier die „AIDA-Formel" an. Nähere Informationen hierzu finden Sie im Abschnitt 6.3.1.
Ehe Sie sich auf eine Anzeige bewerben, müssen Sie das Inserat sorgfältig analysieren:

- *Wie präsentiert sich das inserierende Unternehmen?*
  Branche, Standort, Betriebsgröße, Mitarbeiter, Marktanteil
- *Welche Schlüsse lassen sich aus der Formulierung ziehen?*
  Image, Unternehmenskultur und -leitbild
- *Wie wird die zu besetzende Stelle beschrieben?*
  Aufgabengebiet, Zuständigkeit, Verantwortung, Aufstiegsmöglichkeiten
- *Was wird beim Bewerber vorausgesetzt?*
  Schulbildung, Berufsausbildung, Berufserfahrung, sonstige Kompetenzen, sofortiger (frühester) Einstellungstermin
- *Welche Qualifikationen sind nicht zwingend, aber erwünscht?*
  Sprachkenntnisse, EDV-Praxis, Anwendungskenntnisse einer bestimmten Software
- *Was wird dem Bewerber geboten?*
  Ausbildung, Einarbeitung, Weiterbildung, Entgelt, soziale Leistungen
- *Welche Anforderungen können Sie voll erfüllen, welche nur teilweise, welche (noch) gar nicht?*

Beispiel 1: Bewerbung um eine nicht angebotene Ausbildungsstelle

Bewerbung um einen Ausbildungsplatz als Bankkaufmann

Sehr geehrte(r) Frau/Herr ...,

bei einer Informationsveranstaltung der hiesigen Agentur für Arbeit bin ich auf den Beruf des Bankkaufmanns aufmerksam geworden.

Das Bankwesen interessiert und fasziniert mich schon seit vielen Jahren. Deshalb habe ich einen Berufsberater gebeten, mich noch genauer über die Ausbildungsinhalte und Tätigkeitsmerkmale dieses Berufes zu informieren. Schon während des Gesprächs habe ich festgestellt, dass die Anforderungen exakt meinen Neigungen und Fähigkeiten entsprechen.

Zurzeit besuche ich die 13. Klasse des Gymnasiums in ... Meine Schulausbildung endet im Sommer n. J. mit der allgemeinen Hochschulreife. Danach möchte ich gern eine Ausbildung in Ihrer Bank beginnen.

Wenn Ihnen meine Bewerbung gefällt, freue ich mich über Ihre Einladung zu einem Vorstellungsgespräch.

Freundliche Grüße

Karsten Wagner

Anlagen
Lebenslauf
Foto
2 Zeugniskopien

Beispiel 2: Bewerbung um eine angebotene Stelle

Bewerbung als Zahnmedizinische Fachangestellte

Sehr geehrte(r) Frau/Herr Dr. ...,

im Juli d. J. beende ich meine Ausbildung zur Zahnmedizinischen Fachangestellten mit voraussichtlich gutem Erfolg. Da das Team meiner Ausbildungspraxis komplett ist, kann ich dort nicht übernommen werden, obwohl mein Chef mit mir sehr zufrieden ist. Auch die Zusammenarbeit mit dem Praxisteam ist sehr harmonisch.

Ich bewerbe mich um die in der ... Zeitung vom ... angebotenen Stelle, weil ich sicher bin, alle Anforderungen zu erfüllen.

Kolleginnen und Patienten beschreiben mich als aufgeschlossen und freundlich. Am Empfang und in der Terminverwaltung habe ich in meiner Ausbildung selbstständig und oft eigenverantwortlich gearbeitet. Mit allen Tätigkeiten, die in einer Zahnarztpraxis anfallen, bin ich vertraut.

Mein Beruf bereitet mir viel Freude. Deshalb interessiere ich mich sehr für Fortbildungsmaßnahmen. Bei der Landeszahnärztekammer habe ich mich schon über geeignete Kurse und Seminare informiert.

Hohes Engagement und große Eigeninitiative sind für mich selbstverständlich. Ich bin überzeugt, dass ich mich gut in ein neues Praxisteam integrieren kann. Wenn Sie mir als Berufsanfängerin eine Chance geben, werde ich Sie nicht enttäuschen.

Über Ihre Einladung zu einem Vorstellungsgespräch freue ich mich.

Freundliche Grüße

Julia Bergmann

Anlage
Bewerbungsmappe

Ilse Neuberger
Marktstraße 9 a
99084 Erfurt
Telefon: 0361 510744
E-Mail: ilse.neuberger.wvd@freenet.de

Ilse Neuberger · Marktstraße 9 a · 99084 Erfurt

FORTUNA-Vertriebsgesellschaft
Hofer & Teichmann KG
Frau Rita Attenhausen
Postfach 70 01 77
81301 München

20..-10-06

Ihre Stellenausschreibung im „Erfurter Kurier" vom 4. Oktober 20..
Bewerbung als Sekretärin des Leiters Ihrer Kemptener Niederlassung

Sehr geehrte Frau Attenhausen,

nach meiner Ausbildung beim Erfurter Weiterbildungswerk und der mit Erfolg abgelegten IHK-Prüfung zur Fachkauffrau für das Büromanagement im Oktober v. J. arbeite ich als Teilzeitkraft in Ihrer Erfurter Niederlassung. Nun möchte ich endlich als Vollzeitsekretärin tätig sein. Da mein Freund bereits seit Mai d. J. in Kaufbeuren arbeitet, möchte ich gern dorthin ziehen. Da wäre meine Beschäftigung in Kempten, das ja nicht allzu weit von Kaufbeuren entfernt liegt, natürlich günstig.

Ich brauche Ihnen keinen Lebenslauf usw. zu schicken, da Sie ja meine Personalakte aus meiner jetzigen Teilzeitarbeit in Ihrer Erfurter Niederlassung zur Genüge kennen.

Im Übrigen beherrsche ich alles, was Sie in der o. g. Stellenausschreibung verlangen. Das hat Frau Christine Zimmermann, meine hiesige Chefin, auch in der Beurteilung geschrieben, die ich Ihnen beifüge.

Ich hoffe, dass ich mich umgehend bei Ihnen vorstellen kann und verbleibe

mit den besten Grüßen

Anlage
1 Beurteilung

negatives Beispiel

4301138

Tipps zum Versand Ihres Bewerbungsschreibens

- Schicken Sie keine Bewerbungsbriefe, die als Kopie oder Vervielfältigung zu erkennen sind. Ihr Bewerbungsschreiben muss immer ein Original sein.
- Achten Sie auf die korrekte und vollständige Empfängeranschrift: Bezeichnung des Unternehmens oder der Behörde, richtige Schreibung der Personennamen, Unternehmensform, Abteilung, Postfach (oder Straße und Hausnummer), Postleitzahl und Bestimmungsort.
- Wird in der Stellenanzeige ein Ansprechpartner genannt, vermerken Sie seinen Namen in der Empfängeranschrift. Erkundigen Sie sich ggf. telefonisch nach dem zuständigen Ansprechpartner; dies zeugt von Eigeninitiative.
- Frankieren Sie Ihre Bewerbung ausreichend. Nicht selten erhalten Personalabteilungen von Bewerbern unfrankierte Sendungen.
- Bei immer mehr Firmen ist der Versand der Bewerbung auch online möglich. Nutzen Sie – wenn möglich – diese Versendungsform.

Aufgaben für Bewerbungsschreiben

Entwerfen Sie Bewerbungsschreiben auf diese Stellenangebote:

7-1

Unser Haus gehört zu einer europäischen Finanzgruppe mit Beteiligungen in der Schweiz, Frankreich, Großbritannien und den Niederlanden.

Als regionales Kreditinstitut pflegen wir sowohl die Geschäftsverbindung zu unserer privaten Kundschaft und dem gewerblichen Mittelstand als auch die Kooperation mit unseren europäischen Schwesterinstituten.

Für unsere Geschäftsstelle in Osnabrück suchen wir eine(n) engagierte(n)

Bankkauffrau/ Bankkaufmann

für die Kundenberatung und Geschäftsabwicklung im Einlagengeschäft. Neben einem attraktiven Arbeitsplatz mit Aufstiegschancen bieten wir eine großzügige Vergütung mit entsprechenden Sozialleistungen. Wenn Sie eine solche Aufgabe in einem kleinen, aber dynamischen Team reizt, so richten Sie bitte Ihre Bewerbung an den Vorsitzenden der Geschäftsleitung:

Herrn Kurt Klöckner
Westfalen-Bank AG
Postfach 64 81 03, 49076 Osnabrück

7-2

Telefonieren – Verkaufen – Disponieren

Wir suchen für unsere Niederlassung Marburg eine(n) engagierte(n)

Kauffrau/-mann,

die/der als

Abteilungsleiter(in)

an einer Stelle mit viel Eigeninitiative Freude hat.

Wenn Sie eine fundierte kaufmännische Ausbildung mitbringen und vielleicht schon Mitarbeiterführungserfahrung haben, wäre das ideal. Über Gehalt und Nebenleistungen sprechen wir am besten persönlich.

Interessiert? Dann freuen wir uns auf Ihre Bewerbung unter Kennziffer 9260 an die von uns beauftragte Agentur. Firmeninfo und Stellenbeschreibung schicken wir Ihnen sofort.

Personalwirtschaftliche Werbung
Oskar Schäffers KG
Postfach 30 01 88, 50663 Köln

7-3

Wir sind ein erfolgreiches mittelständisches Unternehmen der Wellpappenindustrie. Unsere Produkte versenden wir sowohl durch eigene Fahrzeuge als auch über Spediteure.

Wir suchen zum nächstmöglichen Termin

eine Versandleiterin/ einen Versandleiter

Wir erwarten:

- Führungserfahrung und gute EDV-Kenntnisse
- Engagement und selbstständiges Arbeiten
- die Bereitschaft zur Teamarbeit

Sind Sie interessiert? Dann senden Sie Ihre vollständigen Bewerbungsunterlagen an

KURT STEINBECK AG
Frau Doris Speicher
Postfach 11 60, 96401 Coburg

7-4

Zur Verstärkung meines jungen, dynamischen Praxisteams suche ich zum 1. August 20.. eine(n) Auszubildende(n) zur/zum

Zahnmedizinischen Fachangestellten.

Habe ich Ihr Interesse geweckt? Dann senden Sie Ihre aussagekräftige Bewerbung mit den üblichen Unterlagen an

Dr. med. dent.
Ingrid Wehklage
Zahnärztin
Leopold-Lucas-Straße 20
35037 Marburg
Telefon 06421 998877

7-5

Weltweites Transport- und Logistik-Management

Wir sind eines der führenden Transport- und Logistikunternehmen der Welt. Zum nächstmöglichen Zeitpunkt suchen wir eine(n)

Kauffrau/Kaufmann

für Spedition und Logistikdienstleistung

für die Abwicklung unserer Luftfracht-Import-Exportverkehre

Voraussetzungen:

- abgeschlossene Berufsausbildung zum/zur Speditionkaufmann/-frau
- englische Sprachkenntnisse
- Luftfracht- und/oder Seefrachtkenntnisse
- EDV-Anwenderkenntnisse

Bitte senden Sie Ihre aussagefähige Bewerbung an

Rau & Krüger AG
Frau Erika Becker
Postfach 11 50
59401 Unna

7-6

Zur Verstärkung unseres Teams stellen wir ab sofort ein:

Außendienstmitarbeiter(in)

mit Kenntnissen in Warenkunde Lebensmittel/Gastronomie.

Ihre Aufgaben sind Betreuung, Beratung und Ausbau des übertragenen Kundenbestandes. Wir bieten eine Dauerstellung mit leistungsbezogener Bezahlung, flexible Arbeitszeitgestaltung, Dienstwagen, ein angenehmes Arbeitsklima.

Sind Sie interessiert?

Rufen Sie uns an oder schreiben Sie uns

Paul Fischbach GmbH
Herrn Kurt Reich
Postfach 14 03
73404 Aalen
Telefon 07361 3885-23

4301140

7-7

Auf Schienen in die Zukunft

Wir sind ein junges, expandierendes Bauunternehmen mit dem Schwerpunkt Gleis- und Hochbau. Zur Erweiterung unseres Einkaufs suchen wir eine(n)

Mitarbeiter(in) im Einkauf

Was Sie mitbringen sollten:
- eine abgeschlossene kaufmännische Ausbildung
- Erfahrungen im Einkauf (möglichst Baubranche)
- EDV-Kenntnisse (MS-Office)
- Team- und Kommunikationsfähigkeit
- Zuverlässigkeit und Einsatzbereitschaft
- Fähigkeit zu eigenverantwortlichem Arbeiten

Wir bieten Ihnen:
- eine leistungsgerechte Vergütung
- ein modernes, angenehmes Arbeitsumfeld
- ein gutes Arbeitsklima

Peter Schneider KG
Postfach 1 70
15201 Frankfurt

7-8

Für unsere Kunden im Raum Kassel
suchen wir zur Festeinstellung:

Industriekauffrau/-mann

für die Bereiche Bestandsmanagement, Logistik, Import und Export

Ihre Qualifikation:
Englisch in Wort und Schrift
Gute MS-Office-Kenntnisse
Gern Erfahrung in Warenwirtschaftssystemen

Bewerben Sie sich jetzt bei

kassel@personalservice.de
oder unter Telefon 0561 99191-0.

7-9

Die neu eingerichtete Stelle in unserem Krankenhaus ist spätestens zum 1. Oktober d. J. mit einer

EDV-Fachkraft

qualifiziert zu besetzen.

Aufgabenschwerpunkte sind die Weiterentwicklung der autonomen Datenverarbeitung einschließlich interner Programmpflege und der datenverarbeitungsbezogenen Ablauforganisation. Die Position ist in die Stabsstelle Controlling, Organisation und EDV integriert und dem Verwaltungsdirektor direkt unterstellt.

Wir erwarten:
- betriebswirtschaftliche Kenntnisse
- Kenntnisse in der EDV-Organisation
- System-Operating und -Steuerung
- Programmierungsgrundkenntnisse
- PC-, Hard- und Software-Betreuung
- Schulung des Personals
- Kontaktfreudigkeit, Durchsetzungsvermögen und Eigeninitiative

Praktische Erfahrungen im Krankenhauswesen wären von Vorteil, sind aber nicht Bedingung.

Wir bieten:
- leistungsgerechte Vergütung nach AVR analog BAT
- 13. Monatsgehalt als Weihnachtszuwendung
- Urlaubsgeld
- beitragsfreie Zusatzversorgung
- berufliche Weiterbildung
- auf Wunsch Unterkunft im Personalwohnheim mit Hallenbad und Sauna

Reizt Sie diese Aufgabe? Dann senden Sie bitte Ihre aussagefähigen Bewerbungsunterlagen mit Lebenslauf, Foto und Zeugniskopien innerhalb 3 Wochen an den

Verwaltungsdirektor des
St.-Elisabeth-Hospitals GmbH
Marienstraße 18 – 22, 83278 Traunstein

4301141

7-10

Wir sind ein regional bedeutsames Unternehmen und suchen im Lebensmitteleinzelhandel für die Betreuung unserer Kundschaft eine Verstärkung als

Gebietsleiter(in)

für Mittelhessen

Ihre Aufgaben:
- Betreuung des vorhandenen Kundenstamms
- Akquisition von Neukunden
- Planung und Durchführung von Verkaufsaktivitäten
- Controlling vereinbarter Budgets und Ziele

Ihr Profil:
- Sie haben eine fundierte kaufmännische Ausbildung.
- Sie besitzen Berufserfahrung in einer vergleichbaren Position.
- Sie sind eine erfolgsorientierte Persönlichkeit.

Wir bieten:
- ein attraktives Aufgabengebiet in einem inhabergeführten Unternehmen mit leistungsgerechter Vergütung und allen Vergünstigungen eines Großunternehmens
- einen Firmen-Pkw, der Ihnen auch zur privaten Nutzung zur Verfügung steht.

Interessiert?
Dann senden Sie Ihre aussagekräftigen Bewerbungsunterlagen unter Angabe Ihrer Gehaltsvorstellungen und des frühesten Eintrittstermins per Post oder E-Mail an:

Hersfelder Mineralbrunnen GmbH
Herrn Richard Keller
Rotenburger Straße 78 – 82
36251 Bad Hersfeld
Telefon: 06621 4567-0
E-Mail: r.keller@hef-mineralbrunnen-wvd.de

7-11

Steuerfachangestellte(r)
Steuerfachwirt(in)
Bilanzbuchhalter(in)

zur Erstellung von Abschlussarbeiten gesucht (Datev- und Office-Kenntnisse werden vorausgesetzt). Wir bieten einen modernen, flexiblen Arbeitsplatz in verkehrsgünstiger Lage.

Paul Steinhauser, Steuerberater,
Postfach 12 60, 69402 Eberbach

7-12

Wir suchen:

kaufm. Angestellte(n)

in der Baubranche

mit abgeschlossener Berufsausbildung für allgemeine Bürotätigkeiten und Schreibarbeiten.

Wenn Sie im Umgang mit dem PC fit und mit dem Textverarbeitungsprogramm WORD vertraut sind, dann zögern Sie nicht länger und bewerben Sie sich bei uns mit den üblichen Unterlagen unter

Chiffre BRZ 200 001 an den Verlag.

7-13

Alles für den Haushalt

Wir sind ein leistungsfähiges Unternehmen der Eisen- und Metallbranche und suchen

Berater(innen)

Sie sind dynamisch, haben Humor und Charme und wollen selbstständig arbeiten.

Bewerbungen unter Chiffre LUH 33001 an die Anzeigenabteilung des Verlages

7-14

CITY-HOTEL Bad Hersfeld

Das Hotel und Tagungszentrum

Drei unter einem Dach

Tagungshotel mit 102 Zimmern, Restaurant „Zum Römer", Bierpub „Gambrinus" mit vier Bundeskegelbahnen, sucht Verstärkung für das Rezeptionsteam.

Sie sind freundlich, flexibel und gelernte(r)

Hotelfachfrau/-mann

mit Berufserfahrung.

CITY-HOTEL Bad Hersfeld
Frau Sabine May
Postfach 14 03
36224 Bad Hersfeld
Telefon 06621 87522-34

7-15

Internationale Transporte Lange & Ruf GmbH

Wir sind nicht nur auf deutschen Straßen zu Hause, sondern transportieren europaweit. Luft- und Seefracht gehören genauso zu unserem Tagesgeschäft. Schnell, zuverlässig und flexibel bieten wir unseren Kunden Logistik von A bis Z.

Als erfolgreiches Dienstleistungsunternehmen in Thüringen suchen wir kurzfristig:

Bürokauffrau/-mann

für Telefonzentrale/Empfang

Zu Ihren Aufgaben gehören:
- Vermittlung ein- und ausgehender Gespräche
- obligate Tätigkeiten im Bereich Empfang
- Fertigstellung der gesamten Ausgangspost
- Vordruckverwaltung und -bestellung

Internationale Transporte
Lange & Ruf GmbH
Postfach 1 14
99961 Mühlhausen

7-16

Nach langjähriger Tätigkeit möchte die Sekretärin unseres Prokuristen einmal „etwas anderes" kennen lernen, so leid es uns tut. Daher ist zum schnellstmöglichen Termin diese Position als

Fachkauffrau/Fachkaufmann für Büromanagement

neu zu besetzen. Wir sind ein internationales Unternehmen der Automobilzulieferindustrie; daher sollten Sie diesen Anforderungen entsprechen:

- Ihr persönliches Auftreten und Ihre Kommunikation am Telefon sind freundlich und verbindlich.
- Ihre schnelle Auffassungsgabe sowie Ihr ausgezeichnetes Organisationstalent machen es Ihnen leicht, sich auf unterschiedliche Gesprächspartner und Situationen einzustellen.
- Ihre gute Allgemeinbildung, Ihre guten Kenntnisse der englischen Sprache und Ihre sehr guten Kenntnisse der gängigen PC-Programme runden Ihr Profil ab.

Wir bieten Ihnen einen Arbeitsplatz in einer angenehmen Atmosphäre, leistungsgerechte Bezahlung und die üblichen Sozialleistungen.

Erfüllen Sie unsere hohen Erwartungen? Dann schicken Sie Ihre schriftliche Bewerbung an Frau Dr. Regina Weißenfels.

RICHTER-Industrieprodukte GmbH
Falderbaumstraße 30 – 32
34123 Kassel
personalabteilung@richter-industrie.de

Formulierungshilfen für Anfangs- und Schlusssätze

Manchem Bewerber fällt es schwer, für den Bewerbungsbrief einen guten Anfang und Schluss zu finden. Die folgenden Hilfen sind nur als Anregung gedacht; sie dürfen nicht kritiklos übernommen werden. Prüfen Sie, ob der eine oder andere Vorschlag – vielleicht etwas geändert – in Ihre Bewerbung passt oder ob Sie selbst nach einem ansprechenden und wirkungsvollen Anfang und Schluss suchen müssen.

Anfangssätze für aufgeforderte Bewerbungen (Zuschriften auf Stellenanzeigen)

- Von der Berufsberatung der hiesigen Arbeitsagentur habe ich erfahren, dass Sie Auszubildende für den Beruf der/des ... einstellen. Genau diese Ausbildung strebe ich an. Darum erhalten Sie heute meine Bewerbungsunterlagen.
- Ihre Anzeige hat mich angesprochen. Mein Wunsch ist es, in Ihrem Team mitzuarbeiten.
- Im Juni d. J. werde ich die Umschulung zum/zur ... abschließen. Deshalb bewerbe ich mich heute auf Ihre Anzeige.
- Nach Abschluss des Wirtschaftsgymnasiums in ... suche ich einen Ausbildungsplatz als ...

Anfangssätze für unaufgeforderte Bewerbungen

- Gerne möchte ich in einem bekannten Unternehmen wie Ihrem Erfahrungen sammeln. Deshalb bewerbe ich mich heute bei Ihnen. Ich studiere im 3. Semester Informatik an der TU Darmstadt und möchte die Semesterferien nutzen, um einen Einblick in die Praxis zu gewinnen.
- Frau Petersen, Referentin in IHK Mannheim, hat mich darauf hingewiesen, dass Sie an Mitarbeitern mit guten EDV-Kenntnissen interessiert sind.
- Im Juni n. J. werde ich die allgemeine Hochschulreife erreichen. Ich habe vor, eine Ausbildung zum/zur ... zu absolvieren. Über diesen Beruf habe ich mich informiert und dabei auch erfahren, dass Ihr Unternehmen erfolgreich ausbildet.

Schlusssätze

- Ich würde mich freuen, in Ihrem Unternehmen arbeiten zu können.
- Meine Leistungen werden bestimmt Ihren Anforderungen entsprechen. Für Ihre Einladung zum Vorstellungsgespräch danke ich Ihnen schon heute.
- Bitte behandeln Sie meine Bewerbung vertraulich.
- Bitte geben Sie mir die Möglichkeit zu einem Gespräch mit Ihrem Personalleiter.
- Geben Sie mir die Chance zu einem Vorstellungsgespräch?
- Werden Sie mir Gelegenheit geben, mich Ihnen vorzustellen?
- Bitte lassen Sie mich wissen, wann ich mich bei Ihnen vorstellen darf.
- Gern stelle ich mich bei Ihnen vor. Bitte nennen Sie mir einen Termin.
- Beim Vorstellungsgespräch lege ich Ihnen gern einige Arbeitsproben vor.
- Darf ich weitere Einzelheiten in einem Vorstellungsgespräch mit Ihnen klären?
- Wenn Sie an einem flexiblen und motivierten Mitarbeiter interessiert sind, stehe ich Ihnen gern zu einem persönlichen Gespräch zur Verfügung.

7.4.2 Konventioneller Lebenslauf

Form. Früher wurde der Lebenslauf meist handschriftlich und in Berichtsform verfasst. Diese Darstellung ist wenig übersichtlich und erschwert den Vergleich mit anderen Bewerbern. Darum hat sich der maschinenschriftliche Lebenslauf in Tabellenform durchgesetzt. Nur gelegentlich wird in Stellenangeboten auch ein handschriftlicher Lebenslauf verlangt. Der Inserent legt Wert auf eine Handschriftprobe. (Auch im Computerzeitalter ist am Arbeitsplatz eine deutliche und zügige Handschrift erwünscht.) Vielleicht will der Inserent auch ein grafologisches Gutachten einholen.

Inhalt. Der tabellarische Lebenslauf enthält die persönlichen Daten, die Schul- und Berufsausbildung, die Berufspraxis, die Weiterbildung und ggf. „Sonstiges“: Kenntnisse und Fertigkeiten, die nicht unmittelbar zum Anforderungsprofil gehören, für den Empfänger aber bedeutsam sein könnten (z. B. Ausbildung in Erster Hilfe, sportliche oder musische Betätigung, Fremdsprachen). Welche Angaben unter „Sonstiges“ gemacht werden, hängt von der zu besetzenden Stelle ab. In einer Bewerbung beim Sportverband interessieren Ihre sportlichen Aktivitäten bestimmt. In anderen Fällen könnten sie eher negativ wirken, weil man häufigen Arbeitsausfall wegen Verletzungen befürchtet. Wer in der Verwaltung einer großen Bibliothek arbeiten möchte, wird sein Hobby „Lesen“ nicht verschweigen. In einer Bewerbung bei einer Kirchenbehörde ist die Konfession nicht unwichtig.

Wer sich um einen Ausbildungsplatz bewirbt und noch nicht volljährig ist, nennt auch Namen und Beruf der Eltern, manchmal auch Geschlecht und Alter seiner Geschwister.

Referenzen sollten Sie nur nennen, wenn Sie dazu aufgefordert werden, z. B. nachdem Sie in die „engere Wahl“ gezogen wurden. Auskünfte über Sie interessieren aber nur von Personen, die für kompetent gehalten werden: Lehrer und Ausbilder, Personalchefs, Leiter von Banken, Persönlichkeiten des öffentlichen Lebens. Selbstverständlich müssen Sie deren Einwilligung vorher einholen.

Lebenslauf

Persönliche Daten

Name:	Freiburger
Vornamen:	Peter Kurt
Anschrift:	Otto-Hahn-Straße 15 76726 Germersheim
Geburtsdatum:	24. September 19..
Geburtsort:	Karlsruhe
Familienstand:	verheiratet, eine Tochter, 7 Jahre
Staatsangehörigkeit:	deutsch
Führerschein:	Klassen B und C (seit ....)

Schulausbildung

.... bis	Grundschule in Karlsruhe
.... bis	Hauptschule in Germersheim
.... bis	Berufsbildende Schule Wirtschaft in Germersheim

Berufsausbildung

.... bis	zum Industriekaufmann in der Metallwarenfabrik Kruse & Lay AG, Karlsruhe

Berufspraxis

seit	Sachbearbeiter in der Personalabteilung der Büromöbel Sommer & Nold AG, Osnabrück
seit	Abteilungsleiter in der Personalabteilung der Maschinenfabrik K. Brinkmann AG, Germersheim

Weiterbildung

....	VHS Karlsruhe, PC-Führerschein

20..-03-18

(Unterschrift)

7.4.3 Europäischer Lebenslauf

Die Europäische Kommission hat im Februar 2002 ein europäisches Muster für Lebensläufe vorgelegt. Dieser Lebenslauf soll es allen Bewerbern ermöglichen, effizienter als bisher über ihre Qualifikationen zu informieren. Der Zugang zu Stellenangeboten in Europa soll mit diesem Lebenslauf erleichtert werden.

Die Mitgliedsstaaten und ihre Sozialpartner (Arbeitgeberverbände und Gewerkschaften) haben ein Muster ausgearbeitet, das sich für die gewohnte Papierform und für die elektronische Fassung eignet.

Der europäische Lebenslauf empfiehlt sich, wenn Sie schon über Berufserfahrung(en) verfügen. Bewerben Sie sich zum ersten Mal um eine Ausbildungsstelle, ist diese Form weniger geeignet.

Was ist neu?
Stärker als beim bisherigen Lebenslauf liegen die Schwerpunkte auf den persönlichen Fähigkeiten und Kompetenzen – und nicht auf der Berufs- und Schulausbildung. Im Vordergrund steht also Ihr Können und nicht irgendeine Zeugnisnote.

Ein Lebenslauf ohne Foto des Bewerbers? Der europäische Lebenslauf verzichtet tatsächlich darauf. Wenn Sie sich in Deutschland bewerben, sollten Sie unbedingt ein Foto beifügen. Die meisten Arbeitgeber sind es so gewohnt und legen großen Wert darauf.

Hauptüberschriften
Der europäische Lebenslauf besteht aus 6 Abschnitten:

englische Bezeichnung:	**deutsche Bezeichnung**
1. Personal Information	Angaben zur Person/Persönliche Daten
2. Work Experience	Berufserfahrung
3. Education and Trainings	Schul- und Berufsausbildung, Weiterbildung
4. Personal Skills and Competences	Persönliche Fähigkeiten und Kompetenzen
5. Additional Information	Zusätzliche Informationen (z. B. Referenzen, Kontaktpersonen)
6. Annexes	Anlagen

Bei der „Berufserfahrung" (Punkt 2) und bei der „Aus- und Weiterbildung" (Punkt 3) geht der europäische Lebenslauf – im Gegensatz zum konventionellen – von der letzten Tätigkeit bzw. von der letzten Ausbildung aus. Ordnen Sie also Ihre Tätigkeiten sowie Ausbildungen und Weiterbildungen nicht chronologisch, sondern beginnen Sie mit dem, was aktuell ist.

Zu den „Persönlichen Fähigkeiten und Kompetenzen" (Punkt 4) zählen Sprachen; künstlerische, soziale, organisatorische, technische und andere Fertigkeiten und Fähigkeiten – außerdem die Fahrerlaubnis(se).

Wenn Sie sich für den europäischen Lebenslauf entscheiden, sollten Sie zumindest bei den Hauptüberschriften die englischen **und** die deutschen Ausdrücke benutzen.

Bei den Datumsangaben wählen Sie die Schreibung Tag – Monat – Jahr, die Sie mit Punkten gliedern – z. B. 02.01.2007 – 31.12.2011.

Beispiel für einen europäischen Lebenslauf

ANGABEN ZUR PERSON	
PERSONAL INFORMATION	
Name	**Freiburger, Peter** Kurt
Adresse	Otto-Hahn-Straße 15, 76726 Germersheim Deutschland
Telefon	+49 7274 471188
Mobiltelefon	+49 178 8765432
Telefax	+49 7274 471189
E-Mail	freiburger-wvd@web.de
Staatsangehörigkeit	deutsch
Geburtsdatum	24. September 19..
BERUFSERFAHRUNG	
WORK EXPERIENCE	
	01.01. .... – heute
Arbeitgeber	K. Brinkmann AG 76726 Germersheim, Johann-Gutenberg-Straße 15
Branche	Maschinenfabrik
Position	Abteilungsleiter der Personalabteilung
Schwerpunkte der Tätigkeit	Teamleitung – Kontrolle der Lohn- und Gehaltsabrechnungen
	01.08. .... – 31.12. ....
Arbeitgeber	Sommer & Nold AG 49076 Osnabrück, Dieselstraße 25
Branche	Büromöbel
Position	Sachbearbeiter in der Personalabteilung
Schwerpunkte der Tätigkeit	Lohn- und Gehaltsabrechnungen
SCHUL- UND BERUFSBILDUNG, WEITERBILDUNG	
EDUCATION AND TRAININGS	
	01.08. .... – 31.07. ....
BERUFSAUSBILDUNG	zum Industriekaufmann Metallwarenfabrik Krause & Lay AG, Karlsruhe
Themen und Fertigkeiten	kaufmännische Kenntnisse (Rechnungswesen, Betriebswirtschaft); EDV-Grundlagen; Schriftverkehr
Qualifikation	Industriekaufmann
vergleichbar bundesweit	IHK-Abschluss in Deutschland einheitlich
	01.08. .... – 31.07. ....
SCHULAUSBILDUNG	Berufsbildende Schule Wirtschaft, Germersheim
Themen und Fertigkeiten	kaufmännische Fächer; Textverarbeitung; Tabellenkalkulation; Deutsch; Englisch; Französisch
Qualifikation	mittlere Reife
vergleichbar bundesweit	bundesweit anerkannter Schulabschluss
	15.09. .... – 18.03. ....
WEITERBILDUNG	„PC-Führerschein", VHS Karlsruhe
Themen und Fertigkeiten	Textverarbeitung; Tabellenkalkulation; Datenbank; Präsentation
Qualifikation	VHS-Zertifikat „PC-Führerschein"
vergleichbar bundesweit	bundesweit anerkanntes VHS-Zertifikat

Seite 1 – Lebenslauf von
Peter K. Freiburger

PERSÖNLICHE FÄHIGKEITEN UND KOMPTENZEN PERSONAL SKILLS AND COMPETENCES	
MUTTERSPRACHE	Deutsch
1. FREMDSPRACHE	Englisch Lesefähigkeit: sehr gut Schreibfähigkeit: gut Sprechfähigkeit: gut
2. FREMDSPRACHE	Französisch Lesefähigkeit: gut Schreibfähigkeit: befriedigend Sprechfähigkeit: befriedigend
SOZIALE FÄHIGKEITEN UND KOMPETENZEN	Freiwilliger Feuerwehrhelfer in Germersheim – Teamarbeit mit deutschen und ausländischen Helfern
ORGANISATORISCHE FÄHIG-KEITEN UND KOMPETENZEN	Organisatorische Erfahrungen als Teamleiter im Beruf und bei der Feuerwehr Koordination der Mitarbeiter in der Personalabteilung administrative Erfahrungen im Sportverein
TECHNISCHE FÄHIGKEITEN UND KOMPETENZEN	Umgang mit Computer und Organizer Umgang mit Heimwerkermaschinen und -geräten Erfahrung mit Auto- und Fahrradreparaturen
KÜNSTLERISCHE FÄHIGKEITEN UND KOMPETENZEN	Klavierspielen
SONSTIGE FÄHIGKEITEN UND KOMPETENZEN	Gebärdensprache für Gehörlose (Schwester gehörlos) Sport: Radfahren (Mountainbike) Leichtathletik (Sportverein)
FÜHRERSCHEINE	Klassen B und C
ZUSÄTZLICHE INFORMATIONEN ADDITIONAL INFORMATION	
REFERENZ	Dr. Peter Schneider, Personalleiter der Maschinenfabrik K. Brinkmann AG, Germersheim
ANLAGEN ANNEXES	5 Zeugniskopien

Seite 2 – Lebenslauf von
Peter K. Freiburger

4301148

7.4.4 Erinnerungsschreiben

Wie bei der Werbung, so kann es auch bei der Bewerbung ratsam sein, an das Angebot zu erinnern: Der Bewerber wartet nach einem Zwischenbescheid schon länger auf die Einladung zum Vorstellungsgespräch. Oder er hat sich bereits vorgestellt, aber danach nichts mehr von dem Unternehmen gehört.

Möglicher Inhalt:

- Sie danken nochmals für den Zwischenbescheid oder das Vorstellungsgespräch.
- Sie betonen wiederum Ihr Interesse an der ausgeschriebenen Position.
- Sie ergänzen – nach Möglichkeit – Ihre Bewerbung durch eine Arbeitsprobe: Brief- und Anzeigenentwürfe aus Ihrer früheren oder jetzigen Berufstätigkeit; Verbesserungsvorschläge für Ihr früheres oder jetziges Arbeitsgebiet; Manuskripte von Referaten; Artikel, die Sie für Zeitungen oder Fachzeitschriften verfasst haben usw.
- Sie stellen Ihre positiven Eindrücke vom Unternehmen heraus: Firmeninfos, Hauszeitschrift, Prospekte, Kataloge; Eindrücke aus dem Vorstellungsgespräch oder einer Betriebsbesichtigung.
- Sie zeigen sich zuversichtlich, am neuen Arbeitsplatz engagiert und erfolgreich tätig zu werden.

Tipps für das Vorstellungsgespräch

Wenn Ihre schriftliche Bewerbung überzeugt hat, werden Sie zum Vorstellungsgespräch eingeladen. Die Einladung geht in der Regel auch an andere Mitbewerber. Beachten Sie vor allem folgende Tipps:

1. Informieren Sie sich, z. B. im Internet, über das Unternehmen so umfassend wie möglich: Produkte oder Dienstleistungen, Marktanteil; Aufgaben in Ihrer künftigen Position; Firmengeschichte.
2. Bereiten Sie sich auf Fragen des Personalleiters vor. Typische Fragen: Warum wollen Sie sich verändern? Woher kennen Sie unser Unternehmen? Warum haben Sie sich gerade bei uns beworben? Was haben Sie in letzter Zeit für Ihre Weiterbildung getan? Welche Hobbys haben Sie? Was ist Ihr Gehaltswunsch?
3. Tragen Sie Kleidung, die der Branche, dem Unternehmen und Ihrer künftigen Position angemessen ist: bei konservativen Unternehmen betont korrekt (männliche Bewerber: Anzug und Krawatte; weibliche Kostüm o. Ä.); bei Unternehmen mit durchweg jungem Team entsprechend sportlicher.
4. Machen Sie eine „gute Figur“. Treten Sie selbstbewusst, aber nicht überheblich auf. Achten Sie auf Ihre Sprache, Mimik und Gestik. Verkrampfen Sie nicht, bleiben Sie natürlich, aber korrekt.
5. Am Ende des Vorstellungsgesprächs – wenn die wichtigsten Punkte behandelt sind –, sollten auch Sie Fragen stellen, vor allem zu Einzelheiten, die Sie noch klären wollen.

Karin Dorn
Amselweg 5 a
06849 Dessau
Telefon: 0345 45375
Mobil: 0172 1234567
E-Mail: karin.dorn.wvd@web.de

Karin Dorn · Amselweg 5 a · 06849 Dessau

REICH-Consulting GmbH
Hauptverwaltung
Frau Irene Opitz
Postfach 13 19
38253 Zerbst

20..-08-12

Ihr Zwischenbescheid op-ma vom 20..-07-21
Meine Bewerbung vom 20..-07-15

Guten Tag, Frau Opitz,

für Ihren Zwischenbescheid danke ich Ihnen. Ich freue mich, dass Sie meine Bewerbung in die engere Wahl gezogen haben.

Wie Sie aus den Bewerbungsunterlagen schon wissen, korrespondiere ich zurzeit für das Hoch- und Tiefbauunternehmen Burmeister & Langenfeld KG in Deutsch, Englisch und Französisch. Zu meinen Aufgaben gehört ferner die Übersetzung von Prospekten ins Englische.

Aus dieser Tätigkeit stammen die beigefügten Arbeitsproben:

3 englische Werbebriefe
2 französische Werbebriefe
1 englischer Prospekt

Diese selbstständig verfassten Schriftstücke zeigen Ihnen, dass ich mich gut ausdrücken kann und in der englischen und französischen Sprache versiert bin.

Bei einem Vorstellungsgespräch können Sie sich einen Eindruck von meiner mündlichen Kommunikation verschaffen. Gern zeige ich Ihnen bei dieser Gelegenheit auch, dass ich mit Office-Anwendungen wie Word, Excel oder PowerPoint souverän umgehen kann.

Freundliche Grüße

Anlagen
6 Arbeitsproben

positives Beispiel

Horst Meyer
Hoffgarten 12 b
59069 Hamm
Telefon: 02381 766022
E-Mail: horst.meyer.wvd@gmx.net

Horst Meyer · Hoffgarten 12 b · 59069 Hamm

.
.
.

Textilwerke
Roth & Schneider AG
Herrn Dr. Robert Wagner
Postfach 11 15
59331 Lüdinghausen

.
.
.

20..-09-24

.
.

Meine Bewerbung vom 20..-08-03
Vorstellungsgespräch am 20..-08-09

.
.

Sehr geehrter Herr Dr. Wagner,

.

ich danke Ihnen heute auch noch einmal auf schriftlichem Wege für das Vorstellungsgespräch, das ich am 8. d. M. mit Ihnen führte und welches mir interessante Eindrücke vermittelte, die mir zeigen, dass es durchaus richtig war, mich gerade bei Ihnen zu bewerben.

.

Außerdem danke ich Ihnen für die aufschlussreiche Betriebsbesichtigung, die ebenfalls wesentlich dazu beigetragen hat, dass ich meine Bewerbung bei Ihnen im Nachhinein nur gutheißen kann. Nicht zuletzt aber haben Ihre modern eingerichteten Verwaltungsräume meinen uneingeschränkten Beifall gefunden.

.

Nun warte ich naturgemäß darauf, von Ihnen wieder zu hören bzw. Ihre Nachricht zu erhalten, dass Sie sich für mich entschieden haben.

.

Freundlichen Gruß

negatives Beispiel

4301151

7.4.5 Stellengesuch

Eine Sonderform der Bewerbung ist das Stellengesuch: Der Inserent wirbt mit seinen Kenntnissen und Fähigkeiten, seiner Berufserfahrung, seinem Fachwissen und seiner Persönlichkeit – wie im Bewerbungsbrief, jedoch in kürzerer Form. Mit seinem Stellengesuch will er seine Chancen auf dem Arbeitsmarkt verbessern. Durch seine Insertion beweist er Aktivität und unternehmerischen Mut.

Stellengesuche kosten Geld (wenn sie auch einen günstigeren Tarif haben als Geschäftsanzeigen). Der Zwang zur Kürze und Prägnanz darf nicht dazu führen, dem Leser mit gewagten Abkürzungen ein Silbenrätsel vorzusetzen; auch nicht zu dem häufigen Fehler, nur von sich zu sprechen und die möglichen Interessenten zu vergessen. Bei aller Knappheit muss Ihre Anzeige aussagekräftig sein und vor allem Ihre Qualifikation deutlich herausstellen.

Lassen Sie sich bei der Gestaltung Ihres Stellengesuchs von der Anzeigenabteilung der Zeitung beraten. Dort legt man Ihnen auch Gestaltungsbeispiele vor für Größe, Anordnung, Schriftart usw. Informieren Sie sich über den Anzeigenschluss (besonders für die Mittwoch- und Wochenendausgaben).

Eine innovative Möglichkeit des Stellengesuchs ist die Onlinebewerbung. Dabei können sich Bewerber nach Eingrenzung ihres Profils über die Internetseiten von Jobbörsen (siehe auch Abschnitt 7.3) bei potenziellen Arbeitgebern online bewerben oder ihre Bewerbungsunterlagen auf einer eigenen Internetseite abrufbar machen.

Möglicher Inhalt:

- Geben Sie Ihre Berufsbezeichnung und derzeitige Position an. Beispiel: Industriekaufmann, Fremdsprachensekretärin.
- Erfassen Sie Ihre persönlichen Daten; besonders wichtig ist Ihr Alter.
- Nennen Sie die Ausbildungsdaten (Schulen, Abschlüsse).
- Beschreiben Sie Ihre Berufspraxis: Dauer, Position, Arbeitsgebiet.
  Beispiel: 2-jährige Praxis als Stellvertreter des Versandleiters.
- Nennen Sie den Geschäftszweig, in dem Sie tätig sind oder tätig waren.
- Formulieren Sie Ihr Stellengesuch. Beispiel: Ich suche eine neue, verantwortungsvolle Aufgabe.
- Präzisieren Sie nach Möglichkeit Ihr Gesuch. Beispiel: Ich suche ... als Versandleiter eines mittleren Unternehmens der Elektrobranche, möglichst im Raum Hannover.

Tipps für Ihr Stellengesuch

1. Lesen Sie aufmerksam Stellengesuche in Tageszeitungen, Wochen- und Fachzeitschriften sowie „offene“ Anzeigen oder Websites im Internet. Lernen Sie aus guten Beispielen.
2. Zeigen Sie sich flexibel und mobil. Wenn Sie Ihr Stellengesuch räumlich und/oder zeitlich allzu sehr eingrenzen, haben Sie nur geringe Chancen.
3. Gliedern Sie Ihr Inserat in Schlagzeile – Vorstellung – Gesuch – Erwartung – Angebot.
4. Formulieren Sie prägnant, vermeiden Sie Phrasen und Allgemeinplätze. Ihre Anzeige soll durch klare Informationen überzeugen.

Beurteilen Sie kritisch die Wirkung der Stellengesuche Nr. 7-17 bis 7-23. Vervollständigen Sie – falls erforderlich – die Angaben, verbessern Sie die Texte.

■ 7-17

Kaufmann

Niederländer, 33 Jahre, led., Wohnort Rotterdam

- 8-jährige Erfahrung im Vertrieb von Computern
- Kenntnis der deutschen und niederländischen Märkte
- Serviceerfahrungen
- sucht zum 1. April Position als Verkaufs- oder Niederlassungsleiter für deutsche Unternehmen in den Niederlanden, evtl. auch Aufbau eines Vertriebsnetzes
- Korrespondenz in deutscher Sprache

Zuschriften unter 87 430 an die „Düsseldorfer Post“, Postfach 31 33 01, 40213 Düsseldorf

■ 7-18

Außendienstmitarbeiter

Gelernter Einzelhandelskaufmann mit 4-jähriger Außendiensterfahrung sucht neuen Wirkungskreis im Bereich Thüringen/Sachsen.

Zuschriften unter 20 600 an die „Thüringer Post“, Postfach 33 40, 99423 Weimar

■ 7-19

Beruflicher Werdegang

Kaufmann für Bürokommunikation, EDV-Erfahrung, ungekündigte Stellung

Persönliches Profil

38 J., verh., 2 Kinder, einsatz- und kontaktfreudig, kreativ, verhandlungserfahren, rationeller und systematischer Arbeitsstil, rasche Auffassungsgabe

Gewünschtes Angebot

Anspruchsvolle, ausbaufähige Position in Großunternehmen

Zuschriften unter P 65 033 an den Verlag

■ 7-20

Groß- und Außenhandelskauffrau

24 J., mit Englischkenntnissen, in ungekündigter Stellung, sucht per 1. April neuen Aufgabenbereich, z. B. Export- oder Auftragssachbearbeiterin.

Zuschriften unter VI 70 230 an den Verlag

■ 7-21

Kaufmännische Angestellte

26 J., in ungekündigter Stellung, sucht zum 1. April .... (evtl. später) neuen Wirkungskreis im Raum Hannover.

Angebote unter RZ 30 877 an den Verlag

■ 7-22

Auslandskorrespondentin

29, Englisch, Spanisch, mehrjährige Export-/Importerfahrung, sucht neuen Wirkungskreis, nicht ortsgebunden, auch Ausland.

Angebote unter 91 030 an den „Neckar-Kurier“, Postfach 34 22, 72073 Tübingen

■ 7-23

Nicht alltägliche

Fremdsprachensekretärin

34 J., in ungekündigter Stellung, ist nicht länger bereit, unterhalb ihrer Möglichkeiten und am Rande ihrer Interessen zu arbeiten.

Ich biete: Englisch, Französisch (Dipl.-Wirtschaftsfranzösisch), Spanisch (aufzufrischen), EDV-Kenntnisse

Ich suche: Tätigkeit mit Schwerpunkt „Bearbeitung und Übersetzung von Texten“ in kollegialer Atmosphäre bei motivierender Bezahlung.

Reaktionen erbeten
unter BET 40 889 an den Verlag.

4301153

7.5 Bearbeitung von Bewerbungen

Der Empfänger prüft die schriftlichen Bewerbungen. Dabei ergeben sich drei Bewerbergruppen:

1. Bewerber, die für die angebotene Stelle geeignet erscheinen;
2. Bewerber, die vielleicht geeignet sind, die aber ihre Bewerbung vervollständigen sollen;
3. Bewerber, die von vornherein ausscheiden, weil ihre Qualifikation als unzureichend erachtet wird.

Die in die engere Wahl gezogenen Bewerber erhalten manchmal einen Personalfragebogen. Er ist auf das Unternehmen und das Anforderungsprofil abgestimmt. Der Fragebogen ist auszufüllen, zurückzusenden oder zum Vorstellungsgespräch mitzubringen. Dem Gespräch vorgeschaltet wird nicht selten ein Eignungstest. Ein ordentlich geführtes Unternehmen beantwortet jede Bewerbung. Der erforderliche Schriftwechsel ist vielfältig:

- Zwischenbescheide (um Zeit für eine gründliche Auswahl zu gewinnen);
- Zusenden eines Personalfragebogens;
- Zusenden von Broschüren u. Ä. zur Vorinformation für das Vorstellungsgespräch;
- Einladung zum Vorstellungsgespräch (Vorstellungstermin);
- Einladung zu einer betriebsinternen Prüfung oder zum Eignungstest;
- Absage an ungeeignete Bewerber (ggf. mit Rücksendung aller Bewerbungsunterlagen).

Dieser Schriftwechsel eignet sich gut für die programmierte Textverarbeitung mit Textbausteinen und/oder Serienbriefen. Bitte vergleichen Sie hierzu Abschnitt 10.7 (Antworten auf Bewerbungen) und 11.3 (Serienbrief).

7.6 Innerbetrieblicher Schriftverkehr

In jedem Unternehmen müssen Schriftstücke verfasst werden, die nur für den internen Gebrauch bestimmt sind: Telefon- und Aktennotizen, Aktenvermerke, Protokolle und Rundschreiben. Auch innerbetriebliche Texte sollten inhaltlich und sprachlich die Anforderungen erfüllen, die man heute an den gesamten kaufmännischen Schriftverkehr stellt.

Im Folgenden finden Sie Kurzbeispiele zu Themen des innerbetrieblichen Schriftverkehrs. Die Protokollführung wird nicht behandelt, weil dieses komplexe Thema über den Rahmen dieses Buches hinausgeht.

7.6.1 Akten-, Gesprächs- und Telefonnotizen

Viele Gespräche mit Besuchern oder beim Besuch in anderen Firmen (oder Dienststellen) sind so wichtig, dass es ratsam ist, das Wesentliche daraus festzuhalten und übersichtlich und sauber zu schreiben. Dies trifft selbstverständlich auch auf wichtige Telefonate zu. Solche Niederschriften dienen zunächst als eigene Gedächtnisstützen. Oft sollen sie aber auch andere Mitarbeiter oder Vorgesetzte informieren. Aus nahezu allen Besprechungen, Verhandlungen und wichtigen Telefongesprächen ergeben sich ferner Folgerungen: Wer soll was und wann erledigen? Welche Maßnahmen sind nach dem Gespräch noch zu treffen?

Aktennotizen. Eine Aktennotiz ist eine kurze Niederschrift, die ausschließlich für den Gebrauch innerhalb einer Firma (Dienststelle u. Ä.) oder aber für den Verfasser selbst bestimmt ist. Der Inhalt der Aktennotiz wird aus dem Gedächtnis oder nach Stichworten festgehalten. Bei aller Kürze muss die Aktennotiz aber das Wesentliche enthalten.

Für Aktennotizen (wie auch für Telefonnotizen und Aktenvermerke) gibt es keine allgemein verbindlichen Vorschriften. Doch empfiehlt es sich, diese Notizen einheitlich und übersichtlich zu gliedern (viele Unternehmen haben dafür besondere Vordrucke).

Am besten gliedern Sie Ihre Aktennotizen durch Leitwörter: Betreff – Ort und Zeit – Teilnehmer. Die eigentliche Aktennotiz besteht in der Regel aus dem Gesprächsergebnis und den Folgerungen. Selbstverständlich sind alle Notizen dieser Art zu unterschreiben. In den Mustern steht dafür jeweils „gez. ...“ = gezeichnet ...

Aktennotiz

Betreff: Ausstellung „Bürowelt“
vom 3. bis 7. Oktober 20.. in Köln;
Besprechung des Ausstellungsteams

Ort und Zeit: Wiesbaden; 20..-04-03; 10:15 – 11:30 Uhr

Teilnehmer: Direktor Dr. Wolf
Werbeleiter Dr. Unterberg
die Damen Fischer, Klein und Weber
die Herren Burg und Lichtenberg

Gesprächsergebnis
Die Vorbereitungen sollen am 15. April anlaufen. Federführend sind Dr. Unterberg, Frau Weber und Herr Burg.

Folgerungen
1. Bildung einer Arbeitsgruppe „Ausstellung Bürowelt“;
   Leitung: Dr. Unterberg; Mitglieder: Frau Fischer und Herr Burg; 1. Sitzung: 10. April, 10:30 Uhr, Raum 211.
2. Schriftliche Vorschläge: Neue Strategien für die Ausstellung;
   Termin für die Abgabe: 10. April 20.... an Dr. Unterberg.

gez. Heiko Burg

Gesprächs- und Telefonnotizen. Jedes wichtige Telefongespräch sollten Sie gut vorbereiten. Was wollen Sie von Ihrem Gesprächspartner erfahren oder mit Ihrem Anruf erreichen? Notieren Sie zuvor die Hauptgesprächspunkte, bringen Sie diese in die optimale Reihenfolge und legen Sie alle Unterlagen zurecht, die Sie voraussichtlich benötigen. Ein entsprechender Vordruck erleichtert Ihnen die Arbeit.

Die Gesprächs- oder Telefonnotiz gliedert sich in drei Teile: Leitwörter (Datum, Gesprächspartner, Kontaktdaten), Gesprächsinhalt (Stichworte) und Ergebnisse/Konsequenzen.

Fahrradgroßhandel Klaus Koslowski GmbH

Gesprächsvorbereitung

über: ❑ persönliches Gespräch
❑ Telefongespräch

Datum und Uhrzeit: ______________________

Gesprächspartner: ______________________

Firma: ______________________

Telefon: ______________________

Telefax: ______________________

E-Mail: ______________________

Was soll besprochen werden?

____

____

____

Benötigte Unterlagen: ______________________

____

____

____

Unterschrift: ______________________

Fahrradgroßhandel Klaus Koslowski GmbH

Gesprächsnotiz

über: ❑ persönliches Gespräch
❑ Telefongespräch

Datum und Uhrzeit: ______________________

Gesprächspartner: ______________________

Firma: ______________________

Telefon: ______________________

Telefax: ______________________

E-Mail: ______________________

Inhalt des Gesprächs: ______________________

____

____

____

Was muss veranlasst werden?

____

____

____

Unterschrift: ______________________

7.6.2 Aktenvermerke

Die Kürze der Aktennotiz gibt keine Möglichkeit, neben dem knapp formulierten Gesprächsergebnis auch Hintergründe aufzuführen. Oft aber ist es vorteilhaft, nicht nur die Fakten zu nennen, sondern auch zu erläutern, wie es zu dem Gespräch gekommen ist („Vorgeschichte"), und die eigene Meinung zum Ausdruck zu bringen. In solchen Fällen schreiben Sie einen ausführlicheren „Aktenvermerk". Das Muster auf Seite 157 zeigt Ihnen, wie Sie Ihre Aktenvermerke gliedern können. Oft ist es ratsam, sich wiederholende Bezeichnungen abzukürzen.

7.6.3 Rundschreiben

Innerbetriebliche Rundschreiben werden den entsprechenden Abteilungen bzw. Sachbearbeitern zugestellt und oft auch noch am Schwarzen Brett ausgehängt. Rundschreiben müssen klar formuliert und übersichtlich gegliedert sein. Der Verteilvermerk wird häufig nicht am Schluss, sondern gleich zu Anfang des Rundschreibens angegeben. Dies gilt auch für Rundschreiben von Vereinen, Verbänden und Organisationen an deren Mitglieder (vgl. Muster auf Seite 158).

Möbel-Einkaufs-GmbH 20..-05-16
Dach & Wintershausen

Aktenvermerk

Gegenstand: Liefermöglichkeiten und Lkw-Transporte
der Möbelwerke Wagner & Zobel AG
(im Folgenden abgekürzt: W & Z)
32051 Herford, Uhlandplatz 46–48

Ort und Zeit: Herford; 20..-05-14; 09:45–10:30 Uhr

Teilnehmer: Herr Dr. Heibel, Verkaufsleiter W & Z
Frau Mehrholz, Einkäuferin W & Z
Frau Karbach, Sekretärin des Verkaufsleiters
Dieter Weck, Möbel-Einkaufs-GmbH Siegen

Inhalt

Nach dem mehrmaligen Lieferverzug von W & Z, insbesondere Lieferungen an unsere Lager in Trier und Oranienburg, war ein klärendes Gespräch mit den Verantwortlichen der Möbelwerke unumgänglich. Es kommt hinzu, dass wir in letzter Zeit mehrmals bei W & Z wegen Transportschäden reklamieren mussten.

Herr Dr. Heibel wollte den Lieferverzug als „derzeit für unsere Branche völlig normal" hinstellen. Ich verwies auf die uns vorgelegten Angebote mehrerer Konkurrenten mit garantierten Lieferterminen. Frau Mehrholz bezweifelte, dass diese Firmen im Ernstfall pünktlich liefern können. Aus den gegensätzlichen Auffassungen entwickelte sich eine ziemlich gespannte Atmosphäre.

Sie verschärfte sich, als ich auf die Beschädigungen zu sprechen kam, die wir bei mindestens fünf Lkw-Transporten von W & Z beklagen mussten. Wiederum versuchte Herr Dr. Heibel, mit rhetorischen Tricks die Vorkommnisse zu bagatellisieren. Erst auf meine nochmalige entschiedene Darlegung des Sachverhalts (vor allem die Lieferungen vom 3. März und 15. April d. J.) lenkte der Verkaufsleiter ein und versprach, für Abhilfe zu sorgen.

Nach diesem wenig erfreulichen Gespräch schlage ich vor, zunächst der Firma Fischer & Ackermann KG (Bielefeld) versuchsweise einige kleinere Aufträge zu erteilen. Danach bleibt abzuwarten, wie wir die Geschäftsbeziehung zu W & Z künftig gestalten.

gez. Dieter Weck

Verteiler
HV Siegen, Abt. R
Abt. Einkauf (Frau Stein)

4301157

Chemische Werke
Roland & Kaiser AG
Geschäftsleitung

20..-03-22

Rundschreiben Nr. 5/20..

Verteiler: Abteilungen 1–6; 8, 10 und 12
Betriebsrat
Sekretariat IV
Frau Dr. Klein

Einrichtung der Büroräume im Neubau Ulmer Straße 19–21

Liebe Mitarbeiterinnen, liebe Mitarbeiter,

wie Sie schon wissen, konnten die Arbeiten am Neubau Ulmer Straße zu einem guten Abschluss gebracht werden. Der Umzug der Direktion und des gesamten kaufmännischen Personals ist für Anfang August d. J. vorgesehen.

Bei der Einrichtung der neuen Büroräume sollen selbstverständlich auch alle ergonomischen Aspekte berücksichtigt werden. Deshalb bitten wir Sie, uns bis 15. April Ihre Wünsche für die Einrichtung Ihrer Büroarbeitsplätze in kurzer Form schriftlich mitzuteilen. Als Anreiz sind für die drei besten Lösungsvorschläge folgende Prämien ausgesetzt:

1. Preis: 250,00 €, 2. Preis: 150,00 €, 3. Preis: 50,00 €

Besonderen Wert legen wir auf die Beantwortung folgender Fragen:

1. Wie beurteilen Sie die Arbeitsmöglichkeiten Ihres bisherigen Arbeitsplatzes? Welche Mängel hat Ihr bisheriger Arbeitsplatz?
2. Haben Sie spezielle Wünsche für die Einrichtung Ihres neuen Arbeitsplatzes?
3. Sind Sie bisher an jedem Arbeitstag zum Essen nach Hause gefahren? Oder haben Sie sich in der Regel am Imbissstand im Industriegebiet versorgt?
4. Der Neubau hat eine moderne Kantine, die täglich drei Gerichte (darunter eines für besonders Ernährungsbewusste) anbieten wird. Werden Sie das Essen (nahezu) regelmäßig in der neuen Kantine einnehmen?

Für die Geschäftsleitung ist es sehr wichtig und aufschlussreich, von Ihnen ganz persönliche Antworten auf diese Fragen zu erhalten. So können alle Mitarbeiter dazu beitragen, dass wir die neuen Büroräume optimal einrichten.

Freundliche Grüße

4301158

8 Elektronische Korrespondenz

8.1 Internet

Das Internet ist ein weltweiter Zusammenschluss vieler Netzwerke und dient dem Informationsaustausch und der Kommunikation. Der bekannteste Dienst im Internet ist das World Wide Web (www), ein Hypertextsystem, das über einen Webbrowser abgerufen werden kann. Es bietet Informationen aller Art und Diskussionsforen. Im Internet können u. a. Bankgeschäfte abgewickelt (Homebanking), Einkäufe getätigt (E-Commerce) sowie geschäftliche und private Korrespondenz erledigt werden (E-Mail).

Für den Zugang zum Internet gibt es verschiedene Möglichkeiten, vom Telefonnetz bis zur Standleitung. Die meisten Nutzer arbeiten mit folgender Ausstattung:

- Computer,
- ISDN-Anschluss und ISDN-Karte oder DSL-Anschluss oder WLAN,
- Zugangsberechtigung über einen Anbieter (Provider) sowie
- Software für das Internet (Browser).

Mit Internetpräsentationen bieten Firmen sowie Selbstständige und Freiberufler ihre Produkte und Dienstleistungen an, Behörden und Organisationen stellen ihre Ziele und Aufgaben dar, und Privatpersonen informieren über ihre Hobbys und Interessen.

8.2 Elektronische Post (E-Mail)

E-Mail ist der meistgenutzte Dienst im Internet. Die erforderliche Software gehört zum Browser-Paket und wird in der Regel vom Provider mitgeliefert. Die elektronische Post ist der schnellste und kostengünstigste Weg, um weltweit zu korrespondieren. Deshalb wählen immer mehr geschäftliche und private Absender E-Mails statt Brief oder Telefax.

8.2.1 Bestandteile einer E-Mail

Um eine rationelle Bearbeitung der E-Mails zu gewährleisten, enthält die Norm DIN 5008 „Schreib- und Gestaltungsregeln für die Textverarbeitung" zahlreiche Hinweise, die für die Verwendung von E-Mails als Geschäftsbriefersatz gelten. Danach besteht eine E-Mail aus E-Mail-Kopf, Anrede, Text, Abschluss und elektronischer Signatur bzw. Verschlüsselung.

Der E-Mail-Kopf enthält Anschrift (E-Mail-Adresse), Verteiler und Betreff.

Die *E-Mail-Adresse* gestaltet sich nach den Vorgaben des jeweiligen Anbieters. Sie muss korrekt eingegeben werden, sonst kann sie den Empfänger nicht erreichen. Der Absender wird automatisch informiert, wenn die E-Mail nicht zustellbar ist. Die E-Mail-Adresse besteht aus zwei Teilen, die durch das @-Zeichen getrennt sind, Benutzername@Domain-Name. Dieses Zeichen steht für englisch *at* = bei.

Die weltweiten Domain-Endungen kennzeichnen den Ländercode oder stehen für andere Bereiche. Beispiele:

info@firmenname.de
schneider@firmenname.de
erik.schaefer@t-online.de
Daniel_Klein@aol.com

info	= Kontaktadresse eines Unternehmens
schneider erik.schaefer Daniel_Klein	= (Vor- und) Zuname des Absenders oder Empfängers einer E-Mail
Firmenname (z. B. winklers)	= Domain eines Unternehmens im Internet
t-online aol	= Provider
.de	= Länderkürzel (hier: Deutschland)
.com	= kommerzieller Anbieter

Verteiler. In das elektronische Verteilerfeld können weitere E-Mail-Adressen eingetragen werden:

Cc = Carbon copy: Der Empfänger erkennt, wer eine Kopie erhält. Die Bezeichnung Carbon copy geht auf das veraltete Verfahren zurück, Durchschläge mit Schreibmaschine und Carbon-Papier (Kohlepapier) herzustellen.

Bcc = Blind carbon copy: Der Empfänger wird nicht darüber informiert, an wen eine Kopie der Information geschickt wird.

Betreff. Wie beim herkömmlichen Brief dient der Betreff als stichwortartige Inhaltsangabe. Sie soll die Bearbeitung und Verwaltung von E-Mails erleichtern. Am besten wählt man einen aussagekräftigen Kurztext.

Anrede. Der Grundsatz „kein Brief ohne Anrede“ gilt selbstverständlich auch für E-Mails. Wie beim Brief beginnt die Anrede an der Fluchtlinie und wird vom folgenden Text durch eine Leerzeile getrennt.

Text. Er wird mit Zeilenabstand 1 (einzeilig) geschrieben und ist ohne Worttrennungen am Zeilenende zu erfassen. Der Umbruch wird durch die Software des Empfängers gesteuert. Der Text ist nach den Regeln für das Beschriften von Briefblättern zu gestalten: Absätze, Aufzählungen, Hervorhebungen usw.

Abschluss. Gruß, Kommunikations- und Geschäftsangaben werden meist in Form einer Signatur automatisch zugesteuert. Beispiel:

Freundliche Grüße

Lampenfabrik
Schulz & Hofmann GmbH

ppa. Anne Meister

Telefon: +49 621 483211-411
Telefax: +49 621 483211-983
E-Mail: anne.meister@lampenschulz-wvd.de
Internet: www.lampenschulz-wvd.de
Sitz der Firma: Mannheim
Registergericht Mannheim HRB 6789
Geschäftsführer: Georg Schulz

Postanschrift. Sie ist unverzichtbar, wenn der Absender vom Empfänger Postsendungen erbittet, z. B. Prospekte, Bücher u. Ä. Beispiel:

Freundlichen Gruß

Eva Gäßner
St.-Martin-Straße 26
56073 Koblenz

Telefon: 0261 88402
E-Mail: Eva_Gaessner@web.de

Elektronische Signatur bzw. Verschlüsselung. Bei der elektronischen Korrespondenz ist Vorsicht geboten, weil E-Mails auch von Unbefugten gelesen werden können. Wichtige Informationen sollten durch digitale Signatur und/oder verschlüsseltes Übertragen gegen unberechtigtes Lesen und Veränderungen geschützt werden.

8.2.2 E-Mail-Muster: Absender ist eine Privatperson

An... service@winklers.de
Cc...
Bcc...
Betreff: Kalenderdaten

Sehr geehrte Damen und Herren,

mit der Schreibung der Kalenderdaten habe ich einige Probleme. Denn in der Eingangspost, die ich als Korrespondentin eines großen Unternehmens bearbeite, lese ich sehr unterschiedliche Schreibungen. Auch in den einzelnen Abteilungen meines Arbeitgebers wird bei Kalenderdaten nicht einheitlich verfahren.

Deshalb bitte ich Sie um Informationen über die normgerechten Schreibungen der numerischen und alphanumerischen Kalenderdaten.

Vielleicht haben Sie auch eine Broschüre, die die Schreibung der Kalenderdaten erläutert. Interessiert bin ich ferner an Informationen über andere Regelungen, z. B. Empfängeranschriften und Briefabschlüsse. Denn ich möchte nicht nur gut formulierte, sondern auch normgerechte Briefe schreiben.

Auf Ihre Antwort, für die ich Ihnen im Voraus danke, freue ich mich schon.

Freundliche Grüße

Manuela Schreiber
Amselweg 12 // W 407
97688 Bad Kissingen

Telefon: 0971 28433
Telefax: 0971 45201
E-Mail: manuela.schreiber-wvd@gmx.de

8.2.3 E-Mail-Muster: Absender ist ein Unternehmen (hier: GmbH)

An... manuela.schreiber-wvd@gmx.de
Cc...
Bcc...
Betreff: Normgerechte Schreibung der Kalenderdaten

Sehr geehrte Frau Schreiber,

für Ihre Anfrage danken wir Ihnen. Gern geben wir Ihnen die gewünschten Informationen.

Numerische Schreibung. Die absteigende Form – also Jahr, Monat, Tag – entspricht einer EU-Norm und gilt daher grundsätzlich auch für die deutsche Norm DIN 5008.

Beispiel: 20..-08-04

In einer Anmerkung heißt es in DIN-5008: „Sofern keine Missverständnisse entstehen, darf auch die Schreibung in der Reihenfolge Tag, Monat, Jahr – gegliedert mit dem Punkt – verwendet werden."

Beispiel: 04.08.20..

Die Einschränkung „falls keine Missverständnisse entstehen" wurde aufgenommen, weil bei der Verkürzung der Jahreszahl auf zwei Stellen Missverständnisse möglich sind, insbesondere wenn als grafisches Signal statt des Punktes auch in der aufsteigenden Form (fälschlich) der Mittestrich verwendet wird.

Die aufsteigende Form (mit Punkten) gilt als Nebenvariante. Darum empfehlen wir Ihnen die absteigende Form (mit Mittestrichen).

Alphanumerische Schreibung. Wichtig ist, dass die Jahreszahl nicht verkürzt wiedergegeben werden darf. Das „Ausnullen" bei der Tagangabe ist nicht korrekt.

Winklers Ratgeber für die Textverarbeitung. Diese Broschüre erläutert in alphabetischer Folge alle Schreib- und Anordnungsregeln nach DIN 5008, ferner Abkürzungen, Straßennamen, Buchstabiertafel, neue Rechtschreibung, Worttrennung und Korrekturzeichen. Mit getrennter Post erhalten Sie unser Gesamtverzeichnis. Darin werden Sie bestimmt noch viel Interessantes entdecken.

Freundliche Grüße

Bildungshaus Schulbuchverlage
Westermann Schroedel Diesterweg
Schöningh Winklers GmbH

Georg-Westermann-Allee 66
38104 Braunschweig
Telefon: +49 531 708-0
Telefax: +49 531 708-209

Kunden-Service:

Telefon: 01805 996696
Telefax: 0531 708-664
E-Mail: service@winklers.de
Internet: http://www.winklers.de

Geschäftsführer: Ulrike Jürgens, Thomas Michael, Dr. Peter Schell
Amtsgericht Braunschweig – HRB 9572

Anmerkung: Je nach Rechtsform des Unternehmens sind unterschiedliche Geschäftsangaben erforderlich. Für eine geschäftliche E-Mail gelten die gleichen rechtlichen Bestimmungen wie für einen Geschäftsbrief (siehe auch Seite 13).

8.2.4 Tipps für Ihren E-Mail-Stil

Für die Formulierung von E-Mail-Texten gelten dieselben Stilregeln wie für Briefe. Vergleichen Sie hierzu die Abschnitte 3 und 4.1. Berücksichtigen Sie die folgenden Punkte:

1. Schreiben Sie Ihre E-Mails mit derselben Sorgfalt wie Ihre Briefe. Das Tempo der E-Mail-Kommunikation darf Sie nicht dazu verleiten, weniger auf Richtigkeit, Vollständigkeit, Orthografie, Interpunktion und treffenden Ausdruck zu achten.
2. Bleiben Sie auch im E-Mail-Text stets höflich. Vergessen Sie nicht Anrede und Gruß sowie bitte und danke.
3. Verzichten Sie auf Abkürzungen, z. B. mfg für Mit freundlichen Grüßen u. Ä.
4. Verraten Sie keine Geheimnisse. Schreiben Sie nur, was Sie auch auf einer Postkarte mitteilen würden. Denn Sie wissen nicht, wer Ihre Texte liest.

9 Aufgaben zur Vorbereitung auf Prüfungen

Aufgaben, die auf bestimmte Geschäftszweige abgestellt sind, können für die gewünschten Branchen abgewandelt werden. Verwenden Sie entsprechende Bezugszeichen sowie Auftrags-, Kunden-, Lieferschein- und Rechnungsnummern.

9-1 Anfrage

Sie sind Sachbearbeiter in einer Großhandlung für Bürobedarf. In der Fachzeitschrift „Büro heute“ haben Sie eine Anzeige gelesen, in der ein Hersteller für viele Artikel Ihres Geschäftszweigs wirbt. Es ist nicht klar ersichtlich, ob die angegebenen Preise Brutto- oder Nettopreise sind. Einige Artikel scheinen Ihnen besonders preisgünstig zu sein. Fordern Sie für einige Artikel (genau bezeichnen) ein verbindliches Angebot an, mit Namen und Daten nach Ihrer Wahl.

9-2 Anfrage – Angebot

Die Großhandlung für Bürobedarf, in der Sie tätig sind, will das Sortiment um mehrere Artikel erweitern. Sie sehen die Lieferantendatei nach geeigneten Bezugsquellen durch. Die gewünschten Artikel sind bei einem Ihrer Lieferer offensichtlich in Auswahl, Ausstattung oder Aufmachung und im Preis besonders günstig. Sie interessieren sich auch für die Liefer- und Zahlungsbedingungen, vor allem für einen längeren Warenkredit.

Schreiben Sie zunächst eine Anfrage. Versetzen Sie sich dann in die Lage des Lieferers und beantworten Sie die Anfrage mit einem

a) verbindlichen und
b) unverbindlichen Angebot.

9-3 Nachfassbrief

Sie schreiben einem langjährigen Kunden, der Ihnen – entgegen seiner Gewohnheit – seit einigen Monaten keine Bestellung mehr erteilt hat. Bringen Sie sich in Erinnerung, machen Sie ihm gleichzeitig ein günstiges Angebot mit vorteilhaften Zahlungsbedingungen.

9-4 Alternativangebot

Ein langjähriger Kunde hat Sie nach einem bestimmten Artikel (genau angeben) gefragt. Sie hatten diesen Artikel nicht auf Lager, haben ihn aber sofort bei Ihrem Lieferer bestellt. Heute hat Ihnen der Lieferer mitgeteilt, dass der Artikel nicht mehr hergestellt wird. Sie schreiben Ihrem Kunden und bieten ihm eine ähnliche Ausführung mit ebenso guter Qualität und günstigem Preis an.

9-5 Erlöschen eines Angebots

Sie haben einem Kunden auf dessen Anfrage vom ... am ... mehrere Artikel für den Bürobedarf angeboten. Ihr Angebot war verbindlich, aber bis ... befristet. Eine Woche nach Fristablauf trifft die Bestellung ein. Was schreiben Sie Ihrem Kunden?

9-6 Änderung des Angebots

Sie haben von der Firma ... ein sehr günstiges Angebot über Computer erhalten. Das Angebot sagt Ihnen zu, ausgenommen die Bedingung „Zahlung innerhalb 8 Tagen mit 2 % Skonto, innerhalb 20 Tagen netto Kasse“. Sie wünschen ein Mindestzahlungsziel von 3 Monaten, u. U. Wechselakzept und stellen größere Aufträge in Aussicht. Barzahlung ist möglich, wenn 3 % Skonto und Mengenrabatt gewährt werden.

9-7 Der Auftrag wird zurückgenommen

Sie sind Mitarbeiter der Elektrogroßhandlung Baumgartner KG, Postfach 70 63 48, 70177 Stuttgart. Ihre Firma hat gestern beim Außendienstmitarbeiter der Lampenfabrik Schulz & Hofmann, Postfach 24 13 05, 68162 Mannheim, 20 Pendelleuchten Nr. 550 bestellt. Sie haben den Auftrag bereits telefonisch zurückgezogen.

Schreiben Sie einen Brief, in dem Sie auf den Auftrag und den telefonischen Widerruf hinweisen. Nennen Sie die Gründe. Kündigen Sie Ersatzaufträge an.

9-8 Bitte um kürzere Lieferzeit

Sie sind Mitarbeiter des Spielwarengeschäfts Johann Berger, Heinrich-Heine-Straße 1, 07422 Bad Blankenburg, und schreiben heute an die Kleiderfabrik Wilhelm Kreiner & Co., Postfach 20 11 51, 40212 Düsseldorf.

Eine Mitarbeiterin der Firma Kreiner & Co. hat Ihnen ein Angebot über Berufskleidung gemacht. Den genauen Inhalt Ihrer Bestellung bestimmen Sie selbst. Die Lieferfrist war für Ende n. M. festgelegt worden. Bitten Sie, die Lieferzeit zu verkürzen, und begründen Sie Ihre Bitte.

9-9 Bestellung und Zahlungsausgleich

Sie sind Bevollmächtigter der Kleiderfabrik Jürgen Höfer & Söhne, Goethestraße 11, 29410 Salzwedel. Vor einigen Tagen hat Ihnen die Weberei Fritz Meister, Postfach 18 92, 78531 Tuttlingen, ein Angebot über Wollstoffe gemacht (Menge und Preise nach Ihrer Wahl). Der Lieferer hebt die besonderen Vorzüge der Stoffe hervor und fügt mehrere Proben bei. Geliefert wird frei Haus, Verpackung unberechnet. Zahlungsbedingungen: binnen 10 Tagen mit 2 % Skonto oder binnen 30 Tagen ohne Abzug.

1. Sie bestellen nach dem Angebot der Weberei.
2. Sie bestätigen den Empfang der Ware und überweisen 3 Tage später den Betrag, wovon Sie 2 % Skonto abziehen. Bankverbindung: Konto-Nr. 19334-702 bei der Postbank Stuttgart, BLZ 600 100 70.

9-10 Teilwiderruf einer Bestellung

Sie sind Sachbearbeiter der Elektrogroßhandlung Rainer Fenske, Saarbrücker Straße 85, 45138 Essen. Vor 4 Tagen hat das Elektrogeschäft Kapur, Postfach 19 91, 56621 Andernach, bei Ihnen Kaffeemaschinen bestellt. Heute bittet Sie der Kunde telefonisch, nur die Hälfte der bestellten Kaffeemaschinen zu liefern. Ihre Versandabteilung sagt Ihnen jedoch, dass die Ware schon gestern Nachmittag versandt worden ist.

Schreiben Sie dem Elektrogeschäft, das seit vielen Jahren zu Ihren besten Kunden zählt. Was schlagen Sie vor?

9-11 Bitte um Rechnungsprüfung

Sie sind Mitarbeiter der Textilfabrik Rudolf Schnellinger KG, Postfach 14 14, 74821 Mosbach. Die Färberei Kurt Heick, Postfach 10 07, 69461 Weinheim, hat für das Färben verschiedene Preise berechnet:

Auftrag # 14 200 (20..-03-15) 18,20 €
Auftrag # 20 105 (20..-04-10) 20,60 €

In beiden Fällen wurde je eine Wolldecke gleicher Qualität und Größe gefärbt. Fragen Sie, warum die Färberei für das Färben verschiedene Preise berechnet hat. Stellen Sie einen Großauftrag (50 Decken) in Aussicht.

9-12 Schlechtleistung

Sie haben mangelhafte Ware erhalten und schreiben Ihrem Lieferer. Art der Ware und des Mangels, Anschriften und Daten nach Ihrer Wahl. Schreiben Sie dem Lieferer, welche Rechte Sie geltend machen.

9-13 Schlechtleistung

Sie haben vor einem Monat bei einem Lieferer Waren bestellt. Gestern traf die Sendung ein; sie wies bestimmte Mängel auf. Schreiben Sie Ihrem Lieferer, benennen Sie die Mängel und machen Sie von einem der Ihnen zustehenden Rechte Gebrauch. Namen, Art der Ware und der Mängel nach Ihrer Wahl.

9-14 Schlechtleistung

Sie sind Mitarbeiter eines Textilfachgeschäfts und haben heute Waren von Ihrem Lieferer, der Textilfabrik Helmut Staller GmbH, Postfach 16 58, 33601 Bielefeld, erhalten. Sie stellen folgende Mängel fest: Von den 100 gelieferten Baumwolloberhemden Nr. 10 sind 30 leicht angeschmutzt, 20 Hemden weisen grobe Falten am Kragen auf.

1. Schreiben Sie die Mängelrüge.
2. Versetzen Sie sich in die Lage des Lieferers, beantworten Sie die Mängelrüge. Begründen Sie die Mängel und schlagen Sie vor, wie Sie dem Kunden entgegenkommen können.

9-15 Beanstandung einer Rechnung

Sie sind Sachbearbeiter der Schokoladenfabrik Lutz Simon & Co., Postfach 40 38 94, 80334 München, und haben der Konditorei Wiese, Luisenstraße 88, 53721 Siegburg, verschiedene Schokoladenartikel geliefert. Der Nettorechnungsbetrag lautet über 500,00 €, dazu kommt die Umsatzsteuer.

Ihr Kunde schreibt, dass nach dem Umsatzsteuergesetz Schokoladenlieferungen mit dem ermäßigten Steuersatz besteuert werden. Beantworten Sie den Brief Ihres Kunden.

9-16 Schlechtleistung

In Ihrem Betrieb, der Großhandlung Halim, Wormser Straße 10, 55543 Bad Kreuznach, wurde ein Wasserenthärtungsgerät installiert, das Kalkablagerungen verhindern soll. Nach 2 Wochen stellen Sie fest, dass das Gerät den Anforderungen nicht genügt.

Welche Rechte können Sie geltend machen? Schreiben Sie dem Installationsgeschäft (Anschrift und Daten nach Ihrer Wahl).

9-17 Schlechtleistung

Ihr Betrieb hat von der Keramikfabrik Joachim Specht KG, Ostanlage 49, 35390 Gießen, Keramikvasen und -übertöpfe bezogen. Einzelne Stücke sind zerbrochen (Verpackung unzureichend).

1. Schreiben Sie der Keramikfabrik.
2. Schreiben Sie die Antwort der Keramikfabrik (Verpackung handelsüblich, kein Verschulden, Versandbedingungen „auf Gefahr des Empfängers“). Ersatz wird

   a) geleistet (begründen!),
   b) abgelehnt (mit Recht?).

4301167

9-18 Beanstandung einer Rechnung mit Zahlungsanzeige
Sie haben von Ihrem Lieferer, der Büromöbelfabrik Sommer & Nold AG, Postfach 31 20, 49073 Osnabrück, eine Rechnung über 3.400,00 € erhalten. Ihre Prüfung ergab einen Additionsfehler von 100,00 € zu Ihren Ungunsten. Ferner wurde ein Skonto von 3 %, der Ihnen nach den Zahlungsbedingungen zustand, nicht berücksichtigt. Teilen Sie Ihrem Lieferer den Sachverhalt mit und fügen Sie einen Verrechnungsscheck über den Betrag bei, der dem Lieferer zusteht.

9-19 Schlechtleistung
Von den EUROPA-Werken AG (bitte bestimmen Sie, ob Lebensmittel, Textilien o. a.), Postfach 30 81 77, 70173 Stuttgart, hat Ihr Unternehmen Waren bezogen. Die Prüfung der Sendung ergab Mängel. (Wählen Sie typische Waren Ihrer Branche.) Schreiben Sie die Mängelrüge. Bestimmen Sie die Art des Artikels und erläutern Sie den Mangel genau. Welches Recht wollen Sie geltend machen?

9-20 Nicht-Rechtzeitig-Lieferung
Ihr Betrieb, der Hoch- und Tiefbau Horst Becker & Sohn, Postfach 1 94 13, 56061 Koblenz, hat im Juni bei Horst Kramer GmbH, Postfach 10 94, 75171 Pforzheim, 80 Stahlmatten 2,50 x 3,00 m; Stärke 0,8 cm, bestellt. Als Liefertermin wurde Ende Juli/Anfang August vereinbart. Die Ware ist am 15. August noch nicht eingetroffen.

1. Schreiben Sie dem Lieferer und setzen Sie eine Nachfrist. Kündigen Sie auch an, was Ihre Firma zu tun gedenkt, falls dieser Termin nicht eingehalten wird.
2. Behandeln Sie jetzt denselben Vorgang als Fixgeschäft. (Als Liefertermin wurde der 14. August vereinbart.)

9-21 Nicht-Rechtzeitig-Lieferung
Ihre Firma, die Großhandlung Werner Hübner, Postfach 12 08, 24931 Flensburg, erhält einen Brief des Bürofachgeschäfts Alfred Hiller, Bahnhofstraße 8, 07407 Rudolstadt.

Auszug dieses Briefes vom 28. November 20..: *Die am 15. Oktober bestellten 20 Kopierer Nr. 105, obwohl schon berechnet ..., sind bis heute noch nicht eingetroffen. Die Lieferung war in Ihrer ... bis 18. November fix zugesagt. ... in Verzug geraten. Schadenersatz wegen Nichterfüllung.*

Beantworten Sie diesen Brief. Bedauern Sie die Verzögerung (Gründe?). Die Sendung wird heute als Expressgut abgeschickt. Kommen Sie dem Kunden in irgendeiner Form entgegen, damit Sie ihn nicht verlieren. Schreiben Sie den Brief in zwei Fassungen.

9-22 Nicht-Rechtzeitig-Lieferung
Sie sind Mitarbeiter des Fachgeschäfts Klaus Opitz, Klosterstraße 18, 02763 Zittau, und bestellen bei der Textilfabrik Helmut Staller GmbH, Postfach 16 58, 33601 Bielefeld:

100 Duschlaken Nr. 25, hellblau, je Stück 19,75 €
200 Handtücher Nr. 125, weiß, je Stück 7,75 €
200 Handtücher Nr. 225, hellblau, je Stück 7,75 €
200 Handtücher Nr. 325, rosa, je Stück 7,75 €

Der Liefertermin 31. März ist unbedingt einzuhalten, weil die Duschlaken und Handtücher für die Eröffnung eines neuen Hotels bestimmt sind. Am 1. April ist die Sendung noch nicht eingetroffen. Sie verzichten auf die Lieferung. Wegen des Mehrpreises (durch einen Deckungskauf) wird noch genau abgerechnet. Schreiben Sie der Textilfabrik wegen des Lieferverzugs.

9-23 Annahmeverzug

Sie haben am ... Waren an ... geliefert. Ihr Kunde hat die Abnahme der ordnungsgemäß gelieferten Ware verweigert. Der Spediteur am Wohnort des Käufers ist gleichzeitig der Lagerhalter. Sie schreiben dem Kunden heute einen entsprechenden Brief. Dabei soll es sich

a) um leicht verderbliche Ware,
b) um länger lagerfähige Ware

handeln.

9-24 Annahmeverzug

Die Möbelfabrik Franz Kaiser GmbH & Co., Postfach 90 18 14, 50669 Köln, schreibt an das Möbelfachgeschäft Kiefermann & Eschenberger, Mühlenstraße 28, 06484 Quedlinburg.
Die am 15. August bestellten 2 Hochschränke „Elite“ und 4 Schreibtische „Komfort“ (beides Sonderanfertigungen) sind am 10. Oktober mit Lkw geliefert worden. Die Annahme wurde aber verweigert, ohne dem Fahrer den Grund zu nennen. Kiefermann & Eschenberger wurden am 15. Oktober benachrichtigt, dass die Möbel am 25. Oktober im Selbsthilfeverkauf veräußert werden (Ort und Zeit wurden mitgeteilt). Die Möbelfabrik hat die Lieferbedingungen eingehalten. Die Ware ist in einwandfreiem Zustand geliefert worden. Der Selbsthilfeverkauf ist abgeschlossen.

Abrechnung:

Mindererlös	1.215,00 €
Kosten	90,00 €
	1.305,00 €

Zahlungsziel: 20. November – Setzen Sie das Möbelfachgeschäft davon in Kenntnis.

9-25 Nicht-Rechtzeitig-Zahlung

Das Hotel „Zum Prinzen“, Lindauer Straße 18 – 20, 87439 Kempten, schreibt an die Konservenfabrik Arktis KG, Herzog-Friedrich-Straße 14, 87600 Kaufbeuren.

Das Hotel hatte eine sehr schlechte Saison (witterungsbedingt) und kann seinen Zahlungsverpflichtungen nicht nachkommen. Der Rechnungsbetrag lautet über 620,00 €. Das Hotel bittet, das Zahlungsziel um 3 Monate zu verlängern, da schon bald wieder mehr Gäste zu erwarten sind. Bitten Sie die Konservenfabrik um diese Zielverlängerung.

9-26 Nicht-Rechtzeitig-Zahlung

Die Büromaschinenfabrik Peter Hansen AG, Postfach 50 32 18, 20145 Hamburg, wendet sich an das Bürohaus Gosch KG, Postfach 21 11 03, 28192 Bremen.

Auszug aus dem Brief vom 30. Mai 20.. an Gosch: *Rechnung über 2.360,00 € ... 10. Mai fällig ... wegen verspäteter Überweisung am 25. Mai mit 7,97 € (Verzugszinsen 8 %) belastet.*

Prüfen Sie, ob die Verzugszinsen richtig berechnet sind, und veranlassen Sie das Weitere, falls Sie zu einem anderen Ergebnis kommen.

9-27 2. Mahnung

Einer Ihrer Kunden schuldet Ihnen 625,00 €. Sie hatten bereits vor etwa 4 Wochen an den fälligen Betrag erinnert.

Schreiben Sie heute eine 2. Mahnung. (Anschriften und Daten nach Ihrer Wahl.)

9-28 Stundungsgesuch und Wechselziehung

Das Einrichtungshaus Fritz Kannberger, Konrad-Adenauer-Platz 6, 53225 Bonn, schreibt an die Möbelfabrik Ernst Bergmann, Postfach 28 41, 47052 Duisburg. Das Einrichtungshaus kann den Rechnungsbetrag von 3.200,00 € Ende d. M. nicht zahlen und bittet, das Ziel um 2 Monate zu verlängern.

1. Sie schreiben den Brief des Einrichtungshauses und berücksichtigen dabei folgende Hinweise:
   a) auf fällige Schuld Bezug nehmen;
   b) Antrag auf Stundung (Gründe: größere Außenstände nicht eingegangen; Neubau eines Geschäftshauses).
2. Schreiben Sie die Antwort der Möbelfabrik und stellen Sie einen Wechsel aus. Beachten Sie Folgendes:
   a) Empfangsbestätigung
   b) ausnahmsweise einverstanden
   c) Vorschlag einer Wechselziehung
   d) Bitte um Akzept und Rücksendung

9-29 Irrtümliche Mahnung

Die Mahnabteilung Ihres Betriebs hat einen Kunden wiederholt, und zwar das letzte Mal in recht schroffem Ton gemahnt. Ihr Kunde ist darüber sehr ungehalten, vor allem weil er den angemahnten Rechnungsbetrag sofort nach der 1. Mahnung überwiesen hatte und alle Rechnungen bisher stets pünktlich beglichen hat. Die Antwort des Kunden erweist sich als richtig. Schreiben Sie ihm heute. (Wählen Sie selbst Namen und Daten.)

9-30 Werbung

Sie sind in der Werbeabteilung des Büromöbel-Versandhauses „Hermes“ GmbH beschäftigt. Ihr Chef beauftragt Sie, einen Werbebrief für neue Artikel zu entwerfen:

Konferenztisch „Black & White“ mit Kristallglasplatte, äußerst belastbar, in wenigen Minuten problemlos zusammengebaut; quadratische Ausführung: 120 x 74 x 120 cm, Gewicht 48 kg, 300,00 €; rechteckige Ausführung: 160 x 74 x 90 cm, Gewicht 50 kg, 375,00 €.

Sonderangebot (Auslaufmodell): Wanduhr „Chronos IV“, Durchmesser 40 cm, Gewicht 2,2 kg, 1,5-Volt-Batterie, weißes oder schwarzes Ziffernblatt; Preis einschl. Batterie 82,50 €.

Selbstabholer erhalten auf diese Preise 15 % Rabatt.

9-31 Werbung

Sie arbeiten für die Großhandlung Computer@Müller GmbH, Schwanallee 34, 35037 Marburg, und wollen für ein neues Notebook zum Preis von 799,00 € werben. Stellen Sie die technische Ausstattung (nach Ihrer Wahl) ausführlich heraus. Entwerfen Sie einen wirkungsvollen Werbebrief an den Fachhandel, legen Sie einen Farbprospekt bei, der weitere interessante Infos über aktuelle Angebote Ihrer Firma enthält.

9-32 Nachfassbrief

Entwerfen Sie nach den Angaben zur Aufgabe 9-31 einen Nachfassbrief an ausgewählte Kunden (Fachgeschäfte). Stellen Sie dabei nur die Hauptvorteile heraus. Bieten Sie bei Abnahme von mindestens 10 Geräten 15 % Mengenrabatt an.

9-33 Werbung

Sie sind Verkaufsleiter der Büromaschinenwerke Bayer & Huber GmbH, Postfach 12 15, 48141 Münster. Entwerfen Sie einen Werbebrief an Handwerksbetriebe.

Sie werben für KOMPLETT & KOMPAKT – eine Kombination von schnurlosem Telefon, Anrufbeantworter und Faxgerät, Preis 175,00 €. Das Komforttelefon hat Wahlwiederholung, 24 Zielwahltasten und eine große Displayanzeige. Der Anrufbeantworter meldet sich mit einem melodischen Gong und zeichnet auch die Anrufzeit auf. Das Telefaxgerät hat 16 Graustufen für die optimale Übertragung von Bildern und schwierigen Textvorlagen.

Jedes Gerät ist auch einzeln einsetzbar. Einzelpreise:
Komforttelefon 59,90 €
Anrufbeantworter 29,00 €
Telefaxgerät 101,00 €

Sie empfehlen die Kombination, die im beigefügten 6-seitigen Faltblatt ausführlich vorgestellt wird.

9-34 Nachfassbrief

Entwerfen Sie nach den Angaben zur Aufgabe 9-33 einen Nachfassbrief. Empfänger sind diesmal nur Malergeschäfte der näheren Umgebung. Laden Sie zum Besuch Ihrer ständigen Ausstellung ein. Bieten Sie ferner an: Tonerkassetten für Laserdrucker, 59,00 € je Stück.

9-35 Werbung

Sie sind Abteilungsleiter des Möbelhauses Vogel & Tack GmbH, Rheinstraße 18, 55116 Mainz. Entwerfen Sie einen Werbebrief, der mit einem 16-seitigen Farbprospekt der „Rheinhessen-Zeitung" beigelegt werden soll.

Sie bieten an: Kompaktsystem LONDON für eindrucksvolle Wandlösungen, zahlreiche Funktionselemente, geschlossen oder kombiniert mit Nischenregalen und Glastüren möglich. Jeder kann damit eine individuelle Wohnwand zusammenstellen. Günstige Preise und schnelle Liefermöglichkeit (entgegen der branchenüblichen sehr langen Lieferzeiten).

Abbildungen und Preise enthält der Prospekt. Doch ist ein Besuch im Möbelhaus zu empfehlen, um überzeugende Beispiele von Gestaltungsvarianten zu sehen. Der Besuch ist unverbindlich. Die Besucher (auch deren Kinder sind eingeladen) erwartet eine Kaffeetafel.

9-36 Werbung

Ihr Betrieb hat einen Gebrauchsartikel (oder einen Luxusartikel) ins Sortiment aufgenommen, der in seiner Originalität, Qualität und im Preis etwas Außergewöhnliches auf dem Markt ist. Dieser Artikel soll dem großen Kundenkreis Ihres Geschäfts so bald wie möglich vorgestellt werden. (Artikel – es kann auch ein Fantasieartikel sein! – und Geschäftsnamen nach Ihrer Wahl.) Entwerfen Sie

a) eine Zeitungsanzeige,
b) einen Werbebrief.

9-37 Bewerbung

Frankfurter Allgemeine Zeitung vom letzten Wochenende:

Die Textilfabrik Weber & Söhne, Postfach 51 12 62, 30155 Hannover, sucht mehrere Mitarbeiter für Büro- und rechnerische Arbeiten. Gute Fertigkeiten in Tastschreiben und Textverarbeitung Bedingung, Englisch- und Kurzschriftkenntnisse erwünscht. Bewerbungen unter FAZ 30 001.

Schreiben Sie heute einen Bewerbungsbrief und den Lebenslauf. Sie fügen Zeugniskopien und Foto bei. Geben Sie auch den frühesten Eintrittstermin und Ihre Gehaltswünsche an.

9-38 Bewerbung

Die Kleiderfabrik Wilhelm Kreiner & Co., Postfach 30 11 51, 40213 Düsseldorf, sucht einen EDV-Buchhalter. Verlangt werden: selbstständige Führung der EDV-Buchhaltung, Lohn- und Gehaltsabrechnung, Mahnwesen und Sicherheit im Schriftverkehr. Geboten werden: überdurchschnittliches Gehalt, sehr gute Sozialleistungen, bestes Betriebsklima.

1. Entwerfen Sie nach diesen Angaben eine wirkungsvolle Anzeige.
2. Schreiben Sie die Bewerbung und den tabellarischen Lebenslauf.

9-39 Geschäftsübergabe

Die Elektrogroßhandlung Baumgartner KG, Postfach 70 63 48, 70177 Stuttgart, möchte am 1. Januar n. J. das Geschäft an die bisherige Geschäftsführerin, Frau Marlene Steinbrück, übergeben. Informieren Sie die Kundschaft rechtzeitig über die Geschäftsübergabe. Entwerfen Sie

1. eine Zeitungsanzeige,
2. ein Rundschreiben.

Beachten Sie dabei, dass jede Form der Mitteilung auch ein Werbemittel ist; Hinweis auf Auswahl, Bedienung, Lage des Geschäfts usw.

9-40 Bitte um Auskunft

Die Ihnen bisher unbekannte Großhandlung Herbert Schwarz, Postfach 14 05, 89071 Ulm, bestellt bei Ihnen erstmals verschiedene Waren im Gesamtwert von etwa 2.500,00 €. Die Großhandlung möchte mit einem 3-Monats-Akzept bezahlen.

1. Holen Sie bei einer Auskunftei eine Auskunft ein.
2. Bitten Sie einen Geschäftsfreund (die Firma Kurt Augenfels, Postfach 23 34, 34112 Kassel), den Schwarz als Referenz genannt hat, um eine ausführliche Auskunft.
3. Versetzen Sie sich in die Lage der Firma Augenfels und geben Sie
   a) eine günstige Auskunft,
   b) eine ungünstige Auskunft (große Außenstände, Auftragsrückgang).

10 Standardisierte Geschäftsbriefe (Textbausteine)

Korrespondenzanalyse. Ein großer Teil der Briefe wiederholt sich in seiner Gesamtheit oder in einzelnen Briefabschnitten. Je nach Geschäftszweig und Unternehmen liegt dieser Anteil bei 30 bis 80 %. Dieser Routinepost gegenüber stehen Briefe, die jeweils individuell aufgebaut werden müssen und nicht standardisiert werden können.

Textbausteine. Aus der Analyse der Korrespondenz geht hervor, warum, was und wie oft in einem Unternehmen korrespondiert wird. Einige komplette Schriftstücke kann man speichern. Aber nicht in allen Fällen passt ein vorformulierter Brief auch in allen Teilen genau für den nächsten Anlass.

Dieses Problem wird mithilfe von Textbausteinen gelöst. Ein Textbaustein besteht aus einigen Zeichen, Zeilen, mehreren Absätzen oder sogar mehreren Seiten. Am häufigsten sind Textbausteine aus Sätzen oder Absätzen, die öfter wiederkehrende Informationen enthalten. Geeignet sind ferner oft gebrauchte Empfängeranschriften und Anreden. Von den Geschäftsvorfällen lassen sich vor allem Anfragen, Angebote, Bestellungen, Mängelrügen, Mahnungen und Antworten auf Bewerbungen programmieren.

Texthandbuch. Die Textbausteine sind in Verbindung mit einer Kennziffer (Selektions- oder Auswahlnummer) im Texthandbuch zusammengefasst. Das Texthandbuch dient dem Sachbearbeiter als Grundlage für den Schreibauftrag. Soll ein Brief geschrieben werden, bestehen innerhalb einer Entscheidungsgruppe meist mehrere Auswahlmöglichkeiten. Eine Entscheidungsgruppe bilden die Textbausteine innerhalb von Linien, die durch Fettdruck, Farbe oder Doppelstriche gekennzeichnet sind. Alle Textbausteine sind nummeriert und schnell aufzufinden. Innerhalb der Textbausteine können Variablen (individuelle Einfügungen) vorgesehen werden.

Schreibauftrag. Auf einem Vordruck vermerkt der Sachbearbeiter handschriftlich: Empfängeranschrift, Selektionsnummern und Variablen. Nach diesem Schreibauftrag wird der Brief mit einem Textverarbeitungsprogramm erstellt.

Der fertige Brief ist das Ergebnis der Arbeit mit Texthandbuch und Schreibauftrag. Der Anwender hat nur die Selektionsnummern, Variablen und allgemeinen Angaben des Schreibauftrags einzugeben. Zu den Variablen zählen alle Stellen, die im Texthandbuch durch Punkte oder (in Textbausteindateien) Stoppcodes » markiert sind.

Die folgenden Beispiele erheben keinen Anspruch auf Vollständigkeit. Sie sollen dazu anregen, mit Textbausteinen zu arbeiten. Aus Platzgründen wurden Betreffangabe, Anrede und Gruß nur beim ersten Beispiel (Anfragen) aufgenommen.

10.1 Texthandbuch: Anfragen

Text	Sel.
Anfrage nach »	101
Bitte um ein Angebot über »	102
Sehr geehrte »	103
Wir haben Bedarf an ».	104
Wir brauchen dringend ».	105
Wegen der Ausdehnung unseres Sortiments auf » erbitten wir Ihr Angebot.	106
Wir erbitten Ihr verbindliches Angebot über ».	107
Durch Ihre Anzeige in der » wurden wir auf Ihr Unternehmen aufmerksam. Bitte bieten Sie uns an: ».	108
Bitte senden Sie uns Ihren Katalog.	109
Bitte senden Sie uns Ihre Muster.	110
Für die Zusendung einiger » wären wir Ihnen dankbar.	111
Wir brauchen die Ware sofort.	112
Mit welcher Lieferzeit müssen wir rechnen?	113
Können Sie spätestens » Tage nach Eingang unseres Auftrags liefern?	114
Wir haben einen monatlichen Bedarf von ».	115
Wir benötigen wöchentlich etwa ».	116
Wir brauchen vierteljährlich ungefähr ».	117
Wenn Ihr Angebot besonders preisgünstig ist, können Sie regelmäßig mit größeren Aufträgen rechnen.	118
Zu welchen Preisen können Sie uns liefern?	119
Bitte senden Sie uns Ihre neueste Preisliste.	120
Wir sind nur an Spitzenqualitäten interessiert.	121
Wir können unserem anspruchsvollen Kundenkreis nur hochwertige Erzeugnisse anbieten.	122
Wir legen größten Wert auf tadellose Verarbeitung.	123
Nur einwandfreie Ware aus bestem Material kommt in Betracht.	124
Nur einwandfreie Ware aus besten Rohstoffen kommt in Betracht.	125
Falls möglich, erwarten wir in Kürze Ihren Außendienstmitarbeiter.	126
Wann kann uns Ihr Vertreter für das Gebiet » besuchen?	127
Ihr Außendienstmitarbeiter kann uns sicherlich bei » beraten.	128
Bitte nennen Sie uns Ihre Zahlungsbedingungen.	129
Wir müssen unsere Aufträge von günstigen Preisen und Bedingungen abhängig machen.	130
Können Sie uns ein Zahlungsziel von » Monaten gewähren?	131
Mit welchen günstigen Bedingungen können Sie uns den Start erleichtern?	132
Freundliche Grüße	133
Freundlichen Gruß	134
Hochachtungsvoll	135
Anlage »	136
Anlagen »	137

10.2 Texthandbuch: Angebote

Text	Sel.
Für Ihre Anfrage danken wir Ihnen.	**201**
Für Ihre Anfrage nach » danken wir Ihnen.	**202**
Sie interessieren sich für unsere ». Hierfür danken wir Ihnen.	**203**
Sie geben uns Gelegenheit, Sie mit unsere» bekannt zu machen. Dafür sind wir Ihnen sehr dankbar.	**204**
Auf Ihre Anfrage bieten wir Ihnen an: ».	**205**
Vorteilhafte Einkäufe in den letzten Wochen machen es möglich, Ihnen heute besonders günstig anzubieten: ».	**206**
Heute haben wir für Sie etwas ganz Besonderes: ».	**207**
An dieses Angebot halten wir uns bis ».	**208**
Unser Angebot ist befristet bis ».	**209**
Bitte bestellen Sie spätestens bis ». Sonst müssten wir umdisponieren.	**210**
Bitte entscheiden Sie sich sofort, weil wir nur begrenzte Mengen vorrätig haben.	**211**
Auf Ihren Wunsch erhalten Sie heute unser spezifiziertes Angebot: ».	**212**
Gern entsprechen wir Ihrem Wunsch, Ihnen ein Angebot über » vorzulegen.	**213**
Lange haben wir nichts von Ihnen gehört. Darum legen wir Ihnen heute ein besonders günstiges Angebot vor.	**214**
Haben Sie uns die Freundschaft gekündigt? Wir möchten sie aufrechterhalten und bitten Sie, unser heutiges Angebot zu prüfen. Sie werden feststellen: hervorragende Qualität, günstiger Preis.	**215**
Halt! Werfen Sie diesen Brief bitte nicht in den Papierkorb. Sie könnten es bereuen, sich von unseren Sonderangeboten nicht überzeugt zu haben.	**216**
Für die » in » können Sie sich aus dem beigefügten neuesten » über unser Sortiment informieren.	**217**
Auf der » in » haben Sie detaillierte Angaben über unseren Artikel » gewünscht. Mit diesem Brief erhalten Sie dazu unsere ausführlichen Informationen.	**218**
Ihr Besuch auf der » hat uns ermutigt, Ihnen heute ein spezifiziertes Angebot zu machen: ».	**219**
Von einem Geschäftsfreund haben wir erfahren, dass Sie an » interessiert sind. Daher bieten wir Ihnen an: ».	**220**
Ihre Anschrift verdanken wir ». Gern greifen wir den Tipp auf und machen Sie heute mit unseren » bekannt.	**221**
Gern kommen wir Ihrem Wunsch nach und senden Ihnen unseren neuesten ». Wir haben ihn zur » in » herausgebracht.	**222**
Der beigefügte » stellt Ihnen unser umfangreiches Sortiment vor. Angebote, die Sie vermutlich besonders interessieren, haben wir angekreuzt.	**223**
Die neue Preisliste wird gerade gedruckt. Sie erhalten Sie schon in etwa » Tagen.	**224**
Es wird noch etwas dauern, bis die neue Preisliste vorliegt. Darum nennen wir Ihnen in diesem Brief die jetzt gültigen Preise.	**225**
In den nächsten Tagen erhalten Sie eine ». Sie können daraus alles Wissenswerte ersehen.	**226**
Wir haben besonders günstig eingekauft. Den Preisvorteil geben wir gern weiter. Wie gefällt Ihnen das beigefügte Sonderangebot?	**227**
Die Waren, die Ihnen das beigefügte Sonderangebot nennt, sind erstklassig. Wir haben die Preise wegen der Erweiterung des Sortiments stark heruntergesetzt. Greifen Sie jetzt zu!	**228**

Angebote *(Fortsetzung)*

Text	**Sel.**
Sie profitieren immer davon, dass wir so genau kalkulieren. Ein Sonderangebot wie dieses ist bei uns nicht alltäglich. Wir können dieses Sonderangebot auch nur unseren Stammkunden vorlegen.	**229**
Sie waren so freundlich, uns » anzurufen. Gern bieten wir Ihnen an: ».	**230**
Auf Ihren Anruf vom » bieten wir Ihnen an: ».	**231**
Unser Außendienstmitarbeiter Herr » könnte alles Weitere mit Ihnen besprechen. Wann darf er Sie besuchen?	**232**
Unsere Außendienstmitarbeiterin Frau » könnte alles Weitere mit Ihnen besprechen. Wann wünschen Sie ihren Besuch?	**233**
Wenn Sie es wünschen, wird Sie unser» Mitarbeiter» » » besuchen.	**234**
Gern beauftragen wir unser» Mitarbeiter» im Außendienst » », Sie an einem Ihnen angenehmen Termin zu besuchen.	**235**
Unser» Außendienstmitarbeiter» » » ist in den nächsten Tagen in ». Wir haben » beauftragt, Sie zu besuchen.	**236**
Für die freundliche Aufnahme unsere» Mitarbeiter» in Ihrem Hause danken wir Ihnen verbindlich.	**237**
Sie waren so freundlich, mit unsere» Mitarbeiter» zu sprechen. Hierfür sind wir Ihnen sehr dankbar.	**238**
Wir haben etwas gegen „Kleingedrucktes". Deshalb erhalten Sie heute unsere Geschäftsbedingungen in einer übersichtlichen und erläuterten Aufstellung.	**239**
Mit diesem Brief erhalten Sie die „Allgemeinen Geschäftsbedingungen". Sie bilden in jedem Fall die Grundlage für einen Vertragsabschluss. Änderungen sind nur nach Absprache möglich.	**240**
Die beigefügten Geschäftsbedingungen gelten für alle Mitgliedsfirmen des Fachverbandes; daran können wir nichts ändern.	**241**
Sie können sofort jede gewünschte Menge der angebotenen Artikel erhalten. Je früher Sie bestellen, desto schneller können wir Sie beliefern.	**242**
Jeden Auftrag erledigen wir innerhalb 3 Werktagen nach Eingang.	**243**
Alle Bestellungen führen wir in der Reihenfolge des Eingangs aus. In eiligen Fällen machen wir aber eine Ausnahme.	**244**
Ihren Auftrag können wir in » Tagen ausführen.	**245**
In der Saison häufen sich die Bestellungen. Deshalb empfehlen wir Ihnen, uns Ihren Auftrag so früh wie möglich zu erteilen.	**246**
Nach den allgemeinen Geschäftsbedingungen unseres Fachverbandes trägt der Käufer die Kosten für Verpackung, Porto und Versicherung.	**247**
Die Verpackung berechnen wir Ihnen zu unseren Selbstkosten; sie wird nicht zurückgenommen.	**248**
Alle Aufträge über » € führen wir ohne Nebenkosten (Verpackung, Fracht, Porto, Versicherung) aus.	**249**
Bitte entnehmen Sie unsere Liefer- und Zahlungsbedingungen den beigefügten „Allgemeinen Geschäftsbedingungen".	**250**
Die Preise betragen für die Artikel » €.	**251**
Die genannten Preise gelten bis ».	**252**
Wir sind überzeugt: Die Preise halten auch einem kritischen Vergleich mit anderen Qualitätserzeugnissen stand.	**253**

Angebote *(Fortsetzung)*

Text	Sel.
Billige Waren sind am Ende teurer als Qualitätserzeugnisse. Diese Erfahrung hat schon mancher » machen müssen. Sie können bei uns sicher sein: Qualität zahlt sich aus.	**254**
Bei Barzahlung erhalten Sie 3 % Skonto; bei Zahlung binnen » Tagen netto Kasse.	**255**
Sie erhalten » % Barzahlungsskonto und » % Mengenrabatt, wenn Sie für mindestens » € bestellen.	**256**
Bitte haben Sie Verständnis dafür, dass wir nur gegen Nachnahme liefern. Nur deswegen sind unsere Preise so günstig.	**257**
Nur ausnahmsweise und nach besonderer Vereinbarung können wir das Zahlungsziel von » Tagen auf » Tage ohne Aufschlag verlängern.	**258**
Bitte entnehmen Sie die Zahlungsbedingungen den „Allgemeinen Geschäftsbedingungen". Abweichungen bedürfen unserer schriftlichen Zustimmung.	**259**
Auf Ihren Auftrag freuen wir uns schon.	**260**
Sie dürfen ganz sicher sein, dass wir Ihren Auftrag mit größter Sorgfalt ausführen werden.	**261**
Unser höchstes Ziel ist es, alle Kunden durch erstklassige Waren sowie sorgfältige und pünktliche Auftragserledigung jederzeit zufriedenzustellen.	**262**
Sie jederzeit zufriedenzustellen, darin sehen wir unsere wichtigste Aufgabe.	**263**

10.3 Texthandbuch: Bestellungen

Text	Sel.
Für Ihr Angebot danken wir Ihnen. Bitte liefern Sie uns: ».	**301**
Nach Ihrer Preisliste Nr. » bestellen wir: ».	**302**
Bitte liefern Sie uns nach Ihrem Angebot folgende Artikel: ».	**303**
Aus Ihrem Angebot bestellen wir zur sofortigen Lieferung: ».	**304**
Bitte liefern Sie uns so bald wie möglich: ».	**305**
Wir bestätigen unser Telefongespräch. Danach haben wir bestellt: ».	**306**
Aus Ihre» bestellen wir: ».	**307**
Ihr» sagt uns zu. Bitte liefern Sie uns: ».	**308**
Bitte betrachten Sie die beigefügte Bestellung als Probeauftrag. Falls uns Ihre Erzeugnisse zusagen und bei unseren Kunden gut ankommen, können Sie bald mit größeren Aufträgen rechnen.	**309**
Bitte bestätigen Sie unseren Auftrag.	**310**
Wir bitten Sie, unseren Auftrag sofort zu bestätigen und uns den Versandtermin zu nennen.	**311**
Sie brauchen unseren Auftrag nicht zu bestätigen.	**312**
Dürfen wir Sie bitten, diesen Auftrag telefonisch zu bestätigen?	**313**
Mit Ihren allgemeinen Geschäftsbedingungen sind wir einverstanden.	**314**
Ihre allgemeinen Geschäftsbedingungen können wir in dieser Form nicht akzeptieren. Bitte nennen Sie uns einen Termin, zu dem wir mit einem Ihrer Bevollmächtigten Einzelheiten besprechen können.	**315**
Wir müssen auf Lieferung bis spätestens » bestehen. Sonst bitten wir Sie, uns sofort zu benachrichtigen.	**316**
Bitte nennen Sie uns telefonisch Ihren verbindlichen Liefertermin.	**317**
Falls Sie nicht bis zum » liefern können, müssen wir von einer Bestellung absehen.	**318**
Mit Ihren Lieferbedingungen sind wir einverstanden.	**319**

Bestellungen *(Fortsetzung)*

Text	Sel.
Ihre Qualitäten schätzen wir seit Jahren. Doch liegen Sie mit Ihren Preisen weit über der Konkurrenz. Bitte prüfen Sie, inwieweit Sie uns entgegenkommen können.	**320**
Mit Ihren neuen Preisen können wir in unserem Verkaufsgebiet nicht konkurrieren. Deshalb bitten wir Sie, unseren Auftrag nur auszuführen, wenn Sie uns zu den bisherigen Preisen liefern.	**321**
In unserem Telefongespräch mit » haben Sie angeblich Endpreise genannt. Jetzt berechnen Sie zusätzlich die Umsatzsteuer. Wir erhalten daher unseren Auftrag nur aufrecht, wenn es bei der Absprache mit » bleibt.	**322**
Nur wenn Sie uns auch bei kleineren Aufträgen neben dem Barzahlungsskonto » % Mengenrabatt einräumen, können Sie in Zukunft noch mit unseren Bestellungen rechnen.	**323**
Mit Ihren Zahlungsbedingungen sind wir einverstanden.	**324**
Wie Sie wissen, haben wir es bei der starken Konkurrenz der hiesigen Großmärkte nicht leicht. Deshalb erbitten wir ein 90-Tage-Ziel. Nur dann können Sie mit weiteren Aufträgen rechnen.	**325**

10.4 Texthandbuch: Schlechtleistungen (Mängelrügen)

Text	Sel.
Soeben ist Ihre Sendung hier eingetroffen.	**401**
Der Spediteur lieferte uns soeben Ihre Sendung aus.	**402**
Soeben haben wir Ihre Sendung durch die Post erhalten, obwohl wir ausdrücklich den Versand als Expressgut gewünscht hatten.	**403**
Ihr Lieferwagen hat soeben die bestellten Artikel hier abgeliefert.	**404**
Wir haben Ihre Sendung geprüft und folgende Mängel festgestellt: ».	**405**
Wir haben Ihre Sendung geprüft und festgestellt, dass Sie statt » jedoch » geliefert haben.	**406**
Sie haben uns mit Ihrer Falschlieferung in Bedrängnis gebracht. Wir hatten nämlich einem Kunden die Ware schon fest zugesagt.	**407**
Offenbar werden Ihren Sendungen Kontrollzettel ohne Prüfung beigelegt. Sonst dürften solche Pannen nicht vorkommen.	**408**
Damit haben Sie nun uns schon »mal hintereinander falsch beliefert. Wir erwarten, dass Sie unsere Aufträge künftig sorgfältiger ausführen.	**409**
Ein Teil Ihrer Sendung war jedoch so stark beschädigt, dass wir diese Artikel nicht verkaufen können. Es handelt sich um: ».	**410**
Die gesamte Ware ist bereits verdorben hier angekommen, obwohl die » die Sendung nachweisbar auf dem schnellsten Wege befördert und ausgeliefert hat. Den Mangel haben also ausschließlich Sie zu vertreten.	**411**
Einige Artikel Ihrer Sendung sind durch den Transport beschädigt: » Bitte liefern Sie uns einwandfreien Ersatz bis zum ».	**412**
Für die beschädigten Artikel Nr. » bitten wir um eine Ersatzlieferung bis zum ».	**413**
Offensichtlich wurde die gesamte Sendung mit einer anderen verwechselt. Für die falsch gelieferten Waren haben wir keine Verwendung. Bitte liefern Sie uns bis zum » die Waren, die wir bestellt haben.	**414**
Die Qualität entspricht nicht dem Muster, das uns Ihr» Vertreter» vorgelegt hat.	**415**
Die Artikel weichen in der Qualität erheblich von Ihren bisherigen Lieferungen ab. Welche Erklärung haben Sie dafür?	**416**

Schlechtleistungen *(Fortsetzung)*

Text	Sel.
Sie haben zwar nicht die Preise erhöht, dafür aber die Qualität gemindert. Das hat unser Test einwandfrei ergeben.	**417**
Sie wissen, dass wir es uns nicht leisten können, unseren anspruchsvollen Kunden schlechtere Ware zu verkaufen. Warum also sagen Sie nicht, dass Sie offenbar nicht mehr die besten Rohstoffe wie bisher verwenden? Gerade darum haben wir Ihre Artikel geschätzt.	**418**
In Ihrer Sendung vom » fehlen nach dem Lieferschein: ».	**419**
Von dem Artikel » haben Sie » Stück zu wenig geliefert.	**420**
Aus dem Telefongespräch mit » wissen Sie schon, dass Ihre Sendung stark beschädigt und nicht vollständig ankam. Wir haben die Ware in Gegenwart Ihres Lkw-Fahrers kontrolliert. Es fehlen: ».	**421**
Diese Artikel können wir unmöglich verkaufen. Bitte liefern Sie uns so schnell wie möglich einwandfreie Ware.	**422**
Es tut uns leid, aber wir müssen auf Neulieferung bestehen. Mehrere Kunden warten schon auf die Erfüllung unserer Zusage.	**423**
Durch Ihr Versehen haben Sie uns in große Schwierigkeiten gebracht. Wir behalten uns deshalb den Anspruch auf Ersatz des entstandenen Schadens vor.	**424**
Es tut uns leid, aber wir müssen folgende Schadenersatzforderung geltend machen: ».	**425**
Da wir wiederholt Ärger wegen Ihrer nicht einwandfreien Lieferungen hatten, treten wir vom Kaufvertrag zurück. Sie können über die Sendung verfügen.	**426**
Wir treten vom Kaufvertrag zurück und sehen nach diesen nicht erfreulichen Vorkommnissen keine Möglichkeit mehr, mit Ihnen zusammenzuarbeiten.	**427**
Ihre Entscheidung erwarten wir so schnell wie möglich.	**428**
Auf Ihre Vorschläge, wie Sie unsere berechtigte Reklamation regeln wollen, sind wir gespannt.	**429**
Bitte benachrichtigen Sie uns sofort, was Sie in diesem Fall zu tun gedenken.	**430**

10.5 Texthandbuch: Beantwortung von Mängelrügen

Text	Sel.
Unsere Prüfung hat ergeben, dass hier wirklich ein Versehen vorliegt. Bitte entschuldigen Sie den Fehler.	**501**
Wir bitten Sie in aller Form, das Vorkommnis zu entschuldigen.	**502**
Uns bleibt nur, Sie um Entschuldigung zu bitten und eine weiterhin gute Geschäftsverbindung zu erhoffen.	**503**
Es ist uns nicht gerade angenehm, dass wir Ihnen Ärger bereitet haben.	**504**
Ein solches Versehen sollte eigentlich nicht vorkommen. Wir versichern Ihnen, dass es uns nicht gerade angenehm ist, Ihnen Unannehmlichkeiten bereitet zu haben. Der Fall wird sich nicht wiederholen.	**505**
Gehen Sie bitte nicht allzu hart mit uns ins Gericht. Irrtümer sind bei aller Sorgfalt nicht zu vermeiden. Wir werden bemüht sein, dass es bei diesem einmaligen Fehler bleibt.	**506**
Dass Sie gleich bei Ihrem Probeauftrag Grund zur Beanstandung hatten, ist uns nicht gerade angenehm. Wir haben alles Erdenkliche getan, damit sich ein solches Versehen nicht wiederholt.	**507**
Mit Ihrem Vorschlag sind wir einverstanden. Eine Ersatzlieferung ist bereits unterwegs.	**508**
Selbstverständlich erhalten Sie einwandfreie Ware als Ersatz. Die Sendung geht noch heute an Sie ab.	**509**

Beantwortung von Mängelrügen *(Fortsetzung)*

Text	**Sel.**
Die Ersatzlieferung werden wir am » an Sie abschicken.	**510**
Unter diesen Umständen müssen wir eine Neulieferung ablehnen.	**511**
Wir erbitten Ihr Verständnis dafür, dass wir bei dieser Sachlage eine Neulieferung ablehnen müssen.	**512**
Ihrer Forderung nach Ersatzlieferung können wir jedoch nicht nachkommen. Hierfür erbitten wir Ihr Verständnis.	**513**
Wir können Ihnen zz. keinen gleichwertigen Ersatz liefern. Wenn Sie die Ware behalten, können Sie » % vom Rechnungsbetrag kürzen.	**514**
Die gleiche Ware haben wir nicht mehr am Lager. Wir können Ihnen aber einen völlig gleichwertigen Ersatz liefern: ».	**515**
Selbstverständlich kommen wir für den Ihnen entstandenen Schaden auf.	**516**
Wer im Unrecht ist, muss auch die Konsequenzen tragen. Bitte lassen Sie uns Ihre Schadenaufstellung bald zukommen.	**517**
Auch ohne Drohungen pflegen wir Schäden zu ersetzen, für die wir verantwortlich sind.	**518**
Wie Sie aus dem Telefongespräch mit » schon wissen, trifft uns keine Schuld. Deshalb müssen wir uns jeder Schadenersatzforderung widersetzen.	**519**
Wir haben Ihnen schon geschrieben, dass wir schuldlos sind. Deshalb lehnen wir Ihre Schadenersatzforderung ab.	**520**
Warum bestehen Sie auf Ihrer Forderung nach Schadenersatz? Wir waren zu einer Neulieferung bereit. Das sollte unter Geschäftsfreunden doch eine akzeptable Lösung sein.	**521**
Warum denn gleich mit Kanonen nach Spatzen schießen? Wir haben Ihnen unsere Bereitschaft zugesichert, die unangenehme Sache zu bereinigen. Ihre Drohung mit Vertragsrücktritt halten wir für die schlechteste Lösung. Bitte denken Sie nochmals in Ruhe darüber nach.	**522**
Bitte prüfen Sie nochmals unseren Vorschlag, ehe Sie vom Vertrag zurücktreten.	**523**
Auf eine gütliche Einigung legen wir großen Wert. Deshalb bitten wir Sie, Ihren Rücktritt vom Vertrag nicht zu verwirklichen. Eine Aussprache wirkt oft Wunder; wir sind zu einem Gespräch bereit.	**524**
Es ist schade, dass Sie unseren Vorschlag nicht berücksichtigt und die Auflösung des Vertrags vollzogen haben.	**525**
Schade, aber wir müssen Ihren Vertragsrücktritt akzeptieren. Meinen Sie nicht, dass wenigstens einer unserer Vorschläge annehmbar und für beide Teile besser gewesen wäre?	**526**
Ihr voreiliger Vertragsrücktritt hat jede weitere Zusammenarbeit unmöglich gemacht. Wir bedauern das sehr.	**527**
In unserem Brief vom » hatten wir ausdrücklich auf die Gebrauchsanleitung hingewiesen, die der Sendung beilag. Das wurde offensichtlich außer Acht gelassen. Wie unsere Prüfung ergeben hat, ist der Mangel auf nicht sachgemäße Behandlung zurückzuführen. Daher können wir Ihre Beanstandung nicht anerkennen.	**528**
Die Mängel, die Sie nennen, sind die Folge nicht sachgemäßer Behandlung der Ware. Daher können wir Ihre Beanstandung nicht anerkennen.	**529**
Obwohl die Gebrauchsanleitung nicht beachtet und das Gerät nicht richtig bedient wurde, kommen wir Ihnen entgegen: Wir reparieren » in unserer Werkstatt – ausnahmsweise auf unsere Kosten.	**530**
Die Mängel können nur auf dem Transport entstanden sein; denn die Sendung hat unser Lager nachweisbar in einwandfreiem Zustand verlassen. Daher können wir Ihre Beanstandung nicht anerkennen. Bitte reklamieren Sie bei ».	**531**

4301180

Beantwortung von Mängelrügen *(Fortsetzung)*

Text	Sel.
Da der Schaden offensichtlich auf dem Transport entstanden ist, müssen wir Ihren Vorwurf unzulänglicher Sorgfalt zurückweisen. Die Sendung war vorschriftsmäßig verpackt.	**532**
Wir werden die Ware in den nächsten Tagen bei Ihnen abholen.	**533**
Wir werden die Ware am » bei Ihnen abholen.	**534**
Bitte senden Sie uns die Ware, die Sie nicht verkaufen können, in den nächsten Tagen zurück – selbstverständlich auf unsere Kosten.	**535**
Bevor wir weiter über die Ware verfügen, wird Sie unser» » am » besuchen und sich den Schaden ansehen. Wir sind sicher, dass dann eine gütliche Lösung gefunden werden kann.	**536**
Erst nach genauer Prüfung an Ort und Stelle können wir entscheiden, was mit der Sendung geschehen soll. Deshalb wird unser» spätestens am » bei Ihnen eintreffen.	**537**
Künftige Aufträge werden wie bisher mit der größten Sorgfalt erledigt. Aber menschliches Versagen können auch wir nicht ganz ausschließen.	**538**
Wir versprechen Ihnen, dass wir Ihre Bestellungen künftig mit größerer Genauigkeit ausführen werden.	**539**
Solche Fehler werden sich nicht wiederholen. Das versichern wir Ihnen.	**540**
Wir hoffen, dass Sie uns trotz der berechtigten Reklamation auch künftig Ihr Vertrauen schenken. Dafür danken wir Ihnen.	**541**

10.6 Texthandbuch: Nicht-Rechtzeitig-Zahlungen (Mahnungen)

Text	Sel.
Mit diesem Brief erhalten Sie eine Kopie unserer Rechnung Nr. »; sie war am » fällig. Bitte überweisen Sie uns den Betrag von » € recht bald.	**601**
Vor » Wochen haben Sie die bestellten » erhalten und waren damit sicherlich auch zufrieden. Unsere Rechnung war schon am » fällig. Bitte überweisen Sie uns den Betrag von » € auf unser Postbankkonto. Hierfür danken wir Ihnen im Voraus.	**602**
Irgendetwas hat Sie bisher daran gehindert, den Betrag von » €, der am » fällig war, zu begleichen. Es ist immer unangenehm, an Zahlungen erinnern zu müssen. Bitte machen Sie es uns und sich selbst leicht und überweisen Sie uns den Betrag von » in den nächsten Tagen.	**603**
Am » hatten wir Sie an den Ausgleich unserer Rechnung Nr. » über » € erinnert. Jedoch haben Sie darauf nicht reagiert. Deshalb bitten wir Sie, den Betrag von » € bis spätestens » zu überweisen.	**604**
Erinnern Sie sich? Am » hatten wir Sie gebeten, die fällige Rechnung über » € auszugleichen. Bitte sorgen Sie dafür, dass uns die » € spätestens bis » überwiesen werden.	**605**
Am » hatten wir Ihnen eine Kopie unserer Rechnung Nr. » über » € geschickt und Sie gebeten, den fälligen Betrag recht bald zu überweisen. Bitte erfüllen Sie diese Bitte bis spätestens ». Hierfür danken wir Ihnen im Voraus.	**606**
Bis zum heutigen Tage haben Sie unsere Zahlungserinnerung nicht beachtet. Bitte überweisen Sie bis » den Betrag von » €. Auch wir müssen unseren Zahlungsverpflichtungen pünktlich nachkommen. Deshalb bitten wir Sie, den neuen Zahlungstermin unbedingt einzuhalten.	**607**
Bisher sind Sie Ihren Zahlungsverpflichtungen immer pünktlich nachgekommen. Wir finden keine Erklärung dafür, dass wir heute schon zum zweiten Mal den Ausgleich unserer Rechnung Nr. » über » € anmahnen müssen. Wir rechnen jetzt fest bis » mit dem Eingang Ihrer Überweisung, wofür wir Ihnen heute schon danken.	**608**

Nicht-Rechtzeitig-Zahlungen *(Fortsetzung)*

Text	
Sie haben bisher unsere beiden Mahnungen unbeachtet gelassen. Deshalb müssen wir Ihnen heute eine letzte Frist setzen. Sollten Sie Ihrer Verpflichtung bis » nicht nachgekommen sein, werden wir einen Mahnbescheid beantragen. Die Kosten gehen dann selbstverständlich zu Ihren Lasten.	**609**
Heute müssen wir Sie zum dritten Mal auffordern, unsere Rechnung Nr. » über » € endlich zu begleichen, und zwar bis spätestens ». Sonst sehen wir keinen anderen Weg, als einen Mahnbescheid zu beantragen. Bedenken Sie die hohen Kosten, die Ihnen dadurch entstehen.	**610**
Wir schreiben Ihnen heute zum dritten Mal wegen des Ausgleichs unserer Rechnung vom » über » €. Ihr ungewöhnliches Verhalten können wir uns nicht erklären. Sie werden verstehen, dass unsere Geduld auch Grenzen hat. Daher fordern wir Sie heute auf: Lassen Sie uns keinen Tag mehr länger warten.	**611**
Zu unseren säumigen Zahlern haben Sie bisher nicht gehört. Darum finden wir auch keine Erklärung dafür, dass Sie uns sogar zu dieser dritten Mahnung zwingen. Wir erwarten Ihre Überweisung nunmehr bis ». Sonst nehmen wir an, dass Sie mit dem Einzug des Betrags durch Postnachnahme einverstanden sind.	**612**
Wir verbinden unsere heutige Erinnerung mit einem für Sie besonders günstigen Angebot: ».	**613**
Schon bald haben Sie sicherlich Bedarf an ». Die beigefügte Preisliste gibt Ihnen viele Einkaufstipps. Bitte bestellen Sie aber recht bald. Denn wir erwarten in den nächsten Wochen viele Aufträge.	**614**
Kennen Sie schon unseren neuen Artikel »? Der beigefügte Prospekt stellt ihn in Wort und Bild vor. Viele Händlerkunden bestätigen uns die sehr guten Verkaufschancen dieses Produkts.	**615**
Mit diesem Brief erhalten Sie ein Angebot über ». Es lohnt sich gerade jetzt, diese günstige Gelegenheit zu nutzen.	**616**

10.7 Texthandbuch: Antworten auf Bewerbungen

Text	Sel.
Sie haben sich auf unsere Anzeige beworben. Hierfür danken wir Ihnen.	**701**
Sie haben sich auf unsere Anzeige beworben. An Ihrer Mitarbeit sind wir interessiert.	**702**
Für Ihre Bewerbung um » danken wir Ihnen.	**703**
Sie haben sich bei uns beworben. Hierfür danken wir Ihnen. Selbstverständlich behandeln wir Ihre Bewerbung streng vertraulich.	**704**
Es haben sich mehrere Kandidaten beworben, sodass wir die Auswahl erst nach sorgfältiger Prüfung treffen können. Bitte gedulden Sie sich noch kurze Zeit.	**705**
Auf unser Inserat haben wir viele Zuschriften erhalten, die wir in Ruhe prüfen müssen. Daher können wir unsere Entscheidung erst in etwa » Tagen treffen.	**706**
Es haben sich mehrere Kandidaten beworben. Um alle Zuschriften sorgfältig prüfen zu können, brauchen wir genügend Zeit. Sie werden aber spätestens in » Wochen wieder von uns hören.	**707**
Wir haben Ihre Bewerbung geprüft und festgestellt, dass Ihre Qualifikation erheblich von der Stellenbeschreibung in unserem Inserat abweicht. Daher erhalten Sie Ihre Unterlagen mit diesem Brief zurück. Für Ihre nächste Bewerbung – bei einem anderen Unternehmen – wünschen wir Ihnen mehr Glück.	**708**

4301182

Antworten auf Bewerbungen *(Fortsetzung)*

Wir haben alle Zuschriften sorgfältig geprüft und uns für einen anderen Bewerber entschieden. Hierfür bitten wir Sie um Verständnis. Mit diesem Brief senden wir Ihnen Ihre Unterlagen zurück. Für Ihre berufliche Zukunft wünschen wir Ihnen viel Glück.	**709**
Wir haben Ihre Bewerbung sorgfältig geprüft. Jedoch gehören Sie nicht zu den Kandidaten, die wir in die engere Wahl ziehen konnten. Mit diesem Brief erhalten Sie Ihre Unterlagen zurück. Für Ihre berufliche Zukunft wünschen wir Ihnen guten Erfolg.	**710**
Die beigefügte Broschüre soll Ihnen etwas mehr über unser Unternehmen sagen, als dies in unserer Anzeige möglich war.	**711**
Mit der beigefügten Broschüre möchten wir uns Ihnen kurz vorstellen.	**712**
Vielleicht möchten Sie sich auf ein mögliches Bewerbungsgespräch schon ein wenig vorbereiten. Die beigefügte Broschüre über unser Unternehmen will Ihnen dabei helfen.	**713**
Ihre Bewerbungsunterlagen sind noch nicht vollständig. Senden Sie uns bitte bis zum ».	**714**
Zur Vervollständigung Ihrer Bewerbung benötigen wir noch Kopien folgender Zeugnisse und Bescheinigungen: ».	**715**
Zur Vervollständigung Ihrer Bewerbung brauchen wir noch den Tätigkeitsnachweis für die Zeit vom » bis ».	**716**
Um alle Daten über Ihre Qualifikation zu erfassen, haben wir den beigefügten Personalbogen ausgearbeitet. Schicken Sie uns bitte » Exemplare bis zum » zurück.	**717**
Der beigefügte Personalbogen soll dazu dienen, alle Daten über Ihre Qualifikation zu erfassen. Bitte beantworten Sie die Fragen so exakt wie möglich. Hierfür danken wir Ihnen besonders.	**718**
Damit uns alle Daten über Ihre berufliche Qualifikation vorliegen, bitten wir Sie, den beigefügten Personalbogen auszufüllen und an uns zurückzusenden.	**719**
Wir möchten Sie kennen lernen und bitten Sie, uns am » zu besuchen. Den Weg zu uns finden Sie auf dem beigefügten Stadtplan eingezeichnet. Alle Kosten, die Ihnen durch das Bewerbungsgespräch entstehen, übernehmen wir.	**720**
Wir möchten Sie kennen lernen und bitten Sie, uns einen Termin für das Bewerbungsgespräch vorzuschlagen. Ihre Fahrtkosten tragen wir.	**721**
» Leiter» unserer Personalabteilung würde sich gern mit Ihnen über Ihre Mitarbeit bei uns unterhalten. Rufen Sie bitte an, um einen Termin zu vereinbaren. Sie erreichen die Personalabteilung direkt unter der oben angegebenen Durchwahlnummer.	**722**
Sicher werden Sie verstehen, dass wir die besten Bewerber in einem Test ermitteln möchten. Bitte besuchen Sie uns am » um » Uhr. Die Fahrtkosten werden Ihnen erstattet.	**723**
Die Bewerber der engeren Wahl werden wir in etwa » Tagen zu einem Eignungstest schriftlich einladen.	**724**
Sicher werden Sie verstehen, dass wir die besten Bewerber in einem Test ermitteln möchten. In den nächsten Tagen werden wir Sie anrufen und Ihnen den Termin nennen.	**725**
Sie haben mit Erfolg an unserem Eignungstest teilgenommen. Wir freuen uns, Sie als neue» Mitarbeiter» begrüßen zu können, und bitten Sie, uns am » zu besuchen, um mit Ihnen alle Einzelheiten Ihrer Einstellung zu besprechen.	**726**
Sie haben mit Erfolg an unserem Eignungstest teilgenommen. Am » werden wir Sie daher als » einstellen. Wir freuen uns auf eine gute Zusammenarbeit.	**727**
Sie waren bei unserem Eignungstest erfolgreich. Herzlichen Glückwunsch! Bitte lassen Sie uns wissen, wann Sie als Mitarbeiter» bei uns beginnen können. Für Ihre Nachricht danken wir Ihnen schon heute.	**728**

Antworten auf Bewerbungen *(Fortsetzung)*

Text	Sel.
Bitte unterzeichnen Sie die beigefügten » Exemplare des Arbeitsvertrages, der in dieser Form für alle Mitarbeiter gilt. Senden Sie uns dann » Vertragsausfertigungen so bald wie möglich zurück. Ein Exemplar ist für Sie bestimmt.	**729**
Der beigefügte Vertrag gilt für alle ». Bitte unterzeichnen Sie diese » Ausfertigungen und senden Sie uns » Exemplare zurück. Eine Ausfertigung ist für Sie bestimmt.	**730**
Bitte prüfen Sie den beigefügten Vertrag, der in dieser Form für alle » gilt. Wir hoffen, dass Sie mit den Vertragsbedingungen einverstanden sind, und bitten Sie, uns » unterschriebene Exemplare so bald wie möglich zurückzusenden. Eine Ausfertigung ist für Sie bestimmt.	**731**
Aufgrund Ihrer Bewerbung hatten wir Sie zu einem Eignungstest eingeladen. Die Auswertung ergab jedoch, dass Sie sich dabei nicht qualifizieren konnten. Ihre Bewerbungsunterlagen erhalten Sie mit diesem Brief zurück.	**732**
Für Ihre Teilnahme am Eignungstest danken wir Ihnen nochmals. Jedoch hat es diesmal nicht geklappt.	**733**
Sie haben unseren Eignungstest zur Besetzung der ausgeschriebenen Stelle als » absolviert. Hierfür danken wir Ihnen nochmals. Sicher werden Sie verstehen, dass nur die Allerbesten berücksichtigt werden können. Jedoch waren Sie diesmal nicht dabei.	**734**
Mit diesem Brief erhalten Sie Ihre Unterlagen zurück. Für Ihre berufliche Zukunft wünschen wir Ihnen gute Erfolge.	**735**
Ihre Bewerbungsunterlagen senden wir Ihnen heute zurück. Kopien davon haben wir – Ihr Einverständnis vorausgesetzt – behalten, damit wir Ihnen bei Bedarf eine Stelle anbieten können. Wir empfehlen Ihnen, unsere Inserate zu beachten, solange Sie an einem neuen Arbeitsplatz interessiert sind.	**736**
Ihre Unterlagen senden wir Ihnen hiermit zurück. Wir empfehlen Ihnen, sich in etwa » nochmals zu bewerben, falls Sie dann noch an einer neuen Position interessiert sind.	**737**

Aufgaben für Schreibaufträge mit Textbausteinen

Schreibauftrag

Anschrift:
Büromaschinenwerke
Max Fischer AG
Postfach 9 12 77
60319 Frankfurt

Ihr Zeichen,
Ihre Nachricht vom:

Unser Zeichen,
unsere Nachricht vom: he-vg

Betreff:

Sel.-Nr.	Variable
101	Tischrechnern
103	Damen und Herren
106	Büroartikel
114	14
118	
126	
131	3
133	

Der Vordruck „Schreibauftrag" wird handschriftlich ausgefüllt.

Aus Platzgründen sind die folgenden Aufgaben für die Zusammenstellung von Briefen aus Textbausteinen in Typendruck und ohne den Vordruck „Schreibauftrag" wiedergegeben.

Setzen Sie unter *Unser Zeichen* stets Ihr eigenes Zeichen ein.

Die zu ergänzenden Variablen sind durch » gekennzeichnet. Bitte vergleichen Sie hierzu auch die Bausteindateien:

Anfragen	(Sel. **101 – 137**)
Angebote	(Sel. **201 – 263**)
Bestellungen	(Sel. **301 – 325**)
Schlechtleistungen (Mängelrügen)	(Sel. **401 – 430**)
Beantwortung von Mängelrügen	(Sel. **501 – 541**)
Mahnungen	(Sel. **601 – 616**)
Antworten auf Bewerbungen	(Sel. **701 – 737**)

Vorbemerkung: Sie lesen hier 16 Schreibaufträge (vereinfacht). Bitte stellen Sie danach den jeweiligen Brief zusammen, wählen Sie jeweils den passenden Absender und Briefabschluss.

Erfassen Sie die Textbausteine mit Ihrem Textverarbeitungsprogramm und speichern Sie diese.

10-1 Anfrage

Anschrift: Büromaschinenwerke Max Fischer AG, Postfach 9 12 77, 60319 Frankfurt
101 » Tischrechnern
103 » Damen und Herren; **106** » Büroartikel; **114** » 14; **118**; **126**; **131** » 3; **133**

10-2 Angebot

Anschrift: Buchhandlung Doris Becker & Co., Postfach 14 12, 61161 Friedberg
Ihr Zeichen, Ihre Nachricht vom: be-fr ... (vor 3 Tagen)
Betreff: Angebot über Tischrechner
103 » Damen und Herren; **206** » Junior 10 BN, klein und handlich, aber stark in der Leistung, Preis 45,00 €; Pocket 10 BS, für Batterie- und Solarbetrieb, Preis 20,25 €; **209** » (14 Tage); **236** » e, in, Frau Stahlberg, Friedberg, sie; **250**; **262**; **133**; **136** AGB

10-3 Angebot
Anschrift: Elektrogeschäft Hans Baumann & Söhne OHG, Postfach 10 17, 83601 Holzkirchen
Betreff: Angebot
103 » Damen und Herren; **216**; **207** » Kopierer Z 50 für Beruf, unterwegs und zu Hause, sehr gute Kopierergebnisse bis A4-Format, einfache Bedienung und Wartung, tragbar, automatischer Papiereinzug, 10 Kopien/Min., Best.-Nr. 850 Z 50, Preis 199,00 €; **241**; **261**; **134**; **136** AGB

10-4 Bestellung
Anschrift: Papierfabrik Berger & Kühn GmbH, Postfach 41 49, 33334 Gütersloh
Betreff: Bestellung
103 » Damen und Herren; **301** » Recycling-Versandtaschen, aus 100 % Altpapier, mit gummierter Kappe
Format C5, 5 000 Stück, 14,50 € je 500 Stück
Format C4, 3 000 Stück, 15,25 € je 250 Stück
311; **325**; **134**

10-5 Schlechtleistung (Mängelrüge)
Anschrift: Großhandlung Bauer & Roth OHG, Postfach 13 08, 29521 Uelzen
Betreff: Reklamation
103 » Damen und Herren; **405** » Der Drucker Nr. 8 000 arbeitet viel lauter als das Gerät, das uns Ihre Außendienstmitarbeiterin Frau Weber am ... (vor 10 Tagen) vorgeführt hatte; **429**; **133**

10-6 Antwort auf Mängelrüge
Anschrift: Herrn Rechtsanwalt Dr. Frank Brückner, Postfach 80 11, 29228 Celle
Betreff: Ihre Beanstandung
103 »r Herr Dr. Brückner; **504**; **537** »e Außendienstmitarbeiterin Frau Andrea Hof
» Dienstag nächster Woche; **133**

10-7 Zahlungserinnerung
Anschrift: Baustoffhandlung Georg Strack KG, Postfach 15 10, 76641 Bruchsal
Betreff: Unsere Rechnung vom ... (vor 2 Monaten)
103 » Damen und Herren; **603** » 785,00, » (vor 30 Tagen); » 785,00, **613** »
EUROPA-Farbbänder für Drucker, besonders dicht gewebtes Nylonband für hoch auflösende Matrixdrucker
Best.-Nr. 51 001, 9,10 € je Stück
261; **134**; **136** 1 Prospekt Ny

10-8 Zweite Mahnung
Anschrift und Betreff siehe Aufgabe 10-7
103 » Damen und Herren; **604** » (vor 30 Tagen), » 805, » 785,00, » (in 8 Tagen); **134**

10-9 Dritte Mahnung
Anschrift und Betreff siehe Aufgabe 10-7
103 » Damen und Herren; **611** » (vor 3 Monaten), » 785,00; **135**

4301186

- **10-10 Zwischenbescheid auf eine Bewerbung**
  Anschrift: ... (Ihre eigene)
  Betreff: Ihre Bewerbung
  103 » (Ihr Name); **701**; **706** » 14; **713**; **133**; **136** » 1 Broschüre

- **10-11 Zusendung eines Personalbogens**
  Anschrift: ... (Ihre eigene)
  Betreff: Ihre Bewerbung
  103 » (Ihr Name); **702**; **718**; **133**; **136** » 1 Personalbogen

- **10-12 Einladung zum Test**
  Anschrift: ... (Ihre eigene)
  Betreff: Ihre Bewerbung
  103 » (Ihr Name); **704**; **723** » (bitte aktuelles Datum einsetzen), 10:30; **134**

- **10-13 Eignungstest war erfolgreich**
  Anschrift: ... (Ihre eigene)
  Betreff: Ergebnis des Eignungstests
  103 » (Ihr Name); **726** » (in 8 Tagen); **714** » 20..-..-.. den beigefügten Personalbogen ausgefüllt zurück; **133**; **136** » 1 Personalbogen

- **10-14 Eignungstest war nicht erfolgreich**
  Anschrift: Herrn Heinz Schwarz, Neckarstraße 5 b, 69434 Hirschhorn
  Betreff: Ergebnis des Eignungstests
  103 »r Herr Schwarz; **734** » Korrespondent; **735**; **133**; **137** » Ihre Bewerbungsunterlagen

- **10-15 Absage auf eine Bewerbung**
  Anschrift: Frau Heidi Richter, Oberer Markt 85, 92507 Nabburg
  Betreff: Ihre Bewerbung
  103 » Frau Richter; **703** » die Position einer Schreibdienstleiterin; **710**; **133**; **137** » Ihre Bewerbungsunterlagen

- **10-16 Zusendung des Vertrags**
  Anschrift: ... (Ihre eigene)
  Betreff: Ihre Einstellung
  103 » (Ihr Name); **727** » (nach Ihrer Wahl); **729** » vier, » drei; **133**; **137** » 4 Vertragsexemplare

Aufgaben für Sachbearbeitung mit Textbausteinen

Vorbemerkung: Suchen Sie aus der jeweils angegebenen Bausteindatei die geeigneten Textbausteine. Fertigen Sie dann zu jeder Aufgabe einen Schreibauftrag. Schreiben Sie die vollständigen Schriftstücke – je nach Ihren Möglichkeiten – maschinen- oder handschriftlich. Mit Ihrem Textverarbeitungsprogramm können Sie die Bausteindateien auch erfassen, speichern und später abrufen.

4301187

10-17 Anfrage: Schneidemaschine

Bausteindatei Sel. **101 – 137**

Sie fragen bei den Büromaschinenwerken Kurt Schneider AG, Postfach 44 31, 28194 Bremen, an, ob sie Ihnen Schneidemaschinen liefern können. Bitten Sie um einen Katalog. Sie brauchen die Schneidemaschinen spätestens 8 Tage nach Eingang Ihres Auftrags. Der monatliche Bedarf liegt bei 30 Stück. Stellen Sie regelmäßige Aufträge in Aussicht. Großen Wert legen Sie auf Qualität. Am liebsten wäre Ihnen der Besuch des Außendienstmitarbeiters. Fragen Sie auch, ob ein Zahlungsziel von drei Monaten gewährt werden kann.

10-18 Angebot: Schneidemaschine

Bausteindatei Sel. **201 – 263**

Die Büromaschinenwerke Kurt Schneider AG (siehe Aufgabe 10-17) machen dem Bürohaus Brauer & Klein OHG, Postfach 14 99, 23701 Eutin, das gewünschte Angebot. Sie danken für das Interesse und bieten an:

HERKULES Hebelschneidemaschine 601
Schnittlänge 390 mm, auch für EDV-Listen geeignet
Schnitthöhe 4,0 mm, Anlagefläche 475 x 355 mm,
geschliffenes Ober- und Untermesser mit Sicherheitsautomatik zum Preis von 280,00 €

Sie senden den neuesten Katalog, den Sie zur CeBIT herausgebracht haben. Die Liefer- und Zahlungsbedingungen gehen aus den „Allgemeinen Geschäftsbedingungen“ hervor, die dem Angebot beiliegen. Sie sichern sorgfältige Ausführung zu.

10-19 Anfrage: Möbel

Bausteindatei Sel. **101 – 137**

Sie haben in der Fachzeitschrift „Der Möbelhändler“ die Anzeige der Möbelfabrik Konrad Meyer AG, Postfach 31 20, 65713 Hofheim, gelesen und erbitten ein Angebot über das Möbelsystem „Perfekt“. Sie bitten um einen Katalog und um Angabe der Preise. Auf tadellose Verarbeitung legen Sie größten Wert. Ferner bitten Sie um die Zahlungsbedingungen.

10-20 Angebot: Möbel

Bausteindatei Sel. **201 – 263**

Jetzt sind Sie Mitarbeiter der Möbelfabrik Meyer (siehe Aufgabe 10-19), danken für die Anfrage und machen dem Möbelhaus Martin Offheimer, Lutherplatz 17 – 19, 99817 Eisenach, ein Angebot über:

Möbelsystem „Perfekt“
Kombinationen für Ess-, Schlaf- und Wohnbereich
beste Verarbeitung, modernes Design
Einzelelemente in 7 Höhen, 6 Breiten und 5 Tiefen
6 Farbvariationen

Sie senden Ihren Katalog, der das umfangreiche Sortiment vorstellt. Die Angebote, die vermutlich besonders interessieren, haben Sie angekreuzt. Sie scheuen keinen Preisvergleich. Die beigefügten Geschäftsbedingungen gelten für alle Mitglieder des Fachverbandes. Lieferzeit: etwa 60 Tage; Sie sichern erstklassige Waren sowie sorgfältige und pünktliche Belieferung zu.

■ **10-21 Bestellung: Textilien**
Bausteindatei Sel. **301–325**
Sie bestellen bei der Textilfabrik Richard Kleidermann KG, Postfach 31 07, 37263 Eschwege, nach deren Angebot:

30 Herrenoberhemden Nr. 101, aus reiner Baumwolle
Größe 39/40, Preis je Stück 36,25 €
20 Herrenoberhemden Nr. 107, aus reiner Seide
Größe L, Preis je Stück 45,25 €

Weisen Sie auf die Konkurrenz der örtlichen Großmärkte hin und erbitten Sie ein Zahlungsziel von 90 Tagen.

■ **10-22 Schlechtleistung (Mängelrüge)**
Bausteindatei Sel. **401–430**
Sie beanstanden bei der Möbelfabrik Rank & Best GmbH, Postfach 71 40, 48567 Steinfurt, eine Lkw-Lieferung Drehstühle. Sie hatten 15 Bürodrehstühle Nr. 3 000 bestellt, geliefert wurden jedoch 15 Bürodrehstühle Nr. 1 000. Sicherlich liegt eine Verwechslung vor. Setzen Sie eine angemessene Frist für die Lieferung der bestellten Stühle.

■ **10-23 Schlechtleistung (Mängelrüge): Verdorbene Ware**
Bausteindatei Sel. **401–430**
Sie sind Mitarbeiter in der Einkaufsabteilung der Lebensmittelgroßhandlung Burkert & Krause OHG, Postfach 97 05, 97079 Würzburg, und beanstanden heute, dass die gesamte Ware verdorben bei Ihnen eingetroffen ist. Die Sendung wurde nachweisbar auf dem schnellsten Wege befördert und durch den Spediteur sofort ausgeliefert. Ihre Firma ist in große Schwierigkeiten geraten und behält sich Schadenersatzforderungen vor. Sie fragen den Lieferer, das Obstgut Herbert Streit, Burgstraße 18, 96215 Lichtenfels, wie diese Reklamation geregelt werden soll.

■ **10-24 Beantwortung einer Mängelrüge: Verdorbene Ware**
Bausteindatei Sel. **501–541**
Jetzt sind Sie Mitarbeiter im Obstgut Streit (siehe Aufgabe 10-23). Sie bitten Burkert & Krause um Entschuldigung und erhoffen trotz des Vorkommnisses eine weitere gute Geschäftsverbindung. Selbstverständlich erhält der Kunde einwandfreien Ersatz: Die Sendung geht heute noch ab. Sie versichern, dass sich solche Fehler nicht wiederholen werden.

■ **10-25 Beantwortung einer Mängelrüge: Falschlieferung**
Bausteindatei Sel. **501–541**
Sie sind Sachbearbeiter der Möbelfabrik Berghausen & Weber AG und beantworten die Mängelrüge des Bürohauses Karl Waldkirch & Söhne OHG, Postfach 13 07, 33091 Paderborn: Sie entschuldigen sich in aller Form und bieten eine Ersatzlieferung bis zum ... an. Sie hoffen, dass Ihnen der Kunde nach wie vor sein Vertrauen schenkt.

10-26 Mahnbriefreihe

Bausteindatei Sel. **601 – 616**

a) Erinnern Sie Ihren Kunden, die Großhandlung Paul Schäfer GmbH, Postfach 66 01, 56416 Montabaur, an den Ausgleich der Rechnung Nr. 2 020. Sie schicken dem Kunden eine Rechnungskopie und bitten ihn um baldige Überweisung des Rechnungsbetrags von 1.750,00 €. Gleichzeitig senden Sie ihm einen Prospekt, der den neuen Artikel ... (nach Ihrer Wahl) vorstellt. Andere Kunden haben damit gute Verkaufserfolge erzielt.

b) Der Kunde hat auf Ihre Erinnerung nicht reagiert. Darum schicken Sie ihm eine Mahnung. Nennen Sie die Rechnungsnummer und den Rechnungsbetrag. Setzen Sie ihm eine Nachfrist bis ... (nach Ihrer Wahl).

c) Der Kunde hat immer noch nicht reagiert. Schreiben Sie eine 2. (letzte) Mahnung. Sie können sich den Zahlungsverzug nicht erklären, da der Kunde seinen Zahlungsverpflichtungen bisher pünktlich nachgekommen ist. Sie rechnen mit der Überweisung bis ... (nach Ihrer Wahl).

10-27 Einladung zum Eignungstest

Bausteindatei Sel. **701 – 737**

Sie sind Mitarbeiter der Personalabteilung und beantworten die Bewerbung des Herrn Dieter Bauer, Robert-Bosch-Straße 4, 64319 Pfungstadt. Sie danken für seine Bewerbung. In etwa 10 Tagen werden Sie ihn schriftlich zum Eignungstest einladen.

10-28 Einladung zum Vorstellungsgespräch

Bausteindatei Sel. **701 – 737**

Sie sind Mitarbeiter der Personalabteilung und beantworten die Bewerbung der Frau Renate Stein, Duisburger Straße 5, 47829 Krefeld. Sie danken für ihre Bewerbung, laden sie für ... um ... Uhr zum Vorstellungsgespräch ein; Fahrtkosten werden erstattet. Die Bewerberin erhält eine Broschüre, die mehr als die Stellenanzeige über das Unternehmen aussagt.

10-29 Absage an einen Bewerber

Bausteindatei Sel. **701 – 737**

Wählen Sie die Anschrift und den Vorgang. Sie geben einen abschlägigen Bescheid und wünschen für die nächste Bewerbung (bei einem anderen Unternehmen) mehr Glück.

11 Standardisierte Geschäftsbriefe (Serienbriefe)

Täglich werden in vielen Büros Briefe erstellt, die sich in Inhalt und Form wiederholen: Angebote, Mahnungen, Rundschreiben usw. Neben der Verwendung von Textbausteinen sind Serienbriefe eine weitere Form zur Rationalisierung des Schriftverkehrs. Nachdem der Text einmal geschrieben und gespeichert wurde, kann er bei Bedarf beliebig oft ausgedruckt werden.

An bestimmten Stellen können durch die Eingabe von Variablen (», Stoppcodes) Einfügungen für sich ändernde Textteile wie Anschrift und persönliche Anrede vorgenommen werden. Serienbriefe wirken wie ein persönlicher Brief. Sie machen damit einen besseren Eindruck und sind repräsentativer als unpersönliche Kopien oder Vordrucke.

Datenquelle (Adressliste). Sie muss erstellt oder kann aus vorhandenen Datenbanken übernommen werden, damit alle Variablen, die in dem Serienbrief enthalten sind, eingefügt werden können.

Hauptdokument (Serienbrieftext). Darin finden sich die konstanten Bestandteile des Serienbriefes, z. B. ein Werbetext oder ein Mahnschreiben.

Bei der Serienbrieferstellung werden Datenquelle und Hauptdokument zusammengeführt und danach ausgedruckt. Textverarbeitungsprogramme bieten folgende Optionen bei der Serienbrieferstellung:

11.1 Serienbrief ohne Abfrageoptionen

Dabei wird ein Serienbrief mit variablen Angaben (z. B. einer individuellen Anschrift und einer persönlichen Anrede) an alle Kunden, Mandanten oder Patienten ohne Filtern nach Auswahlkriterien erstellt und versandt.

Beispiel: Ein Rechtsanwalt informiert alle Mandanten über die Betriebsferien seiner Kanzlei.

Serienbrieftext 1 (Hauptdokument):

» *Anrede*
» *Vorname* » *Zuname*
» *Straße, Hausnummer*
» *PLZ* » *Wohnort*

20..-07-01

Betriebsferien

Sehr geehrte» *persönliche Anrede*,

vor Beginn der Urlaubszeit informiere ich Sie rechtzeitig, dass meine Kanzlei in der Zeit

vom 15. Juli bis 10. August 20..

wegen Betriebsferien geschlossen ist.

Ab 11. August 20.. sind mein Kanzleiteam und ich wieder gern für Sie tätig.

Freundliche Grüße

Dirk Advokat
Rechtsanwalt

11.2 Serienbrief mit Abfrageoptionen

Sollen Serienbriefe nicht für alle in einer Datenquelle gespeicherten Personen oder Firmen gedruckt werden, sondern nur für bestimmte Empfänger (z. B. bestimmte Postleitzahl, langjährige Kunden, Mandanten oder Patienten), werden Abfrageoptionen für den Seriendruck festgelegt. Dabei besteht die Möglichkeit, Datensätze nach einem oder mehreren Auswahlkritierien zu filtern. Hierfür kommen alle Leitwörter der jeweiligen Datenquelle als Selektionsmöglichkeit in Betracht. **Beispiel: Ein Rechtsanwalt informiert nur auswärtige und/oder langjährige Mandanten über die bevorstehenden Betriebsferien.** Auch in diesem Fall wird der oben abgebildete Serienbrieftext 1 verwendet.

11.3 Serienbrief mit Bedingungsfeldern

Hierbei wird ein Zusatztext für einen bestimmten Empfängerkreis in den Serienbrief aufgenommen. Die Aufnahme dieses Textes ist an eine oder mehrere Bedingungen geknüpft. Zusätzlich können bei dieser Option auch Abfrageoptionen verwendet werden. **Beispiel: Eine Firma möchte Ausbildungsplatzbewerbern für die Teilnahme an einem Vorstellungsgespräch Fahrtkosten erstatten, falls die Bewerber nicht am Firmensitz wohnen.**

Serienbrieftext 2 (Hauptdokument):

» *Anrede*
» *Vorname* » *Zuname*
» *Straße, Hausnummer*
» *PLZ* » *Wohnort*

20..-05-02

Ihre Bewerbung

Sehr geehrte» *persönliche Anrede*,

für Ihre Bewerbung danken wir Ihnen. Wir freuen uns, dass Sie in unserer Firma eine Ausbildung zur/zum » *Ausbildungsberuf* beginnen wollen.

Unter den vielen Kandidaten haben wir Ihre Bewerbung in die engere Wahl gezogen. Bevor wir eine endgültige Entscheidung treffen, möchten wir Sie auch persönlich kennen lernen.

Deshalb laden wir Sie zu einem Vorstellungsgespräch für

Dienstag, 15. Mai 20.., um » *Uhrzeit* Uhr,

in unsere Geschäftsräume ein. Dabei haben Sie Gelegenheit, sich ausführlich zu informieren. Teilen Sie uns bitte mit, ob Ihnen dieser Termin passt. » *Wir erstatten Ihnen die Kosten für Ihre Anreise. Bringen Sie bitte die erforderlichen Belege zu diesem Termin mit.*

Mit diesem Schreiben erhalten Sie einen Personalbogen, den wir für unsere Unterlagen benötigen. Bitte füllen Sie diesen Vordruck aus und senden Sie ihn vor dem Vorstellungsgespräch zurück.

Freundliche Grüße

Fahrradgroßhandel
Klaus Koslowski GmbH

i. A.

Andreas Dittmann

Anlage
1 Personalbogen

Bewerber, die nicht am Firmensitz wohnen, erhalten entweder keinen oder einen veränderten Zusatztext.

Serienbrieftext 3 (Hauptdokument):

» *Firma*
» *Inhaber*
» *Straße, Hausnummer*
» *PLZ* » *Wohnort*

20..-..-..

Angebot

Sehr geehrte» *persönliche Anrede,*

Ihnen als langjährigem Kunden unseres Hauses können wir heute wieder ein attraktives Angebot unterbreiten: Unser Modell „Cobra King RTX" verfügt über zahlreiche und hochwertige Ausstattungsdetails zu einem äußerst günstigen Preis:

- 27-Gang-Schaltwerk mit Drehgriffschalter
- V-Bremse für das Vorderrad
- Rücktrittbremse
- dynamobetriebener Halogenscheinwerfer
- Aluminium-Vorbau und -Lenker
- Aluminium-Rahmen
- geprüft nach StVZO
- Rahmenhöhe: etwa 45 cm (Damenrad)
- Rahmenhöhe: etwa 53 cm (Herrenrad)
- Artikel-Nr. 95 242

- **Preis: 599,00 €**

Dieses Angebot gilt nur, solange der Vorrat reicht. Zu Ihrer Information fügen wir einen Prospekt bei. Auf Ihren Auftrag freuen wir uns.

Freundliche Grüße

Fahrradgroßhandel
Klaus Koslowski GmbH

i. A.

Andreas Dittmann

1 Anlage

4301194

Aufgaben für die Arbeit mit Serienbriefen

Erfassen Sie mit Ihrem Textverarbeitungsprogramm die jeweiligen Brieftexte mit Bezugszeichen nach Wahl und dem aktuellen Datum und speichern Sie die angegebenen Adressen jeweils als Datenquelle. Führen Sie danach Datenquelle und Hauptdokument zusammen und drucken Sie den Serienbrief an den angegebenen Empfängerkreis aus.

11-1 Serienbrief ohne Abfrageoption – Brieftext 1

Anrede	Vorname	Zuname	Straße, Nr.	PLZ	Wohnort	persAnrede	Mandant seit
Herrn	Wolfgang	Brinkmann	Alter Weg 24	35043	Marburg	r Herr Brinkmann	2007
Frau	Franziska	Hartmann	Auf der Beute 6	35041	Marburg	_Frau Hartmann	1987
Herrn	Jens	Laufenberg	Robert-Koch-Straße 4	35037	Marburg	r Herr Laufenberg	1999
Frau	Marianna	Lützeler	Wettinerallee 5 a	35274	Kirchhain	_Frau Lützeler	2000
Herrn	Herbert	Maier	Ostanlage 27	35390	Gießen	r Herr Maier	2005

Serienbrief an alle 5 Empfänger

11-2 Serienbrief ohne Abfrageoption – Brieftext 3

Firma	Inhaber	Straße, Nr.	PLZ	Wohnort	persAnrede
Bike-Shop	Herrn Harald Becker	Rosenstraße 5	36304	Alsfeld	r Herr Becker
biker's point		Brunnenallee 37	35066	Frankenberg	_Damen und Herren
Drahtesel	Herrn Volker Wittmann	Wiesenweg 4	35216	Biedenkopf	r Herr Wittmann
Günni's Zweirad-Shop	Herrn Günter Vaupel	Kiefernweg 8	35043	Marburg	r Herr Vaupel
Zweirad Bender GmbH		Am Schloss 3	35075	Gladenbach	_Damen und Herren

Serienbrief an alle 5 Empfänger

11-3 Serienbrief mit Abfrageoption – Brieftext 1

Anrede	Vorname	Zuname	Straße, Nr.	PLZ	Wohnort	persAnrede	Mandant seit
Herrn	Wolfgang	Brinkmann	Alter Weg 24	35043	Marburg	r Herr Brinkmann	2007
Frau	Franziska	Hartmann	Auf der Beute 6	35041	Marburg	_Frau Hartmann	1987
Herrn	Jens	Laufenberg	Robert-Koch-Straße 4	35037	Marburg	r Herr Laufenberg	1999
Frau	Marianna	Lützeler	Wettinerallee 5 a	35274	Kirchhain	_Frau Lützeler	2000
Herrn	Herbert	Maier	Ostanlage 27	35390	Gießen	r Herr Maier	2005

Serienbrief an alle Empfänger, die nicht in Marburg wohnen

11-4 Serienbrief mit Abfrageoption – Brieftext 1

Anrede	Vorname	Zuname	Straße, Nr.	PLZ	Wohnort	persAnrede	Mandant seit
Herrn	Wolfgang	Brinkmann	Alter Weg 24	35043	Marburg	r Herr Brinkmann	2007
Frau	Franziska	Hartmann	Auf der Beute 6	35041	Marburg	_Frau Hartmann	1987
Herrn	Jens	Laufenberg	Robert-Koch-Straße 4	35037	Marburg	r Herr Laufenberg	1999
Frau	Marianna	Lützeler	Wettinerallee 5 a	35274	Kirchhain	_Frau Lützeler	2000
Herrn	Herbert	Maier	Ostanlage 27	35390	Gießen	r Herr Maier	2005

Serienbrief an alle Empfänger, die seit mindestens 2000 Mandant sind

11-5 Serienbrief mit Abfrageoption – Brieftext 3

Firma	Inhaber	Straße, Nr.	PLZ	Wohnort	persAnrede
Bike-Shop	Herrn Harald Becker	Rosenstraße 5	36304	Alsfeld	r Herr Becker
biker's point		Brunnenallee 37	35066	Frankenberg	_Damen und Herren
Drahtesel	Herrn Volker Wittmann	Wiesenweg 4	35216	Biedenkopf	r Herr Wittmann
Günni's Zweirad-Shop	Herrn Günter Vaupel	Kiefernweg 8	35043	Marburg	r Herr Vaupel
Zweirad Bender GmbH		Am Schloss 3	35075	Gladenbach	_Damen und Herren

Serienbrief nach bestimmten Wohnorten filtern

11-6 Serienbrief mit Bedingungsfeld – Brieftext 2

Anrede	Vorname	Zuname	Straße, Nr.	PLZ	Wohnort	persAnrede
Frau	Jennifer	Bamberger	Amselweg 5	35043	Marburg	_Frau Bamberger
Frau	Corinna	Hahn	Gisselberger Straße 78	35037	Marburg	_Frau Hahn
Herrn	Oliver	Müller	Bahnhofstraße 8	35287	Amöneburg	r Herr Müller
Frau	Konstanze	Siebert	Niederkleiner Straße 23	35260	Stadtallendorf	_Frau Siebert
Frau	Amelie	Wagner	Sonnenblickallee 9	35039	Marburg	_Frau Wagner

Serienbrief mit bzw. ohne Zusatztext an alle Empfänger

Sachwortverzeichnis

4301197

4301198

Grammatische Fachausdrücke

Hier sind nur die grammatischen Fachausdrücke aufgeführt, die in diesem Buch vorkommen.

lateinisch	deutsch	Beispiele
Adjektiv	Eigenschaftswort	*klein, sauber*
adjektivisch gebraucht	eigenschaftswörtlich gebraucht	*allgemeingültig/allgemein gültig*
Adverb	Umstandswort	*da, heute, wie, warum*
Akkusativ	Wenfall	*Ich rufe den Kunden an.*
Aktiv	Tatform	*Wir liefern die Ware.*
Apposition	hauptwörtliche Beifügung	*Er, der Chef, sagt es.*
Artikel	Geschlechtswort	*der, die das, ein, eine, eines*
Attribut	Beifügung	*gute Briefe*
Dativ	Wemfall	*Ich antworte dem Kunden.*
Deklination	Beugung von Haupt-, Geschlechts-, Für- und Eigenschaftswörtern	*in Büchern, des Buches, meines Buches, das neue Buch*
Demonstrativpronomen	hinweisendes Fürwort	*dieser, diese, dieses*
Diphthong	Doppellaut, Zwielaut	*au, äu, ei, eu*
Genitiv	Wesfall	*des Kunden, des Kindes*
Indikativ	Wirklichkeitsform	*Er ist bereit.*
indirekte Rede (s. Konjunktiv)	abhängige Rede	*Er wäre bereit.*
Infinitiv	Nenn- oder Grundform des Verbs mit Endung *-(e)n*	*kaufen* *handeln*
Kardinalzahl	Grundzahl	*eins, zwei, drei ...*
Kasus (s. Nominativ, Genitiv, Dativ, Akkusativ)	Fall der deklinierten Wörter: Wer-, Wes-, Wem-, Wenfall	*der Ort, des Ortes, dem Ort, den Ort; die Frau, der Frau, der Frau, die Frau; das Amt, des Amtes, dem Amt, das Amt*
Komparativ	1. Steigerungsstufe	*größer*
Konditionalsatz	Bedingungssatz	*Wenn er kommt, freuen wir uns.*
Kongruenz	Übereinstimmung von Subjekt und Prädikat	*Frau Klein oder Herr Kurt wird anrufen.* *Frau Klein und Herr Kurt werden anrufen.*
Konjugation	Beugung des Zeitwortes	*er sagt, ich weiß es*
Konjunktion	Bindewort	*und, aber, ob, dass*
Konjunktiv I (s. indirekte Rede)	Möglichkeitsform der Gegenwart	*Er müsse es wissen.* *Sie wolle es wissen.*
Konjunktiv II (s. indirekte Rede)	Möglichkeitsform der Vergangenheit	*Er müsste es wissen.* *Sie wollten es wissen.*
Konsonant	Mitlaut	*b, c, d, f ...*
Konsonanz	Mitlautfolge	*schmal*
Nomen	Namenwort	*Käufer*
Nominalstil	Hauptwörterei	*Anwendung finden*
Nominativ	Werfall	*Der Kunde rief an.*
Objekt	Ergänzung	*Das nützt dem Geschäft.*

4301200